JN412012

한완상
마지막 고언

예수의 길을 가라

신앙과지성사

한민 한완상
선생님 學恩에
깊은 감사드리며
사자가 소처럼
여물을 먹고
칼을 쳐서
쟁기를 만드는
평화의 땅
하나님 나라가
속히 오기 바라며
이천이십오년
정천 박명규 씀

한완상
마지막 고언苦言

예수의 길을 가라

사)한국기독교민주화운동 기획/ 대담·정리 홍인식

신앙과지성사

함께하는 글

김상근

(전 KBS 이사장)

끊임없었던 '예수 따르미'

한완상 박사님은 서울대학교 사회학 교수로 오랫동안 후학을 양성해 왔습니다. 한 박사님은 글로 강연으로 민주화 활동을 이어갔습니다. 독재자에게는 위협이 아닐 수 없었습니다. 오랫동안 강의하던 강단에서 추방당했습니다. 그것은 한 박사님에게 또 다른 기회가 되었습니다. 그의 민주화운동은 더욱 가열찼습니다. 독재정권 탄압 또한 더 강해졌습니다. 한 박사님은 투쟁의 장을 미국으로 옮기지 않을 수 없었습니다. 그곳 교포들과 더불어 조국의 민주화를 위해 더욱 힘을 다해 투쟁했습니다.

그는 민주화운동에서 사회경제적 약자들을 만났습니다. 분단 당한 채 대치해 있는 남북을 보았습니다. 갈라진 우리 실체를 봤습니다. 미국을 중심으로 한 세계적 패권과 자본주의적 문화가 보였습니다. 기독교 신학을 공부하기에 이르렀습니다. 신학적 사회학, 사회학적 신학이라는 새로운 장르를 개척했습니다. 그러나 결코 형이상학적 이론이 아닙니다. 그에게 신앙이란 삶이요, 삶의 모든 영역에서 예수님을 닮아 사는 것이었습니다.

이 땅에도 민주화 기운이 꿈틀거릴 때 그는 귀국했습니다. 통일부총리, 부총리 겸 교육인적자원부 장관, 대한적십자사 총재로서 '예수 따르미 삶'을 펼쳤습니다.

이제 한 박사님도 아흔 살을 넘기셨습니다. 그러나 정신은 예나 다름없이 맑고 깊습니다. 그에게 모든 이들, 특히 '예수 따르미'들에게 꼭 드리고 싶은 간절한 호소가 있습니다. 그의 마지막 호소를 이 책에 담았습니다.

한완상 박사님의 이 호소를 들을 수 있어서 다행입니다. 홍인식 목사님이 이리 훌륭히 다듬어주셔서 다행입니다. 그리하여 우리가 한완상을 만날 수 있어서 정말 다행입니다.

함께하는 글

이만열

(전 국사편찬위원장, 숙명여대 명예교수)

시대를 이끄는 예언자적 지성

1970년대 유학을 마치고 귀국한 한완상 교수는 학계와 교계에 '광야의 소리'로 등장했습니다. 한국교회와 젊은이들은 그를 통해 사회변혁을 위한 영성과 민중 의식을 심화시켰고, 그의 사회 민중적 메시지로 서울대 교수직에서 해직되었습니다. 그즈음 「기독교사상」에서 가끔 뵈었지만, 해직이 그의 신념을 위축시키지 못했지요. 한 교수의 지성과 용기는 한국 사회에 민중이 역사의 주인이라는 의식을 불러일으켰고, 70-80년대 젊은이들이 정의와 민주화에 헌신토록 용기를 북돋웠습니다. 그가 이끈 기독자교수협의회도 한국의 민주화를 위한 투쟁에 앞장섰습니다.

통일원 장관직에 있을 때 이인모 노인을 북의 고향으로 돌려보내면서 남북관계를 새롭게 승화시켰고, 그 뒤 여러 공직을 경험한 것은 이러한 경륜이 뒷받침되었을 것입니다.

나는 한 교수의 투철한 신앙적 지성과 용기가 어디에서 나온 것인지 늘 궁금했습니다. 그가 평소 우스개처럼 이야기하던, 어릴 때 가정의 신앙 훈련도 한몫했으리라 믿습니다. 꼬깃꼬깃하게 접힌 지폐를 다림질로 반듯하게 펴서 헌금케 했다는 부모의 믿음이 늘 그 삶의 중심을 잡아주었을 것입니다. 진보적 학문을 바탕으로 신앙의 개혁성과 생활의 보수성이 그의 삶의 바탕에 깔려 있었기 때문에 그는 시대를 이끄는 예언자적 지성으로 우뚝 설 수 있었습니다.

함께하는 글

권진관

(성공회대 명예교수)

한국교회와 신학을 이끈 탁월한 혜안

한완상 박사님은 정부와 대학, 그리고 사회단체 등에서 주요 직책을 맡으셨고, 서울대학교에서 오랫동안 후진 양성과 연구를 한, 존경받는 사회학자요 종교인입니다. 민족의 통일과 민중을 위한 그의 사랑은 그의 독실한 기독교 신앙에 기반합니다. 이 책은 그의 민족, 민중 그리고 교회를 위한 깊은 기독교 사상을 보여주고 있습니다. 오직 예수 그리스도를 향한 일편단심의 신앙으로 민족과 교회를 섬기는 일에 힘쓰셨습니다.

그가 신앙의 동지들과 함께 개척한 새길교회는 오늘날과 같이 혼돈되어 보수화되고 물질 중심적인 한국교회를 위한 좋은 대안이 되고 있습니다. 이에 새길교회는 평신도 중심의 교회로서 약자를 보호하고 친구가 되고자 하는 교회입니다. 이 책의 내용 대부분은 새길교회에서 설교한 것입니다. 그가 탁월한 사회학자이지만 그러나 더 큰 의미에서는 민중신학자가 아닌가 생각합니다.

한 박사님은 1세대 민중신학자들과 함께했고, 민중신학운동에 참여하셨습니다. 그는 1세대 민중신학자인 서남동, 안병무를 좋아하여, 그들의 신학을 기조로 성서의 역사적 예수를 찾고 현대적 의미를 해석하는 데 힘을 모았습니다. 신학과 사회학의 학문적 경계를 넘어 다양한 자료들을 섭렵하고 연구하여, 시대와 교회를 위해 필요한 담론을 형성했습니다. "즉자적 민중, 대자적 민중"의 구분은 내적, 외적으로 분열된 현실의 민중 상태를 밝힌 탁월한 식견이며 민중신학과 민중사회학을 위해 깊은 통찰을 제공해 주었습니다.

그의 "깊은 신앙, 넓은 신학"은 분열되고 보수화된 한국의 교회와 신학을 위한 혜안이 담긴 담론입니다. 대학과 교회에서, 민주화 운동 현장에서, 한 박사님을 만나서 사제의 관계로, 그리고 하나님의 나라를 향한 동역자의 관계로 함께 한 시간이 정말 귀한 시간이었음을 고백합니다.

함께하는 글

권태선
(방송문화진흥회 이사장)

늘 깨어 행동하는 삶의 사표師表

한완상 선생님을 처음으로 제대로 뵌 것은 「한겨레」에서 사회부장으로 일하던 2001년 경이었습니다. 당시 교육부총리로 막 취임하신 한 선생님께 교육정책을 듣기 위한 인터뷰 자리였습니다. 그날 무슨 이야기를 나눴는지는 정확하게 기억나지 않습니다. 다만, 우리 대학 시절 '청년 문화'라는 용어를 처음으로 회자시키며 '젊음의 상징'처럼 여겨졌던 선생님께서 개혁에 대한 강렬한 의지를 표명하시는 걸 보면서 여전히 청년과 같은 '열정의 인물'이란 느낌을 받았던 기억은 아직도 새롭습니다. 그리고 몇 년 뒤 선생님이 평신도 중심 교회인 새길교회를 설립했다는 이야기를 전해 들었습니다. 당시 선생님은 성장주의와 권력 추구에 빠진 한국교회를 비판하고, 약한 자 소외된 자와 함께 하셨던 예수의 정신을 회복하고 기독교의 정체성을 찾아야 한다고 강조하셨습니다. 역시 선생님은 변화를 만들어 내는 '열정의 인물'이었습니다.

하지만 그로부터 20년 가까운 세월이 흐른 지금 한국의 기독교는 더욱 예수의 길에서 멀어진 것 같습니다. 대형 교회를 중심으로 하는 대부분 교회가 믿고 있다고 주장하는 하나님이 애초 예수님이 말씀하신 하나님과 같은 하나님인지 잘 모르겠습니다. 저의 짧은 소견으로 예수님의 하나님은 보편적 사랑과 해방의 하나님, 가난한 사람들의 하나님, 자비의 하나님, 그리고 정의의 하나님이라고 여겨지는데, 대부분의 한국교회에서는 그런 하나님의 모습은 찾을 길이 없는 것 같습니다.

이러한 시기에 선생님은 다시 한번 "예수의 길을 따르라"고 외치고 계십니다. 선생님이 말씀하는 '예수의 길'은 늘 가난하고 고통받는 사람들과 함께 하면서 그 고통받는 이웃에게 연대의 손길을 내밀어 서로 사랑하는 평화의 공동체를 이루는 길이라고 생각합니다. 이런 선생님의 외침이 한국교회 나아가 한국 사회의 진정한 회개와 변화를 낳는 밀알이 되기를 바랍니다.

함께하는 글

김은미

(이화여자대학교 이사장)

예수의 길을 가라고 권면하시는 외로운 목소리

한완상 교수님은 사회학도인 저에게는 한국 사회를 공부하는데 큰 스승이고 어른이십니다. 이화여자대학교 사회학과를 졸업하고 미국 브라운대학교 사회학과에서 석사와 박사학위를 받고, 남가주대학교 사회학과 교수로, 또 후에 모교인 이화여자대학교 국제대학원 교수로, 총장으로 일하는 동안, 언제 처음 만났던지 기억이 나지 않을 정도로 많이 뵈었고, 영향을 많이 받은 선생님입니다. 한완상 선생님을 기억하면서 떠오르는 키워드 세 가지를 정리해 보았습니다. 첫째, 사회학자 한완상: 한완상 교수님은 한국 사회가 아직 서양의 사회과학 이론으로 설명될 때, 한국 사회학의 이론과 분석틀을 중심으로 한국 사회를 분석하고 비평한 1세대 학자이십니다. '한국적' 민주주의가 내포했던 모순을 정면으로 비판하고, 보편성의 사회학 이론과 한국적 특수성을 포괄하여 한국이 더 이상 주변부의 특이 사례가 아님을 한편 보여주셨고, 또 한편으로는 한국 사회의 민주, 정의, 억압에 대한 연구의 족적을 남기셨습니다. 둘째, 실천하는 양심 한완상: 한완상 교수님은 한국 사회에 대한 비판적 연구를 학교 안에 가두지 않고, 현장에서 실천하는 양심이십니다. 상아탑 안에서 학문적인 연구를 하되, 뜨거운 마음과 행동하는 지성인, 지식인이셨습니다. 그래서 선생님의 책, 『민중과 지식인』의 제목처럼 학계에 있으나, 갇혀있지 않고 현장에서 활동하는 지식인이셨습니다. 셋째, 인간 한완상: 해직되셨을 때 미국 유니온 신학대학에서 신학을 공부하셨고, 신앙이 본이 되는 삶을 사셨습니다. 최근에는 그와 똑 닮은 딸이 지난 7년간 외교부의 "여성과 함께하는 평화" 국제회의와 국제개발협력 프로젝트에서 함께 일해왔던 한미미 대표임을 알게 되어 반가웠습니다. 나보다 어려운 이웃, 가장 낮고, 가난하고, 힘없는 이들을 위한 예수님의 삶을 본떠, 오늘도 우리를 일깨워주시는 한완상 교수님께 감사드립니다.

차례

3. 내가 만난 예수

4. 한국교회를 향한 마지막 고언

머리글

영원한 '예수 따르미'로 기억되기를 바라며

나는 1976년 2월 말, 서울대학교에서 해직당했습니다. 어릴 때부터 그토록 성취하고 싶어 했던 교수직분이어서 그 자리를 떠나게 되는 것은 나의 정신적·사회적 삶의 끝장으로 여겨졌을 뿐 아니라, 별다른 재능이 없는 나로서는 매우 곤혹스러웠습니다. 하루아침에 정치적 황야와 들판으로 쫓겨나 야인의 삶을 살게 되었습니다. 민주화와 인권, 조국의 평화와 사회정의를 갈망했던 나였지만 이 같은 현실은 매우 큰 아픔이었습니다.

그러나 회고해 보면 나에게 거친 들판의 삶은 새로운 도전의 삶이요, 새로운 은총의 삶이었습니다. 서울대학교 교수로서 전혀 체험할 수 없었던 뜨거운 동지애와 공동체의 흐뭇함을 나라 안팎에서 느낄 수 있었습니다. 나에게 들판은 황량하기만한 사막만이 아니었습니다. 오히려 따뜻한 생명샘물이 언제나 터져 나오는 비옥한 영혼의 땅이었습니다. 그곳은 관악산 밑의 교실과 다르게, 살아있는 지식과 지혜가 싹트고 자라는 산 교실의 한마당이었습니다. 바로 그 황야에서 민중신학과 민중사회학이 싹틀 수 있었습니다.

2019년 3.1운동 100주년 기념사업위원장을 할 때였습니다. 당시에 문동환 박사가 95세이셨는데 죽음의 과정에 들어서신 것입니다. 그의 막내딸 문영미 씨가 위원으로 일하고 있었습니다. 딸의 전언에 의하면 아버지가 병원 가기를 거절하신다는 것입니다. 집 거실 한가운데에 침대를 놓고 살아 있는 동안에 식구들의 살아가는 삶의 소리를 직접 들으면서 세상을 떠나고 싶다는 소원을 밝히셨다는 것입니다.

어느 날 문 박사님의 막내딸이 나에게 말했습니다. 아버님께서 며칠 전부터 내가 죽기 전에 한 박사님에게 심방 좀 와달라고 부탁하시더랍니다. 문 박사님은 민중신학자로서 정부와 대항할 때 기독자 교수협의회에서 함께 같은 길을 걸었던 분이셨습니다. 그런 문 박사님이 마지막 길을 가는 데 나보고 심방을 와달라고 부탁한 겁니다. 나는 평신도인데. 신학자이시며 목사이신 분이 마지막 삶의 길에서 평신도인 내게 심방을 와 달라니. 내가 그분을 위로하는 목회 심방을 한다는 것이 뭐랄까, 좀 주제넘은 것 같기도 하고 부끄럽기도 했습니다. 그러나 딸에게 "내가 꼭 가야 되겠나?"라고 물었습니다.

며칠 후에 심방을 갔습니다. 심방 가서 메시지를 전했는데 그때 내가 들고 간 메시지가 바울의 빌립보서에 나오는 이야기입니다. 사실 문동환 박사는 바울에 대해서 비판적인 입장을 견지하던 분이셨습니다. 그는 바울이 예수를 왜곡했다고까지 말하기도 했습니다. 예수는 해방자인데 바울은 죽어서 천당 가는 속죄론을 통해서 결과적으로 교회 권력을 강화하는 이데올로기로 작용한 신학을 만들었다고 주장하기도 했습니다. 그런 분에게 나는 바울의 서신 빌립보서 1장 21-24절 말씀을 들려드렸습니다.

그러면서 바울은 성도들을 위하여 사는 것을 선택했지만, 그러나 그의 소원은 죽음 이후 맞이하는 만남에 대한 기대를 가지고 있었다고 이야기했습니다(고전 13장). 하나님을 만나고 예수님과 얼굴과 얼굴을 대하는 장면을 상상하면서 "내가 원하는 것은 세상을 떠나서 그리스도와 함께 있는 것입니다"라는 말씀을 전해 드리면서 위로했습니다.

막 돌아오려고 하는데 문 박사님이 손짓으로 나를 부르시더니 내 귓가에 속삭이듯이 말씀하셨습니다. "그렇다면 예수님 얼굴을 뵙는 그 순간이 기대됩니다. 한 박사님, 감사합니다." 내게는 아직도 그 말씀이 귓가에 또렷이 남아 있습니다. 그리고 문 박사님은 며칠 후에 세상을 떠나셨습니다. 이제 생의 마지막 길에 접어든 나도 같은 말을 남기고 싶습니다. "하나님과 그리고 예수님의 얼굴과 얼굴을 마주 보며 만날 그날을 기대합니다." 나도 문 박사님처럼 사랑하는 가족들의 품에서 그렇게 생을 마감하고 싶습니다. 문동환 박사님 이야기를 전하면서 지금 먼저 하늘나라로 가신 분들이 떠오릅니다. 문익환, 박형규, 안

병무, 서남동, 오재식, 김찬국, 이승만, 이문영 등등 그분들도 하늘나라에서 모두 예수님과 함께 얼굴을 마주하게 될 것입니다.

내 생애에 있어서 기독교 신앙과 교회는 떼어낼 수 없는 가장 중요한 요소입니다. 지금까지 민중사회학을 통하여 한국교회를 진단하고 나아갈 방향을 꾸준히 제시해 왔습니다. 미국 망명 시절 뉴욕 유니온 신학교에서 신학을 본격적으로 수학하기도 하였습니다. 이런 연유로 나는 민중 사회학자이기도 하지만, 그러나 또 다른 측면에선 한국교회 신학자로 평가받고 싶습니다.

이제 삶의 마지막 길을 가고 있는 이 시점에서 나의 신학을 정리하는 시도를 해보고자 합니다. 나는 사회학자이지만 그러나 한국교회에는 신학자, 기독교인 즉 영원한 '예수 따르미'로 기억되기를 바랍니다. 이 책으로 말미암아 내 신학의 정리를 통하여 미래 한국교회 신앙과 신학의 나아갈 길을 성찰하는 기회가 마련되어 감사합니다.

이를 위해 1987년 창립자로 참여했던 새길교회 강단에서 선포된 250편 이상의 설교와 교회와 기독교 신학과 관련된 강연과 논문, 발간된 저서를 토대로 나의 신학을 정리해 보려고 합니다. 내가 그토록 사랑했던 예수님의 교회, 평생 몸담고 살아 함께 걸었던 한국교회를 향하여 마지막 말을 남기고 싶습니다. 사랑했기에 한국교회가 진정 '역사적 예수의 교회'와 '역사적 바울의 교회'로 회복되기를 간절히 바랍니다. 우리 모두 함께 예수의 길을 뚜벅뚜벅 걸어갑시다!

이 책을 위해 거의 1년 이상 내 저서와 설교를 살펴보고 나와 대담하고 정리하느라 수고하신 홍인식 목사에게 깊은 감사를 드립니다. 이 책을 기꺼이 출판하면서 나의 마지막 책을 이토록 아름다운 책으로 남기게 해 주신 '신앙과지성사' 대표 최병천 장로와 직원들에게도 감사드립니다. 그리고 이 책이 세상에 널리 알려지도록 여러모로 애써주신 '한국기독교민주화운동' 김영주 이사장과 함께하는 일꾼들에게도 깊은 감사를 드립니다.

2026년 1월
또 한해를 시작하면서

—

1

—

내가 만난 하나님

하나님은
어디에 계시는가?

우리 안에 계시는 내재의 하나님

우리가 믿는 하나님에 대하여 생각하고자 할 때 무엇보다도 먼저 염두에 두어야 할 사항은 하나님은 어디에 계시는가입니다. 하나님은 우리의 존재 깊은 곳에 계시면서 우리와 대화하기를 원하시며 우리를 기다리는 존재임을 분명하게 깨달아야 합니다.

한국교회는 늘 하나님은 구름 넘어(하늘로 표현되는) 어떤 분리된 장소에 존재하시면서 높은 곳에서, 그리고 멀리에서 언제나 우리를 바라보고 감찰하고 계시는 분이라고 가르쳐왔습니다. 그러나 하나님을 올바르게 믿기 위해서 우리는 멀리 계신 하나님이 아니라 은밀하게, 어찌 보면 조용하게 우리 존재 깊은 곳에 숨어 들어와 계시는 그분의 존재를 깨닫는 것이 중요합니다. 그러므로 이제 우리는 하나님을 우리 존재와 역사 밖에서, 이 땅의 삶의 현장을 넘어 찾는 일을 중단해야 합니다.

하나님께서는 이미 우리 안에 계시면서 우리와 이야기를 나누고 싶어 하는 분이십니다. 내밀하게 우리 존재 깊은 곳에서 우리와 대화하시기 원하시는 하나님의 존재를 먼저 깨달아야 합니다. 하나님은 바로 우리 곁에서 우리와 함께 숨 쉬고 계십니다.

신조(信條)와 교리(敎理) 너머 존재하는 하나님

대체로 하나님에 대한 기독교 신자들의 인식과 이해는 교리나 신조(creed)의 언어를 통해 이뤄집니다. 그런데 신조의 언어는 자유로운 질문과 느낌을 잘 허용하지 않습니다. 그러하기에 우리는 하나님의 존재에 대하여 풍요로운 상상력을 발휘하지 못합니다. 사도신경과 같은 신조를 통하여 하나님의 존재하심에 대하여 고백은 하지만 큰 감동을 주지 못합니다, 그러나 신조나 교리를 넘어 우리의 마음으로 하나님의 존재를 고백할 때 우리는 신선한 감동을 경험합니다. 이처럼 하나님은 우리의 풍요로운 상상력과 마음의 감동 안에 계십니다. 그럴 때 하나님은 우리 옆에 친구처럼 친근한 모습으로 존재합니다.

우리 안에 존재하는 하나님을 감동적인 상상력으로 경험하게 될 때 우리는 일반적으로 한국 교인들이 상상하는 하나님, 즉 외부에 존재하시면서 그곳으로부터 인간의 삶을 간섭하시며 그리고 저 높은 곳에서 초월자로 계시면서 인간의 일거수일투족의 잘잘못을 장부에 일일이 적고 있는 심판의 신, 인간의 충성과 헌신을 독점하려는 질투의 신, 특정 민족과 부족만을 배타적으로 사랑하는 부족(部族)의 신, 양과 같은 동물을 번제물로 받기를 즐기시는 잔혹한 신의 개념을 넘어설 수 있습니다.

오히려 우리는 양들의 목자가 되셔서 푸른 초장과 잔잔한 물가로 인도하시는 목자 하나님, 시들어가는 영혼도 싱싱하게 회복시키는 총체적 목자 하나님을 경험합니다. 성실한 목자 하나님, 양을 보호하고 아끼고 인도하는 진정한 목자 하나님을 만나게 됩니다.

신조와 교리를 넘어 우리 안에 내재하시는 하나님의 존재는 우리가 죽음에 대하여 깊은 불안을 느낄 때, 시간의 한계를 절실하게 느낄 때, 적들로 포위되어 있을 때, 하이에나처럼 나를 잡아먹기 위하여 덤비는 세력으로 에워싸여 있을 때, 절망감이 다가올 때, 인생에 험하고 깊은 골짜기를 걷고 있다고 느껴질 때, 우리에게 희망과 용기를 주십니다. 그리고 우리는 바로 우리의 곁에 존재하시는 하나님을 감동적으로 발견하게 됩니다. 이렇게 우리 곁에 계시는 하나님은 절망의 한계상황 속에서 우리에게 희망의 메시지를 던져주고, 괴로운 현재의 시간에서 영원을 사모하게 하는 원천의 힘을 주시는 하나님께서 우리 앞으로 성큼 다가올 것입니다.

고통과 고난의 역사 안에 계신 하나님

우리가 삶의 현장에서 경험하는 유배지 체험과 그 처절한 상황의 원형을 성경에 기록된 유대인의 바벨론 포로 경험(B.C. 588~586)에서 찾을 수 있습니다. 바벨론은 예루살렘을 점령하고, 성지를 유린합니다. 유대인들은 총체적 정체성, 곧 종교·정치사회·문화의 정체성이 허무하게 무너지는 아픔을 겪게 되었습니다.

유대인들은 그들의 비참한 처지에서 침묵하시는 하나님에 대해 경악과 당혹감을 떨쳐 버릴 수 없었습니다. 유대 종교 지도자들은 처절하게 외쳤을 것입니다. "우리의 하나님, 만군의 야훼 하나님은 지금 어디 계십니까? 출애굽의 하나님은 지금 무엇을 하고 계시기에 이토록 우리의 처지에 대해 침묵하고 계십니까?"

현대에서 가장 결정적인 역사적 유배 체험은 독일 나치의 대학살(Holocaust) 사건이라고 생각합니다. 하나님이 유대인들의 처절한 죽음에 전혀 개입하시지 않고 있음을 유대인들에게 뼈저리게 느끼게 한 사건이 히틀러의 대학살 사건입니다. 이때를 기억하면서 위셀(Elie Wiesel, 노벨평화상 수상자) 박사는 이렇게 증언합니다.

"강제 수용소에서 생사람을 태워 죽이며 뿜어내는 굴뚝의 연기를 보면서 나의 믿음을 영원히 소멸시켜 버린 그 불길을 결코 잊을 수 없다. 나는 나의 하나님을 살해하고 나의 영혼을 죽이고 나의 꿈을 티끌로 바꿔버린 그 순간들을 결코 잊을 수 없다. 나는 내가 비록 저주를 받아 하나님 자신만큼 오래 살게 된다고 하더라도, 이런 일을 결코 잊을 수 없다. 결단코."

한편, 강제수용소에서 유대인 세 사람이 교수형에 처해졌습니다. 그중에 어린 소년도 있었습니다. 그는 슬픈 눈을 가진 천사처럼 아름다운 몸이 야윈 소년이었습니다. 두 성년은 교수대에서 곧 숨을 거두었으나, 이 야위고 어린 소년은 몸이 가벼워서 교수대 줄에 목이 매달린 채 30분 이상 몸부림쳤습니다. 그때 누군가 외쳤습니다. "하나님은 지금 어디 계신가?"

이때 위셀 박사는 자기 존재의 깊은 곳에서 저절로 터져 나오는 소리를 듣습니다. "하나님이 어디 있느냐? 바로 여기에 있다. 하나님은 지금 저 교수대에 매달려 버둥거리고 있지."

교수대에서 목이 매달려 죽어가는 하나님!

어쩌면 한국교회가 침묵하는 외부에 존재하는 신, 초월의 신, 자연적 신에 익숙해 있는지도 모릅니다. 과연 이런 하나님을 넘어서는 일이 한국교회와 신도들에게 가능하겠습니까?

우리는 유대사람들이 유배지의 상황에서 경험한 그들의 하나님 존재 체험을 통해 다른 모습의 하나님을 봅니다. 우리의 현실적인 삶의 현장 밖에서 존재하시면서 개입하시는 하나님보다 오히려 고난과 고통의 삶의 현장과 처절하게 하나님의 부재를 경험하게 만드는 삶의 현장 안에서 뜨겁게 살아 존재하시며 우리와 함께하시는 하나님을 경험합니다. 개인 속에서, 공동체 속에서 살아 움직이면서 인간 존재와 생명을 더욱 맑고 밝게 확장시켜 주시는 하나님의 존재 양식을 경험합니다.

하나님은 어디에 계십니까?

오늘 한국교회는 신도들에게 하나님이 어디에 계신가를 명확하게 보여 주어야 합니다. 한국교회의 살길에 대한 희망은 여기서부터 시작됩니다. 하나님이 계신 곳으로부터 우리의 희망은 출발합니다.

한국교회는 어떤 하나님을 믿고 있는가?

기독교인들이 하나님을 믿는 데 있어서 그 믿음의 내용이 무엇인가는 매우 중요합니다. 다시 말하면 어떤 하나님을 믿고 있느냐의 문제는 기독교도의 신앙 양태와 나아가서는 삶의 현장에서의 행위와 직접적으로 연결됩니다. 그러므로 한국교회의 미래를 내다보기 위해서는 무엇보다도 교회는 어떤 하나님을 가르치고 있는가, 또한 기독교도들은 어떤 내용의 하나님을 믿고 있느냐를 분석하는 것이 핵심적입니다.

여기서 짚고 넘어가고자 하는 것은 한국교회 안에서의 하나님에 대한 믿음의 내용이 어떤 발전 과정을 겪었느냐와 또한 한국 기독교회 신자들의 하나님에 대한 믿음의 내용이 삶의 현장에서 경험하는 사건과 관련하여 어떤 하나님에 대한 내용의 변화가 발생하고 있는가를 살펴보는 것도 중요하다고 생각합니다. 우선 나의 경우를 예로 들면서 한국교회의 하나님에 대한 믿음의 내용에 대해서 말하고자 합니다.

나의 경우에는 하나님에 대한 생각이 내 삶의 여정의 여러 단계에서 변화를 겪어 왔던 것을 고백하지 않을 수 없습니다. 나는 소위 모태신앙인으로 자랐기에 어릴 때 품고 있었던 하나님의 이미지가 꽤 오래 지속되어 오다가, 주변의 실존적 상황과 역사적 상황이 달라지면서 나의 하나님 인식도 변화를 겪었습니다. 대체로 다음과 같은 몇 가지 단계로 요약할 수 있습니다.

내가 경험한 하나님 만남과 이해의 여정

공포의 신

내가 어렸을 때 신에 대하여 가졌던 감정은 아마 두려움이 아니었는지 생각합니다. 당시 나에게는 예수님이라고 하면 귀신을 쫓아 내는 조금은 무서운 분위기를 가진 분으로 기억됩니다. 당시 우리 주변에는 귀신에 대한 이야기가 무척 많았습니다. 산속의 절을 방문하면 왠지 귀신이 나올 것 같은 기분도 느끼고, 동네 어귀나 외딴곳에 있는 성황당 앞을 지나갈 때도 마찬가지의 감정이었습니다.

어릴 때 대구 수성에서 살았는데 당시 수성에 연못이 많았습니다. 형하고 연못에 나가 개구리도 잡고, 고기도 잡으면서 놀곤 했습니다. 어떤 때는 뱀을 때려잡기도 했습니다. 그렇게 수성못이라는 곳을 중심으로 놀고 했는데 당시 소문에 의하면 연못에 빠져 죽은 사람들이 무시무시한 귀신이 되어서 나타난다는 것입니다.

그런데, 주위의 가난한 아이들이 수성못에서 헤엄을 치다가 그 못에서 많이 빠져 죽었습니다. 그렇게 아이들이 죽으면 동네 어른들이 무당을 청해서 굿을 하곤 했습니다. 나도 관심이 있어서 굿을 하면 주위에서 구경하곤 했습니다. 그러면 무당 할머니가 초혼을 한다고, 즉 죽은 아이의 혼을 불러내는 행위를 하는데 보는 것만으로도 섬뜩하고 무서웠습니다.

이런저런 경험을 통해서 어릴 때는 신에 대한 어떤 일정한 공포심을 가지고 있었습니다. 신이라는 존재는 늘 우리에게는 공포스러운 분이라는 인식이 팽배했습니다. 그렇게 신에 대한 공포심을 갖고 살았습니다. 아마 그것이 내가 신에 대하여 가진 최초의 시간 혹은 감정이 아니었을까 생각합니다. 그런 신에 대한 생각이 점차 변하게 되는데 그 계기는 부모님 신앙의 모습에서부터 비롯되었습니다.

독선과 배타의 신

오직 혼자서만 존재(독존[獨存]) 하시는 절대자로서의 신입니다. 나의 조그마한 잘못까지도 모두 헤아려 알아내시는 전지전능(全知全能)하신 신입니다. 선과 악을 명쾌하게 구분하시어 선은 권장하고 상주시며 궁극적으로는 천당으로 초청해 주시고, 악은 가차 없이 심판하여 지옥으로 추락시키시는 무서운 신입니다. 이러한 하나님을 믿으면서 나는 늘 죄의식에 시달리곤 하였습니다. 그래서 예수의 속죄행위가 더욱 필요했습니다. 예수의 보혈이 주는 속죄의 효험을 간구했습니다.

이러한 생각을 바탕으로 예수의 피와 그의 고난과 죽음은 전적으로 내 개인의 불완전함에 대한 불안을 해소시켜 주는 효과를 주었습니다. 그러나 그 예수의 핏속에 올곧은 새 인간뿐 아니라 새로운 역사와 새로운 구조를 세우기 위해 흘린 피는 그 어떤 의미도 갖지 못했습니다.

한마디로 예수를 통해 나타난 하나님은 몰역사(沒歷史)의 신이요, 몰사회적(沒社會的) 독존자였습니다. 그분은 배타적 절대자였습니다. 이런 신은 신자들 사이에 종교적 독선이 독버섯처럼 번지게 합니다. 그는 항상 보다 절대적이고 우월한 전능자였습니다.

정의의 신

6.25전쟁을 중학생 때 체험하면서, 예수의 하나님은 전쟁을 선호하는 하나님은 아닐 것이라는 생각이 들기 시작했습니다. 사회 의사가 되어 전쟁·빈곤·부패·질병 등을 고쳐보겠다는 꿈과 의지가 꿈틀거릴 때, 나에게 다가온 하나님은 결코 전쟁과 부패와 가난을 부추기시는 분이 아니었습니다. 대학 재학 중 군에 입대했습니다. 혹독한 굶주림에 시달려 보면서, 닫힌 부패 체제에 대한 반발심은 나의 창자에서부터 솟아나기 시작했습니다.

이때 나의 하나님은 억압적인 부패 체제를 뒤엎는 존재가 되어야 한다고 생각했습니다. 출애굽의 하나님이 정말 절박한 나의 하나님, 우리의 하나님으로 다가왔습니다. 출애굽을 모세에게 명령한 하나님은 해방의 하나님이십니다.

정의와 자유, 인권과 민주주의를 위해 싸우시는 분이십니다. 그분은 높은 보좌에 앉아 역사와 사회에 무관심한 초월신으로 남아있기를 거부하는 분이십니다. 억울하게 억압받고, 서럽게 차별받고, 부당하게 착취당하는 민중의 편에 확고하게 서서 그들을 위해 싸우시는 신이십니다. 그분은 역사 참여의 신이십니다.

어떤 뜻에서는 역사 참여자로서의 신은 한쪽을 단호하게 선택하는 신이기도 합니다. 해방신학에서 말하는 편파적인 신이십니다. 억눌려 지극히 작은 존재로 축소되어 버린 보잘것없는 존재들, 곧 지극히 작은 자들(the least)과 극심한 경쟁에서 탈락되어 '왕따' 당하고 있는 꼴찌들(the last)에게 희망과 용기를 주는 신이십니다. 확실하게, 올곧게 선택하고 편드는 신이십니다.

반드시 기필코 승리하는 신?

흑인 인권운동에 있어서나, 한국 민주화운동에 있어 'We shall overcome'의 노랫말은 승리를 확신하는 운동주체들의 종말론적 희망의 고백이기도 합니다. 정의는 꼭 승리하고 만다는 신념은 곧 불의는 패배할 수밖에 없는 악이라는 신념이기도 합니다. 악을 단호히 배격한다는 뜻에서 정의의 신 또한 배타적이기도 합니다.

비록 탈역사적 입장에서 악을 심판하여 지옥으로 떨어뜨리는 제1단계의 신과는 다르다고 하지만, 역사 속에서 불의의 세력을 결연하게 배척한다는 뜻에서 제2단계의 신도 역시 승리주의 신이며 배타적 성격이 분명한 신입니다.(그러나 우리는 정의의 하나님의 몰역사적 개인적 배타성은 거부하지만 역사 참여를 통한 공익적 배타성은 존중합니다.)

그런데 승리의 신을 믿기는 하지만 끝없이 이어지는 것 같은 민중의 고난을 안타깝게 체험하고 가까이 지켜보면서 조금씩이나마, 하나님의 역사 참여와 정의 승리의 희망에 대해 예민해지기도 했습니다. 때로는 불평으로, 때로는 분노로 원망도 했습니다. 불의의 창궐, 불의의 연속적 승리가 계속 펼쳐지는 듯한 역사 현장 속에서 계속 침묵하시는 신에 대한 나의 원망은 옛날 바빌론 포로 때 유대인들의 원망과 독일 나치의 학살 제물로 죽어갔던 20세기 유럽 유대인들의 불평으로 이어지는 듯했습니다.

그러나 나는 거친 들판에서 이 같은 침묵의 신이야말로 신의 참모습일 지도 모른다는 깨달음에 이르게 됩니다. 어쩌면 스스로 자기를 무력화시키는 신이야말로 무력화된 인간에게 참 희망과 용기를 줄 수 있는 신이 아닐까 하는 생각을 하기 시작했습니다.

스스로를 비우는 동고신(同苦神)

이러한 깨달음을 통해 나는 다른 단계의 하나님 모습을 만납니다. 스스로를 비우시는 동고신(同苦神)의 모습입니다.

1980년 봄과 초여름 나는 당시 중앙정보부 남산 지하실에서 지옥 심문을 받고 있었습니다. 절망과 고통의 심연에 내동댕이침을 당했습니다. 절망과 공포의 처절한 상황에서 성서를 읽으면서, 그리고 성서의 맥락(context) 속으로 깊이 빨려(?) 들어감으로써 비로소 본문(text)이 되살아나 나에게 진실의 감동으로 뜨겁게 다가왔습니다. 성서 본문의 구체적·역사적 맥락 속으로 내 실존이 몰입될 수 있었던 것은 내 삶의 현장의 맥락이 절망과 고통과 고독의 밑바닥이었기 때문이었습니다.

이처럼 본문의 맥락으로 들어가면서 본문의 뜻이 단지 옛날의 메시지로 남아 있는 것이 아니라 오늘의 삶에서 너무나 절절한, 가슴 벅찬 메시지로 되살아났습니다. 성서의 메시지가 주는 감동은 시간과 공간의 벽을 뛰어넘어 나를 사로잡았습니다. 성서를 몸으로 읽는 경험이었습니다.

성서의 하나님은 시간과 공간의 차이를 넘어 나의 상황 속에 내려오시어 나의 고통을 당신의 고통으로 친히 느끼시는 분으로 나에게 다가왔습니다. 나는 동고신(同苦神), 나와 함께 고통을 당하시는 하나님을 경험했습니다. 나의 하나님도 절망의 밑바닥에서 나처럼 심문을 받고 계시는구나 하는 진한 느낌. 그것은 나에게는 거대한 은총이었습니다.

동고신은 저 높은 곳, 영광의 보좌에 위엄 있게 앉아계실 틈이 없다고 믿게 되었습니다. 항상 저 낮은 곳, 어두침침한 곳, 고통의 낮은 현장으로 내려가고 계실 것입니다. 이런 신은 자기중심적·유아독존적 존재, 자기 완전화(完全化)의 절대자가 아니라, 자기 해체(自己解體)의 신이요, 자기를 지워 남을 있게 하시는 신이십니다. 날마다 지구 여기저기서 억울하게 고통당하는 당신의 백성들과 함께 고통받으시고, 부당하게 죽어가는 이들과 함께 죽어가는 신이십니다. 예수께서 십자가에 달려 너무나 억울하고 처절하게 돌아가신 것도 바로 동고신이기 때문이 아니겠습니까. 개인의 원죄를 속량하시려는 교리적 이유에서라기보다, 당신의 그 지극히 작은 이들의 서러움과 아픔을 당신 자신의 것으로 직접 체험하시지 않고는 견딜 수 없어 하시는 사랑 그 자체이기 때문입니다.

케노시스(kenosis)의 하나님 모습 말입니다. 자기 지움, 자기 비움, 자기 내려놓음을 아들의 억울한 고통 현장과 죽음의 순간에서 진솔하게 드러내 보여주셨습니다. 폭력적 보복에 대한 신의 자기 비움, 그것이 바로 사랑의 아바 신의 자기 비움으로 이어지는 감동이지요. 이와 같은 사랑, 신의 실천적 감동은 결코 추상적이고 초월적인 진리(timeless truth)에서 나오는 것이 아닙니다. 폭력이라는 악의 꽃이 만발하여 가해자들의 폭력적 갑질이 더욱 거칠게 터져 나오는 처절한 역사 현실 속에서 이러한 비움의 감동이 터져 나온다는 진실에 주목합니다.

전폭적 포용(包容)과 인고(忍苦)의 신

하나님에 관한 생각은 더 진행하였습니다. 나는 동고신(同苦神)이라는 개념은 어찌 보면 지극히 적은 자들이나 꼴찌의 아픔만을 함께 아파하시는 편파적인 모습과 또 그 현상을 해체하지 못하고 침묵함으로써 현상 유지를 도와주는 소극적인 신이 아닌가 하는 생각을 하게 되었습니다.

왜냐하면 불의의 세력이 여전히 그 위세를 떨치고 있는 상황에서 동고신과 정의의 신은 계속 악과 불의에 대해서 침묵하고 있는 것 같아 안타까운 마음을 떨쳐내지 못했습니다. 그런 가운데 도대체 '하나님은 어디에 계시는가? 그분은 어떤 분이신가?'라는 질문을 두고 계속 고뇌하였습니다. 이런 안타까운 심경을 지닌 채 마침내 폭넓게 껴안으시는 하나님(all-inclusive God)이라는 새로운 깨달음에 이르게 되었습니다.

물론 이것은 악을 방조하거나 불의를 부추기는 신에 대한 인식이 결코 아닙니다. 여기서 새로운 하나님 이해의 단계로 들어서기 시작했습니다. '멋지게 지시면서 악을 변화시키는 하나님(?)', 모든 것을 껴안으시면서 그 속의 불의의 세력을 아름답게 변화시키시는 하나님을 보는 것 같았습니다.

민주화 국면에서 나는 복직·복권되었고, 정부요직에 참여하게 되었습니다. 여전히 번성하는 것 같은 구악(舊惡)의 문제, 악과의 동거 문제를 놓고 나는 계속 고민하는 가운데 악을 껴안고 그 악에 의해 때로는 패배하면서도 마침내 악과 불의를 변화시키시는 하나님의 모습을 타는 목마름으로 보고 싶었습니다. 어쩌면 그것은 나의 매우 개인적인 삶의 경험에 의한 애탐이었을 것입니다.

여러 가지 복잡한 삶의 장황과 사회·정치적 상황에서 악은 제거되어야 한다는 생각을 더욱 굳게 하게 되었습니다. 그러나 결단코 악의 방법으로 악을 제거해서는 안 된다고 생각했습니다. 어디까지나 선으로 악을 이겨내야 합니다. 그런데 문제는 이것은 당위의 명령일 뿐, 현실에서는 악을 선으로 이기기 어렵다는 현실을 맞이하고 있다는 것이었습니다.

아니, 오히려 선으로는 악에 패배하기 쉬운 상황을 당면합니다. 그리고 십중팔구는 악에 지고 맙니다. 그런데 그 지는 모습이 아름답고 감동적일 수가 있을까? 나는 아름다운 패배의 모습, 그러나 그 아름다운 패배로 최종적 승리의 모습을 예수님의 십자가에서 봅니다. 빌라도 법정에서 희대의 웃음거리가 된 예수의 그 의연한 모습, 온갖 수모와 배신과 채찍질을 감수하시면서 조용한 침묵과 우아한 평정심을 유지하셨던 예수님, 성서는 이런 장면을 도살장에 끌려가는 어린양으로 비유했습니다. 우리는 그 고난의 모습에서 속죄의 교리적 가치만 볼 것이 아니라, 모든 것을 껴안고 용서하면서 아름답게 악을 변화시키는 잔잔한 감동의 모습, 곧 하나님 패배의 미학(美學)도 함께 볼 수 있어야 합니다.

예수의 하나님은 결코 로마 황제 시저의 오만한 승리의 신이 아니었습니다. 시저의 신은 필승의 패권적 신이었지만, 예수가 고백하는 신은 패배의 멋진 신이었습니다. 패배의 미학을 몸소 보여주신 하나님은 악을 사랑으로 변화시키기 위해 그 악을 꼭 껴안고 오래 참고 참는 하나님이심을 나는 발견했습니다. 그는 인고(忍苦)와 자비의 신입니다. 이 같은 모습의 하나님을 예수는 이렇게 표현하셨습니다.

> "아버지께서는, 악한 사람에게나 선한 사람에게나, 똑같이 해를 떠오르게 하시고, 의로운 사람에게나 불의한 사람에게나, 똑같이 비를 내려 주신다." (마 5:45, 표준새번역)

악과 불의와 동행하고, 동거하면서 참을성 있게 그것들을 껴안고 변화시키라는 당부로 이해됩니다. 악 자체를 사랑하거나 불의를 즐기라는 뜻으로 그것을 껴안으라는 것이 결코 아닙니다. 껴안음으로 악을 아름답게 변화시키라는 뜻입니다. 혹시 변화시키려다가 악에 의해 처참하고 억울하게 패배당하는 일이 있어도 그것을 평정한 마음으로 의연하게 수용하라는 명령이기도 합니다.

하나님의 완전하심은 바로 배제나 척결이 아닌 껴안음으로부터 시작됩니다. 성서 여러 곳에서 말하는 '완전함'은 온전성·전체성·성실성·충만함·건강함 등의 뜻을 담고 있습니다. 원수까지를 포함해 전체를 껴안아, 아픔을 함께 나누는 전폭적 동고(同苦)의 충만한 사랑 행위를 의미합니다. 하나님의 완전함은 '자기 비움의 폭넓음', '동고(同苦)의 전폭성'과 '사랑의 충만성'을 의미합니다.

아빠, 자궁의 하나님, 친근하고 인간적인 하나님

예수님의 하나님은 과연 당시 팽배했던 유대 종말론의 하나님과 같은 분이었을까요? 예수님의 하나님은 당시의 정치적 메시아 사상이 내세웠던 신, 곧 왕으로 군림하시는 신과는 달랐습니다. 예수님은 하나님을 아빠(abba)라고 부르셨고, 아빠처럼 모셨습니다. 이 아람어의 토속적 표현 속에는 사랑과 신뢰가 가득 담겨 있습니다. 예수님께 하나님 나라는 바로 이 아빠의 사랑이 지배하는 새로운 질서입니다. 예수님의 하나님과 하나님 나라는 전혀 다른 새로운 질서, 곧 아빠의 사랑이 지배하고, 정의와 평화가 그 열매로 나타나는 새 하늘과 새 땅이었습니다.

그러기에 예수의 하나님 나라가 갖는 감동적인 역설을 이해할 필요가 있습니다. 그것은 예수님의 아빠, 그의 신이 지극히 모성적(母性

的) 존재라는 역설 같은 진실입니다. 하나님을 자비로 표현했습니다. 함께 아파하시는(compassionate) 자비의 하나님이시지요. 여기서 자비는 예수 당시 아람어(Aramaic)나 히브리어로 자궁을 뜻합니다. 자비(compassion)의 복수명사가 엄마의 자궁을 뜻합니다. 그러니 '하나님은 사랑이시다'라는 고백은 곧 '하나님은 자궁이시다'라는 고백이기도 합니다.

여기서 우리는 자궁이 갖는 사회 심리적·정치적 함의에 주목할 필요가 있습니다. 자궁은 가장 안전한 곳, 가장 평안하고 평화스러운 곳과 그런 상태를 뜻합니다. 특히 아기에게는 그러합니다. 모든 고통과 스트레스로부터 보호받는 안전지대입니다. 우리는 아기와 엄마 자궁(엄마 가슴) 간의 관계가 사랑과 신뢰의 관계임을 봅니다. 그곳에 평화의 원래 모습이 있음을 깨닫습니다.

이러한 관계를 예수님의 아빠와 우리들과의 관계의 모습으로 확장해 볼 수 있을 것입니다. 아빠 하나님은 본질적으로 사랑입니다. 왜냐하면 그분은 '아빠 자궁'이기 때문입니다. 이것을 예수님의 '하나님이 사랑이듯, 너희도 서로 사랑하여라'의 명령을 이런 의미로 다시 번역해 보면 '하나님이 자궁이듯, 너희들도 자궁스러워야(wombish) 한다'는 명령으로 이해될 수 있습니다.

유니온 신학교의 필리스 트리블(Phyllis Trible) 교수는 '하나님의 자비로움이 바로 자궁스러움'이라고 지적하면서, 그것은 인간에게 자양분을 공급하고, 생명을 주며, 아기를 보듬고 보호해 주는 아빠(abba)의 능력이라고 했습니다. 하나님 나라는 이런 힘으로부터 자라나는 것이라고 확신합니다.

이런 의미에서 예수님의 십자가 고난을 '아빠 하나님의 산고(産

苦)' 라고 이해해도 무리는 없을 것입니다. 하나님의 산고(産苦)이지요. 예수님(하나님)은 우리 새 생명의 탄생을 위하여 우리로 인하여 고통당하시고(代苦) 속죄양으로 돌아가셨습니다(代贖). 그것은 '자궁스러운' 결단이요, 실천이며, 그로부터 비로소 우리는 새사람으로 거듭나면서 하나님 사랑을 뜨겁게 확인하게 됩니다. 이렇게 하나님의 본질은 '하나님의 자궁스러움' 의 실천에서 드러나게 됨을 우리는 경험합니다. '아빠 자궁' 이라는 표현은 모순되는 것으로 보입니다. 그러나 그 모순을 넘어 '자궁의 힘' 은 남성과 여성을 초월해서 작동하는 '모성적 힘' 임을 잊지 말아야 합니다.

유대인 성서 신학자요, 역사적 예수 연구자인 게자 버메스(Geza Vermes)는 "예수의 신은 구약의 신보다 더 친근하고(less remote), 덜 초월적이며(less transcendent), 덜 무서운 분(less awesome)"이라고 했습니다. 예수의 신은 인간들과 직접 소통하고 싶어 하는 인간적이고 인격적인 신입니다. 실제로 갈릴리 예수의 말씀(주로 비유 말씀)에서 우리는 그 친근하게 소통하시는 아빠(Abba)의 모습, 지극히 작고 연약한 씨알들과 동고하시는 아빠(Abba)의 모습을 확인할 수 있습니다.

예수님께서 여성적인 하나님을 부각시켰다는 것은 놀랍습니다. 하나님은 여성의 생물학적 특권을 인정하셨다는 것입니다. 민중신학과 민중사회학에서 민중의 인식론적 특권을 인정하듯, 예수님께서 2,000년 전에 여성의 생태적 특권, 즉 여성이기에 하나님을 더 본질적으로 잘 알 수 있다는 점을 역설하신 것입니다. 남권 시대, 가부장적 권위주의 시대에 사셨던 예수님이라 정말 놀랍습니다. 더 놀라운 것은 자궁의 하나님은 예수님 당시의 규범과 정면충돌했다는 사실입니다.

이 같은 예수님의 하나님은 제1세기 유대인들의 하나님과 심각하게 충돌했습니다. 예수님의 공생애는 바로 이 같은 기존 정결 체제에 대한 정면 도전과 공격의 삶이었습니다. 순수하고 정결하고 완벽하여 거룩하신 하나님을 닮을 것이 아니라 자궁의 하나님을 닮아야 한다고 역설하신 주님은 코페르니쿠스적인 신관의 전환을 촉구하신 것입니다.

그 체계에 따라 불순한 존재로 살 수밖에 없었던 여성들에 대한 예수님의 대응만 몇 가지 더 지적해보고 싶습니다. 여기서 예수님의 파격성, 파격적 복음 활동을 다시 한번 느끼게 됩니다. 당시 여성은 사회적으로 불결한 존재로 취급되었습니다. 여러 가지 이유가 있겠습니다만, 월경현상과 출산 행위 자체가 피를 흘리는 일이기에 불순한 것으로 낙인찍힌 것이지요. 그런데 예수님은 이렇게 불순한(impure) 존재로 차별받았던 여성에 대해 정말 파격적인 대응을 하셨습니다. 즉 자궁의 체휼을 하셨습니다.

거룩의 하나님과 정결과 순수의 하나님은 차별의 하나님이요, 닫힌 하나님이기 쉽습니다. 근본주의 신앙의 하나님이며, 분열과 증오와 심판주 하나님이기도 합니다. 멀리 계시며, 무서운 하나님이기도 합니다. 이러한 면에서 우리는 과연 어떤 하나님을 믿는가를 스스로에게 질문해 보아야 합니다. 과연 우리는 예수님의 하나님을 만나고 있는 것입니까?

계속되는 하나님 이해와 만남

지금까지의 인생 여정에서 하나님에 대한 나의 이해가 어떤 여정을 거쳐 왔는가에 대하여 간략하게 말씀드렸습니다. 그러면 이제 나의 하나님 이해 여정은 끝난 것입니까? 아닙니다. 하나님 이해와 만남의 여정에서 끝은 없습니다.

우리는 모든 생명의 근원 되시는 하나님, 모든 존재의 근거가 되시는 하나님을, 온 우주의 생명과 존재를 향한 사랑 실천의 삶을 통해 영원히 그리고 매 순간 새롭게 이해하고 만나게 될 것입니다. 그것이 영원한 생명을 향한 우리의 여정이 아니겠습니까. 우리는 예수님의 하나님을 오늘도 매 순간 우리의 하나님, 나의 하나님으로 체험하면서 살아갈 때 우리는 시간에서 영원으로 나아가는 존재로 자리매김할 것입니다.

이러한 변화되는 하나님 이해를 바탕으로 한국교회의 하나님 이해에 대하여 강조하고 싶은 사항이 하나 있습니다. 위에서 나는 나의 하나님 인식이 나의 실존과 역사의 굽이굽이에서 이렇게 달라졌다고 고백하였습니다. 이것은 무엇을 뜻할까요? 나는 하나님이 인간을 당신의 형상대로 창조하셨다고 하지만, 깊이 성찰해 보면 인간이 자기의 경험과 절박한 필요에 따라 하나님의 이미지를 변화시킬 수 있다는 뜻이 아닐까 하는 생각을 갖습니다.

한국교회의 하나님 이해는 초대 로마 교회의 상황과 사고(思考), 그리고 인식의 한계 속에 갇혀 있는 것은 아닐까요? 그래서 2,000년 전의 로마 초대교회의 하나님 이해와 오늘 21세기의 한국교회의 하나님 이해가 크게 다르지 않은 것이 아니겠습니까? 변화되지 않는 하나님 이해는 오늘 한국의 젊은 세대들로 교회를 떠나게 만들고 있는 것은 아닌지 생각해 봅니다.

하나님 이해는 달라져야 합니다. 어쩌면 이러한 시도는 우리에게 위험하거나 혹은 하나님에 대한 도전이나 불경한 태도로 비칠 수도 있을 것입니다. 그러나 그렇지 않습니다. 달라진, 그리고 변화는 우리 삶의 현장 상황에 따라 하나님을 다르게 이해하고 인식하며 체험하더라도 이같이 달라지는 우리의 이해와 인식 그리고 체험을 넉넉하게 받아주시면서 우리를 더 껴안고 더욱 따뜻하게 보듬어 주시는 넉넉한 포용과 동고의 하나님이 우리의 하나님이시기 때문입니다.

하나님은 우리의 달라지는 이해와 인식, 그리고 체험 속으로까지 스스로를 비워 들어오시어 우리와 함께 동고동락하시는 사랑의 하나님이십니다.

2

내가 만난 성령

예수 공생애의 시작과 성령

새로운 세계와 인간을 만드는 성령

예수님은 '더불어 함께 사는 삶', 즉 '공생애'의 올바른 길을 보여주셨습니다. 그분은 우리에게 자신의 삶 전체로 가장 이상적인 공생애의 모습을 보여주셨습니다. 그런데 예수님은 언제, 어디에서, 어떤 생각을 출발점으로 해서 공생애를 시작하셨을까요? 예수님의 공생애 시작을 알리는 사건이 있었습니다. 그것을 우리는 예수님의 첫 설교라고 할 수 있는 나사렛 교회에서의 설교를 통해 볼 수 있습니다. 의미 있게 읽어보아야 합니다.

> 주의 영이 내리셨다. 주께서 내게 기름을 부으셔서, 가난한 사람들에게 기쁜 소식을 전하게 하셨다. 주께서 나를 보내셔서, 포로된 사람들에게 자유를, 눈먼 사람들에게 다시 보게 함을 선포하고 억눌린 사람들을 풀어주고 주의 은혜의 해를 선포하게 하셨다(눅 4:18~19, 표준새번역).

예수님은 자신의 사역을 시작하면서 첫머리에 '주의 영이 내리셨다'라고 강조합니다. '주의 영의 내림'을 자기 사역의 시작, 즉 '공생애'의 출발점으로 강조합니다. 그런데 이 강조는 단순히 자신의 사역에 정당성을 부여하기 위한 것으로만 작동하지 않습니다.

예수님의 선언은 오히려 우리의 시선을 '주의 영의 내림'으로 발생하는 일련의 사건들을 향하도록 하고 있습니다. 그것은 '기쁜 소식의 전파', 즉 '자유·다시 봄·풀어줌, 그리고 주의 은혜의 해' 선포에 관심을 갖도록 하고 있습니다. 그것은 결국 '주의 영의 임함'의 결과라고도 말할 수 있을 것입니다.

먼저 예수님의 선포를 듣고 있던 당시의 청중이 누구였는가에 주의를 기울여 봅시다. 아마도 이 말씀을 듣고 가장 좋아했을 만한 사람들, 청중들은 대체로 '깨어진 인간, 비뚤어진 인간, 외로운 인간, 괴로운 사람'들이었을 것입니다. 즉 당시 지배층의 탐욕으로 인해 '억눌린 사람들, 포로 된 사람들, 가난한 사람들'이었습니다. 예수님의 선포는 아무리 열심히 살아도 그에 마땅한 보상이 따라주지 않는 잘못된 장벽 때문에 고통받고 신음하는 사람들에게 기쁨과 감동과 용기를 주고자 하신 겁니다.

또 다른 측면으로 생각해 보면 '부자와 가난한 사람 사이에 존재하는 차별과 장벽을 없애겠다'는 뜻도 담겨 있습니다. 깨어지고 흩어지고 아프고 괴롭고 외로운 사람들에게 온전해서 하나가 되게 하는, 정말로 새로운 세계와 새로운 인간을 선사하겠다는 의미입니다. 이것이 바로 예수님 사역의 주된 목표였고 '주의 영의 임함'의 결과입니다. 여기서 성령의 하시는 일이 무엇인가를 바르게 보여주시고 있습니다. '성령 충만'의 결과가 어떤 모습으로 나타나는가에 대한 메시지이기도 합니다.

성령의 사역, 즉 이 세계를 어두움에서 밝음을, 깨어짐에서 온전하게 하나되게 하심을 이루고자 하셨던 예수님의 사역에 두드러지게 나타납니다. 성령의 사역에 의한 결과는 예수님이 이 세상에 오신 뜻을 가장 분명하고 뚜렷하게 보여줍니다.

교회의 시작과 성령: 소통으로 하나됨을 이루는 성령

사도행전은 초대교회에 처음으로 성령이 임하는 사건을 기록하고 있습니다(행 2:1~11). 오순절 날에 여기저기 흩어져 있던 유대인들이 예루살렘에 모여 예배드릴 때 성령이 내렸습니다. 갈릴리 사람들이 방언을 하는데 그 방언을 여러 곳에서 모인 사람들이 각기 다 자기 고장의 말로 알아들을 수 있었던 사건이 발생합니다.

'성령의 내림'이 언어와 지리, 문화와 정치체제, 그리고 세상에 존재하는 모든 장벽을 허물어뜨리고 하나로 되게 하기 위해 서로를 통하게 되는 역사 발생으로 이어집니다. 성령의 역사가 어떤 결과로 나타나고 있는지 명확하게 보여줍니다. 이처럼 성령에는 모든 언어와 문화적 장벽을 허물고, 성령 받은 이들이 다 하나로 알아듣게 하는 힘이 있습니다. 여기서 잠시 삶의 경험을 이야기하겠습니다. 예전에 나는 감옥에 갇혔던 적이 있습니다. 그곳에서 '사람이란 도대체 어떤 존재인가?'에 대해 새삼 깨닫게 되었습니다. 감옥에 갇혀 살아가면서 강력하게 깨달았던 것은 '사람이란 의사소통을 하지 않고는 견딜 수가 없는 존재'라는 사실이었습니다.

감옥에 갔을 당시는 전두환 정권이 철권통치를 하던 시절이라 교도소마다 교도관은 물론, 헌병까지 동원해서 갇힌 사람들을 샅샅이 그리고 겹겹이 감시하고 있었습니다. 아마 헌병이 교도소까지 들어왔던 것은 그때가 처음이 아닌가 싶습니다. 당시의 교도소 분위기는 이처럼 무시무시하고 살벌하기까지 했습니다.

그런 연유로 옆방 사람들과 통방을 한다는 것은 생각조차 하기 어려웠습니다. 아예 말하지 못하고 입을 꾹 다문 채 언어장애자처럼 살아가야만 했습니다. 그런데 가끔 아내가 면회 와서 주위 사람들의 소식을 전해 주곤 했습니다. 그러면 나는 들은 소식을 다른 사람에게 얘기하고 싶어서 견딜 수가 없었습니다. 옆방 친구와 바깥 사회에서는 그리 친하게 지내지 않았는데도 내가 들었던 소식을 그 친구에게 꼭 전해주고 싶은 생각에 가슴을 태우곤 했습니다.

그렇지만 목소리를 조금이라도 크게 내면 교도관한테 금방 야단을 맞게 되니까 소리를 내어 말할 수도 없었습니다. 결국 소리를 내지 않고 얘기를 전할 수 있는 방법을 찾아내게 되었습니다. 창살 앞에다 손가락으로 커다랗게 글씨를 쓰거나 입으로 소리를 내지 않고 벙긋거리며 크게 말하는 것이었습니다.

당시 내가 있던 방 앞에는 지금 국회의원을 하는 H 씨와 그 옆에는 K 씨, 또 송건호 선생도 있었습니다. 외부로부터 어떤 소식을 듣게 되면 곧 그들과 소리 없는 대화를 나누곤 했습니다. 그런데 문제가 발생했습니다.

소식을 전할 때는 상대방이 알아듣기 쉽도록 글씨를 크게 쓰거나 천천히 입을 벌려 말을 했는데, 송 선생은 어찌나 글씨를 빠르고 작게 쓰는지 도통 무슨 말인지 알 수가 없었습니다. 그럴 때면 무슨 얘기인지 알고 싶어서 미칠 것처럼 안달이 나곤 했던 경험이 있습니다.

이처럼 사람에게는 의미 있는 상징을 상대방에게 전하고 싶어 하는 절실한 욕구가 있습니다. 나는 그것을 감옥에서 새삼스럽게 깨달을 수 있었습니다. 아무도 없는 사각의 공간, 특히 다른 어느 누구에게도 말 한마디 건넬 수 없는 상황에 처해 있었기 때문에 그것이 얼마나 소중한 것인가를 절감할 수가 있었습니다.

이처럼 사람에게 있어 커뮤니케이션, 즉 상통의 욕구는 굉장히 중요합니다. 이런 커뮤니케이션의 욕구를 본질적으로 아름답게 보는 종교가 다름 아닌 기독교입니다. 성서에 나오는 "태초에 말씀이 있었다. 말씀이 하나님이었다"는 구절을 요즘 새롭게 느끼고 있습니다. '말씀이 하나님이었다.' 즉 하나님은 바로 커뮤니케이션의 존재입니다. 말이 통하는 사람과 함께 서로의 마음을 터놓고 얘기하는 일만큼 소중하고 아름다운 것은 없습니다.

말이 통하지 않는다는 것은 곧 성령이 없다는 의미가 아닐까요? 우리는 기억해야 합니다. 성령이 초대교회에 임했을 때 일어났던 첫 역사가 '서로 말이 통하게 하는 일'이라는 사실을 말입니다. 성령의 사역이 '소통의 가능'이라는 측면에서 생각해 보면(통일원의 책임을 맡았던 경험으로 비추어보면) 남북(南北) 대화처럼 어려운 게 없는 것 같습니다. 북쪽 사람들과 의사소통한다는 것이 그렇게 어려울 줄은 미처 짐작하지 못할 정도였습니다. 그런데 의외로 그보다 더 어렵고 힘들었던 것은 오히려 남남(南南) 대화였습니다. 그중에서도 제일 어렵게 했던 일은 기독교 신자들과의 대화였습니다.

하나되게 하시는 하나님의 힘, 성령의 역사가 가장 강하게 나타나야 할 기독교인 사회에서 냉전의식·적대의식과 분단을 아름다운 것으로 미화하는 잘못된 모습과 성령 하나님의 논리를 제대로 수용하지 못하는 모습을 보면서 마음이 무척 아팠습니다. 그러기에 하나되는 일은 성령의 사역입니다. 남북 갈등과 남남 갈등의 문제, 모두 성령의 힘으로 극복해 나갈 수 있습니다. 그것이 오늘 한국교회가 세상을 향해 보여주어야 할 성령의 능력이 아니겠습니까.

장벽을 넘어서게 하는 성령의 힘

'~~에도 불구하고'의 논리

에베소서와 갈라디아서에서 사도 바울은 '그리스도 안에서는 유대인과 헬라인, 주인과 종, 남자와 여자 사이에 어떠한 차별도 있어서는 안 된다'고 말합니다. 이는 모든 인간 사이에는 그 어떤 장벽도 있어서는 안 되며, 또 있을 수도 없다는 주장입니다. 그러나 우리 사회는 참으로 많은 장벽이 존재하고 있습니다.

계급의 차이, 이데올로기의 차이, 시각의 차이, 요즘 사회는 동성애, 차별금지법, 젠더 갈등 등으로 인해 사람들 사이에 높고 견고한 장벽이 쌓여만 갑니다. 사람이 사람을 미워하고, 등을 돌리고 갈라서는 일처럼 엄청난 비극은 없을 겁니다.

과연 우리 사회에 존재하는 수많은 장벽을 허물 수 있는 논리가 있겠습니까? 우리는 '~~때문에'라는 논리에 따라서 장벽을 만들어 갑니다. '~~때문에'의 논리를 넘어서게 하는 논리, 장벽을 허물 수 있는 힘은 '~~에도 불구하고'의 논리입니다. 그것은 예수님 십자가의 논리이며, 하나님 사랑의 논리입니다.

'~~에도 불구하고'의 실천

모든 일이 그렇지만 우리가 만약 이 '불구하고의 논리'를 쓰지 않고 '때문에의 논리'를 쓴다면 아무것도 이루어지지 않습니다. 그런 의미에서 한국교회의 실상을 살펴봅시다. 한국교회에서 최대의 교파를 차지하는 것이 장로교입니다.

그런데 해방된 후 어떻게 되었습니까? 둘로 갈라져서 예수교장로교와 기독교장로교가 되었습니다. 원래는 한 몸이었던 지저스(예수)와 크라이스트(그리스도)가 서로 분열된 것입니다. 그 후 예수교장로교가 다시 합동과 통합으로 분열됩니다. '합동'과 '통합'이라는 단어가 서로 다른 말입니까?

이러한 우리의 모습을 부끄럽게 생각해야 합니다. 태초에 하나님이 이 세상과 인간을 창조하시고 "참으로 좋다!"고 찬탄하셨던 그때의 모습을 다시 회복해야만 합니다. 하나님의 찬탄을 들을 수 있는 한국교회가 되도록 애써야 합니다. 그것이 우리가 마땅히 이루어야 할 일입니다.

성령과 관련하여 한국교회를 향한 당부

우리는 성령의 효험과 작동을 알기 이전에 먼저 갈라지게 하고 병들게 하는 악령의 작용, 그 죄악의 행태에 대해서 알아야 합니다. 악령이 어떻게 사람을 병들게 작동하나를 파악해야 합니다. 오늘 사람 마음을 혼란하게 만들고 인간의 삶을 한 방향으로 휘몰아치면서 나가도록 강요하는 것이 무엇인가에 대하여 관심을 가져야 합니다. 쉽게 말하자면 귀신(유령)이 그러한 것처럼 오늘 사람을 홀리고 있는 악령이 무엇인가에 대하여 정확하게 파악하고 있어야 합니다. 그리고 무엇보다도 악령의 홀림에 의한 결과가 무엇인가에 대해서 깨닫고 있어야 합니다.

악령은 사람에게 짐을, 무거운 짐을 지웁니다. 인간 사회는 여러 가지 의미에서 인간 모두의 삶에 무거운 짐을 지우고 있습니다. 제도화된 악령의 모습입니다. 악령은 사람을 비겁하게 만들기도 하지만 마땅히 해야 할 말을 못 하도록 용기를 잃게 만듭니다. 악령은 사람이 스스로를 비하시키거나 학대하게 합니다. 자기를 업신여기면 다른 사람을 업신여깁니다. 결국 자학(自虐)은 타학(他虐)과 자살로 이어지기도 합니다. 악령은 사람들로 절망에 빠지게 합니다. 절망은 자신과 남들을 함께 파괴시키는 힘입니다, 절망은 악령의 가장 큰 무기입니다. 절망은 심각한 질병입니다.

사람을 휘잡고 있는 악령을 이길 힘은 어디서부터 옵니까? 성령 하나님으로부터 옵니다. 성령은 악령의 짓을 근본적으로 중단시키는 하나님의 바람이요, 힘입니다. 성령은 짐을 들어줍니다. '수고하고 무거운 짐 진 자들아, 다 나에게 오라' 하신 주님의 초청은 성령의 초청입니다. 성령 내림에 의해 시작되고 성령의 이끌림을 받는 교회는 서로의 짐을 들어주는 공동체입니다.

그런데 한국교회는 어떻습니까? 악령의 공동체가 아닌 성령 공동체의 모습을 보여주고 있습니까? 한국교회는 서로의 짐을 들어주는 것은 고사하고 오히려 서로에게 짐을 지우고 있습니다. 각종 율법과 교리, 권위주의적이며 억압적 성직 체제와 성서의 기본 정신과 역사와 사회로부터 유리된 근본주의적이며 문자주의적인 메시지 선포로 사람들에게 짐을 지워주고 있습니다. 짐을 들어주는 성령의 사역을 외면하고 오히려 짐을 지워주는 악령의 사역에 동참하고 있는 것은 아닌가를 진지하게 돌아보아야 합니다

성령은 마땅히 해야 할 말, 해야 할 일을 말하게 하고 실천하게 합니다. 곧 용기를 주십니다. 요한복음 14장 15~17절은 성령을 '보혜사'라고 부릅니다. 고통받는 자를 도와주고, 힘과 용기를 주는 자란 뜻입니다. 고통 겪는 사람들에게 도움을 주고 용기를 주는 변호사(Counselor)라는 뜻입니다. 변호사를 쓰지 못할 만큼 딱한 사람, 절박한 사람을 도와주면서 마땅히 할 말을 하게 하는 힘입니다.

오늘 한국교회는 성령의 사역을 수행하고 있습니까? 우리 사회의 가장 어둡고 낮고 힘든 상황에 처해 있는 사람들을 지원하고 도와주고 있습니까? '저 낮은 곳을 향하는' 교회의 모습을 되찾아야 합니다. 그것이 성령 하나님을 믿는 일입니다. 성령 하나님 안에서 악령에 사로잡혀 혼란에 빠지고 이 땅에서 하나님 나라의 이루어짐을 방해하는 모든 장애물을 극복하는데 한국교회가 선도자가 되어야 합니다.

악령으로 짐 지고 허덕이는 우리 존재를, 우리 민족에게 분리되고 분단되어 고통당하고 절망 속에 헤매는 우리에게 도움의 손길을 뻗쳐 주시어 우리로 하여금 당신의 상속인이 된 기쁨을 느끼게 하시며, 갈라진 형제자매들을 하나되고 온전케 하시는 성령의 사역, 우리의 삶과 사회에서 악령을 추방하여 우리로 온전한 하나님의 사람으로 살아가도록 하시는 성령 하나님의 사역을 이어가야 합니다.

3

내가 만난 예수

예수는 누구인가?

예수의 탄생과 성육신

예수는 누구인가에 대해서 말하기 위해서 우리는 그의 탄생으로부터 출발해야 합니다. 성서의 증언에 따르면 예수의 탄생은 '말씀이 육신이 된 사건'(성육신)으로 이해됩니다. 다시 말하면 성육신은 예수를 이해하는 데서 출발점이며 핵심입니다. 성육신은 한마디로 말하면 '하나님이 사람이 된 사건' 입니다.

성육신은 '시공간을 초월하여 존재하는 하나님이 제한적인 시간과 공간(역사) 속으로 오신 사건, 즉 구체적인 역사 상황으로 오신 사건으로 이해됩니다. 즉 초시간적, 초역사적 존재이신 절대자가 시간과 공간이라는 상대적인 상황으로 찾아왔다는 의미입니다.

이 사건에서 주목해야 할 사항이 하나 있습니다. 그것은 성육신 사건이 2천 년 전 팔레스타인 지역에서 발생했다는 사실입니다. 이 지역을 포함하여 당시 (유럽을 중심으로 하는) 세계사에서 로마 제국의 힘이 절정에 달했을 때 그 제국의 한 변방에서 성육신의 사건이 발생한 것은 매우 흥미롭습니다. 하나님께서 특정한 시간과 특수한 장소를 선택하여 구체적으로 이스라엘 역사 속으로 들어오셨습니다.

성육신 사건의 의미를 어떻게 이해하느냐는 우리의 예수 이해와 예수 따르미의 삶을 살아갈 때 우리의 실천적 행위와 직결됩니다.

작은 자의 성육신

성육신 사건은 무엇보다도 먼저 하나님이 가장 작은 자의 모습으로 세상과 역사 속으로 오셨다는 것을 의미합니다. 그는 배고픈 자, 목마른 자, 헐벗은 자, 나그네로 살아가는 사람, 병든 자, 감옥에 갇힌 자의 몸으로 오셨습니다(마 25장).

억울하게 자유를 박탈당하거나, 평등을 빼앗긴 사람으로 육화되셨습니다. 건강마저 훼손된 초라한 병자로 오셨습니다. 이러한 이해는 우리 주변의 건강과 자유권과 평등권을 부당하게 빼앗겨 아파하는 사람들과 나그네처럼 서러움을 겪는 사람 안에 이미 계시는 하나님을 발견하게 해 줍니다.

하나님이 지극히 작은 자로 오신 것은 작은 자를 하나님처럼 존엄하고 큰 존재로 내세우시기 위함입니다. 하나님이 사람 되신 것은 사람을 하나님처럼 존귀한 존재로 높이시기 위함입니다. 성육신은 인간의 기본권리를 존중하고 사랑하시는 사랑의 하나님을 보여줍니다. 우리 인간은 같은 인간을 차별하고 능멸합니다. 가난하고 무력한 자를 차별하고 짓밟습니다. 온갖 닫힌 체제의 지도자는 인간의 기본권을 짓밟습니다. 이것을 바로 잡으시기 위해서 막강하시고 부유하신 하나님께서 스스로 고통의 육화를 하신 것입니다. 인권을 짓밟는 인간은 하나님을 짓밟게 됨으로써 스스로 어리석은 자임을 마침내 증명하게 됩니다.

하나님의 성육신, 예수의 성육신은 가장 작은 이들을 기억하고 이들을 돌봄으로써, 하나님을 새롭게 만나게 된다는 사실을 보게 합니다. 오늘 한국교회는 작은 자들 안에 성육신하시는 하나님을 발견하고 있습니까? 우리가 하는 일이 작은 자들 안에 성육신하시는 하나님을 발견하는 일과 관련이 있는가를 물어야 합니다.

육화의 아픔

또 다른 의미에서 우리는 성육신 사건을 '육화의 아픔'의 의미로 이해할 수 있습니다. 절대적 존재인 하나님이 상대적이고 한계적 존재인 인간으로 왔다는 것은 그가 모든 것을 내어주어 아무것도 없는 진짜 빈털터리가 되셨다는 의미입니다. 비움은 아픔을 동반합니다. 자신을 버리는 아픔보다 더 큰 아픔은 없습니다. 예수의 아픔은 인간을 위하여 자신을 기꺼이 버리고 인간을 위한 아픔을 당당하게 받아들이는 예수의 삶을 보게 만듭니다.

성육신 아픔의 극치는 십자가 사건에서 나타납니다. 전지전능하시고 무소부재(?)하신 거룩한 하나님께서 가장 무력한 존재로 '허무하게' 죽임을 당하십니다. 십자가는 육화 고통의 극치입니다. 십자가의 아픔 없는 성육신은 존재하지 않습니다. 오늘 한국교회의 십자가는 이러한 성육신의 자기 비움과 동고신(同苦神)의 아픔을 절박하게 표현하는 것이어야 합니다.

하나님 성육신의 아픔은 하나님 자신의 인간과 이 세계를 향한 사랑에서 비롯되었습니다. 성육신하신 하나님이신 예수님은 자기 비움(kenosis)을 실천하셨습니다. 예수 당시까지 유대 근본주의자들이 믿었던 하나님은 자기를 채우는 강한 하나님이었습니다. 사람 위에 군림하며 무서운 심판을 내리는 절대자였습니다.

그런 뜻에서 유대인의 하나님은 즉자적 신(卽自的 神)이었습니다. 즉자적 존재는 결코 자기 자신을 비우지 않습니다. 오히려 남을 비워 자기를 살찌웁니다. 그러나 예수님은 남을 위해 자기를 철저히 비우시는 대자적 신(對自的 神)을 직접 체험하시고, 다시 스스로 그러한 신의 모습을 보여주셨습니다.

한국교회의 성육신 이해

한국교회는 성육신(Incarnation)하신 하나님과 성육신화(Incarnated)된 하나님이 무슨 뜻인지 제대로 이해하고 있는지 의문입니다. '성육화 됐다'(Incarnated)는 말이 영적으로 육화된 것이 아니라 역사 안에서 육화된 것인데도 불구하고, 한국교회는 역사 안의 육화에 대해서 제대로 이해하지 못하고 있습니다.

이집트 탈출기를 읽어보면 하나님은 "노예로서 신음하는 내 백성의 괴로운 소리를 듣고, 그 참상을 내가 보고 그리고 내가 내려간다"라고 말합니다. 바로 그것이 진정한 의미의 육화(Incarnation)입니다. 내가 생각하기로는 역사 안의 Incarnation, 역사 속으로 육화된 소위 고대사회의 신은 기독교밖에 없습니다. 그리스의 신들은 모두 올림프스 산 위에 있습니다. 그들은 그곳에서 서로 질투하고 싸우곤 하지만, 그러나 그들은 올림프스 산 아래에 있는 인간들의 아픔에 대해서는 무관심한 신이었습니다.

예수는 누구인가를 성육신의 측면에서 살펴보아야 합니다. 얼마 전 넷플릭스에서 본 영화인데, 〈Apostle of Christ〉라는 제목의 사도 바울에 관한 이야기입니다. 이 영화를 보면서 감독이 신학을 아는 사람,

다시 말하면 (성육신한) 역사적인 예수와 신비한 고대 종교에서 말하는 전지전능한 신 사이에 존재하는 차이를 구분할 줄 아는 사람이구나 하는 것을 느꼈습니다.

나는 본 영화의 감독이 초대교회를 위협했던 예수를 영지주의적인 틀 속에서 인식했던 당시의 상황을 뛰어넘어 서는 것을 보고 감탄했습니다. 우리가 믿고 따르는 예수의 하나님은 고통과 무관하지 않습니다. 기독교의 핵심은 말이 아니라 예수님의 행적, 그것도 고통과 관련된 그분의 행위에 있습니다. 예수의 성육신은 이런 의미입니다.

한국교회의 예수 성육신에 대한 이해가 예수의 신성에 대한 증명이라는 한계에서 벗어나서 이 땅 위에서 삶과 그의 행적 그리고 그의 고난 받음과 부활이라는 의미로 향하게 될 때 비로소 교회의 본질적인 하나님 나라 선포라는 사역을 제대로 감당하게 될 것으로 생각합니다.

십자가의 고난과 죽음

우리는 십자가에서 무엇을 보는가?

기독교 신앙의 측면에서 예수님 이해하기에서 십자가를 어떻게 이해하는가가 핵심입니다. 기독교 2천 년 역사에서 십자가는 여러 가지 의미에서 오용되거나 남용되었습니다. 십자군 전쟁을 십자가 오용과 남용의 가장 두드러진 예로 들 수 있을 것입니다.

한국교회의 경우도 예외는 아닙니다. 더욱이 1970년대를 거치면서 급속한 성장을 이루고 대형 교회 형성을 이룩한 한국교회는 십자가의 진정한 의미와 그 십자가에 달리신 예수 그리스도의 뜻을 올바르게 증거하기 어렵게 되었습니다. 한국교회에서 많은 경우 십자가는 물량적 교회 성장과 천박한 개인 성공을 보장해 주는 부적으로 타락된 것 같은 느낌을 주기도 합니다. 십자가에 대한 잘못된 이해는 오늘 극우 십자가로 표현되는 한국교회의 왜곡된 모습으로 나타나기도 하였습니다. 그런 의미에서 한국교회가 올바른 방향으로 나가기 위해서 십자가의 참뜻을 새롭게 되새겨 보는 것은 매우 중요한 일입니다.

나는 십자가의 의미를 제대로 이해하기 위해서는 무엇보다도 사도 바울이 십자가를 '어떻게 이해하고 있는가?'로부터 출발해야 한다고 생각합니다. 바울은 로마 패권 지배 문화권에서 불행과 저주의 상징으로 이해되고 있었던 십자가의 의미를 예수 십자가의 측면에서 설명하고 해명하고자 했습니다. 그는 당시 일반 사람들에 의해 받아들여지고 있었던 십자가의 의미를 예수 십자가의 의미로 설명합니다. 이를 위해 그는 역설의 논리를 사용합니다.

바울은 예수의 십자가에서 철저하게 자기 자신을 부인하시는 하나님을 봅니다. 그에 의하면 예수님은 화려하고 충격적인 기적을 요구했던 동족 지배 집단의 요청을 단호히 거부합니다(막 8:11~12).* 메시아임을 증명할 수 있는 화려한 기적 발생의 유혹을 거부합니다. 드러냄을 위한 화려한 기적 발생을 거부하고 오히려 초라하고 작은 모습을

---

* 마가복음 8장 11~12절: 바리새파 사람들이 나와서는, 예수에게 시비를 걸기 시작하였다. 그들은 예수를 시험하느라고 그에게 하늘로부터 내리는 표적을 요구하였다. 예수께서는 마음 속으로 깊이 탄식하시고서 말씀하셨다. "어찌하여 이 세대가 표적을 요구하는가! 내가 진정으로 너희에게 말한다. 이 세대는 아무 표적도 받지 못할 것이다."

보임으로 메시아임을 드러내는 십자가의 역설을 보이십니다. 이러한 의미에서 십자가는 자기부정의 역설 논리의 상징입니다.

바울에게 십자가는 민중의 한을 풀어 주시기 위해 철저한 패배자가 되신 예수의 역설의 논리입니다. 십자가에 달린 예수가 없었다면, 지금도 십자가는 저주의 상징으로 남아 있을 것입니다. 예수의 십자가는 모든 사람의 아픔을 하나님 자신이 친히 겪으시고, 스스로 패배자가 되어 억울한 죽음을 대신 항변하심으로써 악과 한에 대하여 승리를 외친 역설입니다. 십자가에서 우리는 이 같은 철저한 패배자 하나님을 다시 확인하게 됩니다. 십자가는 패배를 통한 최종적 승리 선포의 역설입니다.

십자가의 고난과 인간화의 선교

예수의 고난을 고난에 대한 예찬으로 보아서는 안 됩니다. 예수의 고난은 하나님 사랑의 본질을 나타내는 선교적 행위라 하겠습니다. 예수의 선교는 고난을 불러일으키는 까닭이 바로 하나님의 사랑에 있음을 새삼 다시 깨달아야 합니다. 그런 의미에서 십자가는 하나님 선교의 올바른 의미를 전달해 줍니다.

선교는 하나님의 형상을 지닌 인간이 존엄한 존재로 취급당하지 못하여 비인간화될 때, 비인간으로 취급당하는 인간을 존엄한 존재로 취급하는 활동입니다. 비인간(non-person, non-entity)의 아픔을 함께 아파하면서 비인간화시키는 악의 세력을 제거하는 활동이 선교이며 그것이 예수 십자가의 진정한 의미입니다. 십자가는 예수 선교의 상징입니다.

예수의 십자가는 누가복음 4장 18~19절에서 예수가 직접 선포한 선교의 내용, 즉 '가난한 자, 포로 된 자, 눌린 자, 맹인과 같은 비인간화된 존재들의 온전해 짐'을 구체적으로 실현하는 과정에서 발생한 사건입니다. 십자가는 하나님 사랑의 실천입니다. 사람들 가운데서도 가장 억울하게 고통당하는 사람들과 몸으로 함께 아파하는 행동을 하시는 하나님의 행동입니다.

십자가는 인간의 억울한 고통과 고난의 공유행위요, 공감행위입니다. 십자가의 고난은 체휼(體恤)의 구체적 증거입니다. 억울한 고난의 대표자로서 주님은 십자가의 고통을 맞이하신 것입니다. 예수가 직접 겪으신 고통은 인간이 겪을 수 있는 고통 가운데서 가장 통렬한 아픔이었습니다.

최악의 오해, 최악의 수모, 최악의 조롱, 최악의 고통이 재판정에서부터 골고다의 언덕 꼭대기까지 깔려있습니다. 지루한 죽음, 조롱과 수모로 점철된 지연된 죽음이기에 고통은 말할 수 없이 컸습니다. 그것은 억울한 고통이요, 억울한 죽음이었습니다. 예수 십자가의 억울함은 구체적이요, 역사적인 것이었습니다. 따라서 십자가를 단순한 신학화를 통하여 탈역사화, 탈육화, 추상화해서는 안 됩니다.

십자가는 억울한 인간의 고통에 무감각함을 보이는 현대 사회와 오늘의 우리 모습을 발견하게 만들어 구체적인 역사의 현장으로 달려나가게 만들어야 합니다. 한국교회가 십자가의 본래 의미를 상실하고 왜곡시킨 것은 아닌지 돌아봐야 합니다. 십자가의 의미를 회복하는 것은 오늘 '태극기 극우화' 현상을 보임으로써 한국 역사의 현장 한가운데서 멀어져 갔을 뿐 아니라 한국 민중으로부터 외면당하는 한국교회 회복의 출발점이 될 수 있습니다.

십자가, 예수의 고독한 고통

기독교의 하나님은 함께 아파하시는 사랑의 하나님이십니다. 회개하기를 오래 기다리시다가 회개하고 돌아오는 죄인을 보시고 달려가시는 사랑의 하나님이십니다. 그는 스스로 헐벗고, 주리고, 목마르시고, 병드시며 감옥에 가시기까지 하시면서 지극히 작은 자를 사랑하시는 인격의 하나님이십니다.

이러한 하나님의 본질을 가장 극명하게 느낄 수 있는 것은 고난당하는 예수님 모습을 통해서입니다. 특히 예수님의 고독한 고난 속에서 우리는 사랑의 하나님을 몸으로 느낄 수 있고, 그분을 얼싸안고 싶어집니다. 주님의 고독은 그의 한심한 제자들과의 관계 속에서 잘 나타납니다.

누가 서로 크냐를 다투는 제자들, 예수께서는 피와 땀을 흘리며 사투(死鬪)하는데도 졸고만 있는 제자들의 모습은 예수를 고독하게 만들었습니다. 이러한 제자들을 지도자로 변화시킨 힘은 바로 주님의 고독한 고난과 죽음에 있습니다. 제자들은 스승의 죽음과 부활사건의 참뜻을 훗날 회상하고 깨달으면서 그들은 근본적 변화를 겪게 되었습니다. 부활의 싹이 이미 스승의 그 고독한 고통 속에 잉태되어 있음을 새삼 깨달으면서, 로마의 갖은 핍박 속에서도 꿋꿋하게 신앙 공동체를 지켜갈 수 있었습니다. 예수님의 고독은 가룟 유다와의 관계에서 극명하게 드러납니다.

우리는 예수의 십자가 고난을 말하면서도 그의 고독에 대해서는 별로 말하지 않았습니다. 고독한 고통에 대해서는 침묵합니다. 고통이 참으로 참을 수 없이 큰 아픔이 되는 것은 고독할 때입니다. 고독한 고통은 육체와 영혼의 아픔입니다. 지독한 아픔입니다. 예수님은 고독의 아픔을 유다의 배반을 통해 겪으셨습니다. 여기서 우리는 배반당하시는 하나님, 그렇지만 그 고통을 통해 우리를 용서하시는 하나님을 만나게 됩니다.

예수님은 이러한 제자와 적어도 두 번 고독한 대좌(對坐)를 하게 됩니다. 최후의 만찬 때 유다는 가증스러운 연기력을 발휘하여 자기의 배신을 성공적으로 숨깁니다. 그런데 겟세마네 동산에서는 그 배신의 가증스러움이 극치에 달합니다. 동산에서 가룟 유다는 스승에게 가장 달콤한 방식으로 접근합니다. 유다의 입맞춤과 예수의 외로움! 제자로부터 이러한 간교한 배반을 당했으니 그 아픔은 이미 십자가 처형의 아픔 못지않았을 것입니다.

그런데 예수는 왜 이러한 배반을 향해 야단치시거나 역(逆)공작으로 대응하지 않으셨을까? 예수가 고독한 고통을 감내하신 까닭은 무엇보다 배반과 폭력을 궁극적으로 이기는 것은 역(逆) 배반, 대응 폭력을 구사하는 것이 아니라 그 폭력에 의해 조용히 그러나 당당히 희생당하시는 것임을 깨닫게 해 주시기 위함입니다.

만찬과 체포 사이에서 예수는 고독의 아픔을 겪으면서도 피와 살의 나눔이 공동체의 원리임을 가르쳐 주십니다. 서로 가장 귀한 것을 나눠 가질 때 그 어떤 억압도 깨뜨릴 수 없는 사랑의 공동체를 굳게 세울 수 있음을 깨닫게 해 줍니다. 그래서 우리는 성찬예식을 통하여 용서하시기 위해 배반당하는 하나님을 봅니다.

육체의 고통과 하나님의 은혜

인간은 육체의 고통을 심하게 겪거나 자기의 열등감에 깊이 사로잡히게 되면 원망하거나 거칠어지기 쉽습니다. 남들과의 관계도 악화되고 불행한 삶을 살게 됩니다. 그런데 사도 바울의 고백을 통해서 육체의 고통과 인간적 단점이 오히려 하나님 사랑의 능력을 체험하는 계기가 된다는 신앙의 역설을 깨닫게 됩니다. 우리는 예수의 십자가 고난과 고독한 고통을 통해 '약할 때 강해진다는 진리'를 봅니다. 고난을 당하는 순간-약해서 당하고, 못생겨서 멸시받고, 아파서 고통당하는- 그 순간이 하나님 안에서 하나님의 사랑의 능력을 듬뿍 체험하는 은총의 순간으로 변합니다.

그러나 기독교는 자학적 인간을 추구하지 않습니다. 약한 것 자체를 자랑하는데 끝나는 것이 아니라 오히려 하나님의 강하심을 증거하면서 그 하나님의 능력으로 정의와 평화의 역사를 창조하고, 불의와 폭압의 현실을 변혁시키려고 하는 증거입니다. 교회는 바로 인간적 연약함을 드러내면서 겸손해지고, 하나님의 강하심을 증거하면서 새 역사를 창조해 가는 은총의 공동체입니다.

그런데 오늘 한국교회는 약함을 자랑하지 않습니다. 강함으로 세계를 지배할 수 있다고 믿는 것 같은 모습을 보입니다. 세계 최대의 대형 교회들이 즐비한 곳이 한국교회입니다. 이번 윤석열 탄핵 정국에서 드러났듯이 한국교회는 자신의 힘을 자랑하면서 불의한 정권을 유지하고 자신의 기득권들을 지켜나가려는 허망한 모습을 보였습니다.

한국교회는 예수의 고독한 고난의 길을 걷고자 하지 않았고 오히려 불의한 방법을 통해서라도 화려하고 겉으로 드러나는 영광의 자리를 탐하는 모습을 보였습니다. 거기에 오늘 한국교회가 당면하고 있는 위기의 본질이 있습니다.

나는 한국교회를 향하여 간곡하게, 그러나 강력하게 촉구하고 싶습니다. 예수의 고독한 고난의 십자가 길을 포기하지 말 것을 촉구합니다. 교회의 높은 종탑에 걸려 있는 겉으로 드러나는, 화려하고 휘황찬란한 십자가를 계속 유지한다면 한국교회는 역사와 민중으로부터 버림받고 말 것입니다.

예수의 부활,
그 아름다운 얼굴

빈 무덤과 변화

기독교는 예수 부활로부터 시작된다고 말해도 큰 무리는 아닙니다. 예수 부활사건은 기독교를 독자적 종교로 나아가게 한 놀라운 사건입니다. 부활사건 없이 기독교는 탄생할 수 없었습니다. 예수의 부활에 대한 확신이 번지면서 유대교에서 기독교가 새롭게 세워질 수가 있었습니다. 부활은 기독교의 핵심적 주제입니다. 그럼에도 예수 부활에 대한 논쟁은 기독교 역사를 통하여 끊임없이 이어져 왔습니다. 그중에서도 최근의 복음주의 관점에 서 있는 톰 라이트(N. T. Wright)와 역사적 예수에 대한 파격적 논의를 거침없이 펼쳐온 존 도미니크 크로산(John Dominic Crossan) 교수 간의 논쟁은 매우 흥미로운 논쟁이었습니다.

예수의 부활에 관한 내용 중 '예수의 빈 무덤' 문제를 사이에 두고 두 학자의 의견이 나뉘었습니다. 라이트(Wright) 주교는 빈 무덤과 예수의 현현 사건이 예수 몸의 부활에 대한 초대 교인들의 신앙을 불러일으킨 충분조건이라고 주장한 반면, 크로산(Crossan) 교수는 '빈 무덤'에 대한 서술을 은유(metaphor)적 표현이라고 하면서, 부활 사건의 중요성은 그것이 사실 서술이냐 은유 서술이냐 하는 표현 양식에 좌우되는 것이 아니라, 그 사건이 '오늘', '여기에서' 우리에게 주는 의미에 있다고 했습니다. 이천 년 전 부활사건의 의미를 나와 역사를 올곧게 변화시키는 그 실존적 힘에 있다고 했습니다.

이 논쟁을 보면서 나는 크로산 교수의 의견에 더 가깝게 생각합니다. 더 나아가서 나는 예수의 부활에 대하여 이야기하고자 할 때 우리가 주목해야 하고 물어야 할 질문은 '빈 무덤'에 관한 것보다 예수 제자들의 질적 변화에 관한 것이라야 한다고 생각합니다. 나는 예수의 형제 야고보를 비롯하여 제자들이 어떻게 그렇게 용감한 '예수 따르미'로 급변화할 수 있었는가에 대한 질문을 계속해서 가졌습니다. 또한 예수를 직접 만나보거나 함께 활동할 수 없었던 유대 기독교인들과 이방 기독교인들이 로마의 핍박 속에서도 어떻게 "예수님은 나의 메시아다"라는 반체제적 성격의 고백을 하면서 용기 있게 순교할 수 있었는가에 대하여 관심을 가졌습니다. 나의 질문은 유대 율법에 의하면 이 고백이 신성모독죄가 되어 역시 사형받게 된다는 엄연한 당시의 현실 속에서 어떻게 신앙 고백을 유지하면서 열정적으로 예수를 전할 수 있었느냐로 향했습니다.

이들을 이렇게 변화시킬 수 있었던 것은 예수의 부활 사건에 대한 경험이었습니다. 이렇게 예수 부활 사건은 기독교의 시원(始原) 사건이요, 모태 사건입니다. 교회의 힘은 이 사건에 대한 뜨거운 증언에서 나옵니다. 제자들은 예수를 카리스마적 예언자로서 이스라엘을 강대국으로부터 해방시켜 줄 민족 해방자, 정치적 지도자로 믿었습니다.

그런데 그분이 처참하고 무력하게 십자가에 처형되었으니 절망할 수밖에 없었습니다. 그들에게 십자가는 만사의 끝장이었지, 새 인간 새 역사의 시작임을 몰랐습니다. 더구나 제자들은 빈 무덤 얘기를 듣고 매우 실망하여 마침내 모든 소망을 잃고 낙향의 길로 접어들었습니다. 그들에게는 역사의 속뜻, 뜻으로 본 역사는 몰랐기에 침통한 절망에 빠졌습니다. 바로 이때 부활의 주님이 찾아오셨습니다. 그리고 제자들은 부활하신 예수를 만난 이후 급변합니다. 예수의 부활 사건 경험은 제자들의 삶을 뒤집어 놓습니다.

예수는 부활을 통하여 성서가 전하고자 하는 참된 메시아 모습을 증언합니다. 그는 잠시 부침(浮沈)하는 정치적·민족적 메시아가 아니라, 성·계급·민족의 차이를 뛰어넘는 모든 인간의 참 메시아라는 것을 보여주십니다. 예수의 부활은 제자들에게 뜨거운 감동으로 다가왔고, 그들에게 실존의 뜨거운 변화와 새 역사의 개시에 대한 희망의 문을 열어주었습니다. 예수의 부활은 새 역사와 새 실존의 지평이 열림을 보여 주셨습니다.

부활의 주님을 알아본 순간, 그들은 마술에서 깨어난 것처럼 새로운 결단을 내립니다. 주님은 다시 그들의 눈앞에서 사라지셨으나 그의 역사가 이제는 절망의 근거가 되지 않고 오히려 희망과 용기의 계기가 됩니다. 그래서 그들은 예수의 말씀과 함께 느꼈던 뜨거운 감동과 체험을 나누면서 즉시 예루살렘을 향해 되돌아갑니다. 황혼을 바라보며 절망의 걸음을 걸었던 제자들이 이제는 새벽을 바라보며 희망의 달음질을 하게 되었습니다.

부활, 빈 무덤 채우기

빈 무덤과 현현의 의미는 우리의 일상적 삶 속에서 어떻게 표현되는 것일까요? 예수님은 결코 무덤 안에 갇혀 썩어버릴 수 없었습니다. 왜 그렇습니까? 예수를 폭력으로 죽인 로마 제국의 권력이 정당할 뿐 아니라 그것이 계속 건재해야 하고 나아가 그것이 승리해야 한다면, 예수가 계속 무덤에 갇혀있어야 하고 거기서 썩어 없어져야 합니다. 그러나 그럴 수 없기에 예수의 무덤은 반드시 비어 있어야 합니다. 또 비어 있을 수밖에 없습니다. 예수 부활 사건에서 빈 무덤의 존재는 필연적입니다.

그러나 그 빈 무덤은 오래 계속될 수 없습니다. 무덤은 비워지면서 그 안에 서 있는 우리들의 삶에 새로운 결단을 채워줍니다. 믿음을 통하여, 그리고 부활의 경험을 통하여 부활하신 예수로부터 생성되는 보다 밝고 맑은 새 역사가 우리의 삶 전체를 채웁니다. 그런 의미에서 예수님의 무덤은 항상 비어 있어야 합니다. 부활의 예수님은 빈 무덤에서 나와 우리를 격려하십니다.

부활의 예수는 빈 무덤에서 나와서 사람들에게 다시 그 영적 몸의 힘을 보여주시는 것은 하나님의 응원이 우리 현실 속에서 이뤄지고 있다는 뜻입니다. 부활 승천하신 그리스도께서 결코 하나님 오른편에 항상 편하게 앉아 계시지 않습니다. 교리의 그리스도는 항상 하나님 우편에 조용히 앉아 계시어 그 권위를 보여주시는 분으로 이해되고 있습니다. 그러나 나는 그런 교리의 그리스도, 앉아 계시기만 하는 그리스도는 생각하고 싶지 않습니다. 부활 승천하셨지만, 오히려 항상 갈릴리로 달려가시는 사랑의 그리스도를 믿습니다.

역사의 현장에서 억울하게 고통을 겪는 당신의 딸과 아들과 언제나 동고(同苦)하시는 동고주(同苦主)를 나는 믿습니다. 강도에게 폭행당해 죽어가는 인간에게 사마리아 사람처럼 다가가는 동고주, 사랑의 주님을 나는 믿습니다. 돌로 쳐 죽임을 당하기 직전, 스데반에게 나타나신 그리스도는 벌떡 서 계시는 사랑의 주님이었고, 바로 그 동고주를 나는 믿습니다.

1980년 초여름 남산 정보부 지하 2층에서 고문당해 시커멓게 변한 얼굴로 초주검이 된 이 목사가 내가 찢어준 반쪽 성서를 받은 뒤 그의 얼굴이 조금씩 밝게 변화되는 모습을 내 두 눈으로 똑똑히 보았습니다. "아, 부활의 그리스도가 저 형제에게 동고주로 나타나시는구나!" 하고 속으로 외칠 수 있었습니다.

이 시간 우리가 살아가는 역사의 현장에 부활의 주님은 이 목사와 같은 분들에게 사랑으로 응원하고 계심을 나는 확신합니다. 세상의 그 어떤 권세든, 그것이 네로의 폭력이든, 히틀러의 학살이든, 그것이 스탈린의 고문이든, 그 어떤 폭행도 하나님의 자유 운동, 사랑 운동, 평화 운동, 정의 운동을 중단시키고 죽일 수 없습니다. 그리고 그 운동을 무덤에 묻어 가둘 수 없습니다. 그 운동은 성령의 도우심을 받아 그것이 아름다운 완결점에 도달할 때까지 끊임없이 지속될 것입니다.

바로 주님이 하시는 이 일에 우리가 동참할 때, 우리는 무덤을 힘차게 비우시고 나오신 응원자 주님을 닮아가는 그분의 따르미가 될 것입니다. 그리하여 마침내 어둠의 역사, 절망과 증오의 역사를 끝장내고 사랑과 해방, 평화와 정의의 새 역사를 이 땅에 채울 수 있게 될 것입니다. 무덤은 비워지고 역사는 새롭게 채워지게 될 것입니다. 이것이 부활의 의미입니다.

부활, 하나님 나라 운동의 지속적 실천

일반적으로 정통 복음주의 신학에서는 예수 부활 사건을 사실적(factual) 사건으로 믿고 그것을 인과론적으로 증명해 보려는 움직임이 강합니다. 이를테면 '빈 무덤'과 '예수의 현현' 사건을 예수 부활의 충분조건으로 주장합니다. 예수의 무덤이 사흘 후 비어졌고, 그 후 부활의 예수가 제자들에게 나타났다는 사실이 예수의 부활을 사실로 증명한다는 주장입니다.

그럼에도 나는 빈 무덤의 역사적 사실 여부의 논쟁을 넘어 오늘 '빈 무덤'으로 상징되는 예수 부활이 갖는 해석학적 의미와 중요성을 하나하나 짚어 보고 싶습니다. '빈 무덤'과 '현현'이 우리 그리스도 따르미에게 주는 실체적 의미를 깊이 성찰하는 것이 중요하다고 생각합니다.

예수 부활은 예수께서 갈릴리에서 시동을 건 사랑과 평화의 하나님 나라 운동의 한 차원 높은 지속과 실천을 의미합니다. 로마 제국과 그 부역 세력들(예루살렘의 성전 세력)이 죽여 놓은 사랑과 평화의 운동을 하나님이 되살려 놓은 것이 예수의 부활 사건입니다.

예수 부활 사건은 당시 막강했던 로마 당국이 No한 것을 하나님이 Yes라고 단호하게 선언한 것입니다. 그것은 또한 하나님의 종말적 운동, 곧 하나님의 역사적 대청소 작업의 획기적 시작을 의미합니다. 시공우주(時空宇宙)를 끝장내는 것이 아니라 오히려 로마 제국 같은 시공적 악(時空的 惡)의 존속을 끝내려는 운동의 시작을 알려줍니다. 그러기에 예수 부활은 역사적 실체성과 실천성을 지니는 역동적 사건입니다.

예수 부활 사건은 '빈 무덤' 소식과 '현현 체험'을 통해 그 실체적 의미를 구체적으로 제자들에게 깨닫게 해 줍니다. 여성제자들로부터 시작된 부활 예수 현현 사건과 빈 무덤 이야기가 이어지면서 제자들은 "아하, 말씀하신 대로 죽은 지 사흘 안에 정말 살아나셨구나!" "예수님이 진짜 우리의 메시아로구나!" 하는 새로운 깨달음에 이르게 됩니다.

여기서 우리가 주목해야 할 점은 이 깨달음이 개인의 단순한 심리 변화에 불과한 것이 아니라 제자들의 존재 양식의 변화, 그것도 총체적, 근본적 변화를 불러일으켰다는 사실입니다. 이 같은 질적 비상을 경험하면서 제자들은 새로운 존재로 거듭나게 되었습니다. 그러기에 부활의 환상을 보고, 낭만적 변신이나, 일시적 심리적 변화를 경험한 것이 결코 아닙니다. 새로운 존재로 확 달라져 새로운 역사를 만들기 위해 온갖 어려움을 견디어낼 수 있게 되었습니다.

결국 예수의 부활 사건 경험은 부활의 그리스도 사역으로 이어집니다. 육체의 예수 없이도 갈릴리 계획과 운동은 한 차원 높게 펼쳐지기 시작했습니다. 갈릴리에서의 식탁공동체 운동은 한편 성만찬 형식으로, 다른 한편 나눔의 평등공동체 운동으로 더 앞으로 나아가게 됩니다. 갈릴리 예수의 프로젝트는 여러 제자에 의해 힘 있게 실체적으로 실천되기 시작합니다.

비록 로마 제국의 제도 폭력이 더욱 기승을 부리며 제자들, 사도들, 예수 따르미들의 용기 있는 새 질서 선포와 실천을 억눌렀지만, 그들은 굽히지 않고, 순교를 두려워하지 않고, 부활을 증언하며 로마의 폭력과 탐욕과 독선, 특히 로마의 신학적 이데올로기(로마 황제만이 신이며 메시아라는 로마 지배 이데올로기)를 끝장내고 대안의 질서, 곧 사랑과 해방, 평화와 정의의 새 하늘과 새 땅을 선포하며 실천하려 했습니다. 그것은 예수 부활의 살아있는 구체적 증거였습니다.

부활, 평화와 사랑의 동력

복음서 자체가 부활 체험을 기점으로 역사의 예수를 새롭게 조명하여 예수의 행적을 그리스도의 모습으로 재해석한 문서임을 우리는 기억해야만 합니다. 고난 없이 부활은 없습니다. 부활 신앙 없이 예수 따르미가 될 수 없습니다. 우리는 고난 끝머리에서 활짝 핀 예수 부활 사건을 통해 놀라운 감동적 평화와 사랑의 동력을 뜨겁게 확인할 수 있습니다.

예수의 부활이 던져주는 감동적 효력은 사랑과 평화의 동력입니다. 예수의 부활이 주는 감동은 결코 추상적·초월적·관념적·명상적 개인의 평화나, 사사로운 평화가 아닙니다. 그 효험은, 예수 처형 후, 당국에 의해 체포될까 두려움에 떨며 은밀한 곳에 함께 숨어있던 제자들에게 부활의 예수께서 친히 찾아오셔서 주신 실체적 동력이었습니다.

제자들이 공포와 절망 가운데서 떨고 있을 때, 죽었다고 생각한 예수께서 부활의 몸(physicality)으로 그들 앞에 찾아오십니다. 이 부활의 몸은 갈릴리 예수의 육체의 재생이 아니었습니다. 그렇다고 오싹한 느낌을 주는 공포의 유령도 아니었습니다. 놀랍게도 예수의 새로운 몸, 곧 부활의 몸은 평화와 사랑의 효력으로 구체적으로 제자들에게 찾아오신 실체였습니다. 그 신비한 몸은 시간과 공간 안에서 살아 움직이되 그 시공의 장벽을 초월하는 자유로운 힘이었습니다. 평화와 사랑을 실천하신 예수 부활의 새로운 몸이었습니다.

이 몸이 불안과 공포, 절망과 좌절에 떨며 밀실에 모여 있던 제자들에게 다가오셔서 용기와 희망의 숨(氣)을 불어넣어 주셨습니다. 제자들에게 새로운 성령의 활기를 불어넣어 주시면서 갈릴리에서 그랬듯, 용서와 사랑의 실천을 또다시 당부하셨습니다(요 20:23).*

세상 갑들의 못된 갑질로 고통당하는 을과 병, 정(丁)들을 사랑으로 돌보라고 당부하셨습니다. 로마의 갑들, 예루살렘 성전의 갑들, 헤롯당의 갑들로부터 삼중적으로 시달리고 있는 을과 병, 그리고 정들의 아픔에 동고(同苦)하면서 그들을 보살피고 보듬으라고 명령하셨습니다. 그리하여 갑들의 악은 사랑으로 사라지게 하고, 을과 병, 그리고 정들의 아픔도 그 사랑으로 사라지게 하라는 따뜻한 당부를 부활의 예수께서 하셨습니다.

그러니 갈릴리에서 시작된 예수의 사랑지배 운동이 부활하신 예수 그리스도에 의해 더욱 뜨겁게 지속되고 강화되었던 것입니다. 성령 운동이 이러한 역사적 조건에서 뜨겁게 작동하게 된 것은 이미 널리 알려진 역사적 사실이 아닙니까! 이렇게 초대교회에서 사랑 운동, 평화 운동은 지속 강화되었습니다. 오늘도 예수 부활은 우리에게 사랑과 평화의 세계를 이루어내는 일에 참여하도록 힘을 불어넣어 주고 있습니다.

---

* 요한복음 20장 23절: "너희가 누구의 죄든지 용서해 주면, 그 죄가 용서될 것이요, 용서해 주지 않으면, 그대로 남아 있을 것이다."

숯불에 생선 굽는 부활 예수

부활 신앙은 갈릴리에서 시작된 예수의 하나님 나라 운동의 결정적 모멘텀(momentum)입니다. 예수 운동은 세상 문명과 제국의 운동과는 전혀 질적으로 다른 운동으로 강렬하게 역사 속에서 육화되어 나아갑니다. 그것은 힘과 폭력에 의한 새 질서 세우기가 아니라, 스스로 비우고 낮추고 패배하고 죽기까지 우아하게 나아가며 새 질서를 세워가는 사랑의 운동이었습니다. 그러기에 예수의 하나님 나라 운동은 왕국, 곧 Kingdom 세우기가 아니라 사랑 지배 곧 Love-dom 세우기였습니다. 부활은 바로 이 사랑의 자기 폭발이었습니다.

그런데 2,000년의 교회사를 보면 갈릴리 예수의 하나님 나라 운동이 부활 사건 앞에서 그 동력을 상실해 온 듯합니다. 부활 신앙은 때로 사랑을 통한 평화와 공의의 실현을 개인화·사사화(私事化)시키고 추상화시켜 온 듯합니다. 부활 신앙은 "나 죽어서 바로 천당으로 가는 것"으로 잘못 인식되어 왔습니다. 예수의 사랑 지배는 역사적 실천이며 공동체적 과제이며, 세속의 폭력적 권세(문명이나 제국)에 대한 본질적 대안입니다. 그 대안의 동력이 교리화된 부활 신앙으로 상실된 듯합니다. 갈릴리 예수님은 사랑 지배 또는 사랑 나라가 저 구름 위에 존재하는 초월적 실재가 아닙니다. 죽어서 내 존재가 실체 없는 영으로, 하늘로 천당으로 수직 상승하는 것에 만족할 것이 아니라, 아빠의 사랑 뜻이, 평화의 뜻이, 공의의 뜻이 새 예루살렘이 하늘에서 내려오듯, 우리의 역사 현실에 내려올 수 있도록, 부활한 주님과 함께 헌신하는 것이 바로 부활 신앙의 요청입니다.

부활의 예수는 초월적 심판자로 군림하시지 않으시고, 갈릴리 예수보다 더 따뜻하고, 더 자상하고, 더 인간적인 모습으로 절망과 좌절에 빠진 우리에게 다가오시는 분입니다. 말할 수 없는 십자가 고초를 겪으셨기에 부활의 예수님은 더 감동적인 치유의 카리스마로 절망한 우리들에게 더 따뜻하게 다가오시는 분입니다. 그것이 예수의 부활이 갖는 의미입니다. 더욱 인간적으로 되신 예수가 부활하신 예수입니다.

부활하신 예수님은 어떤 모습으로 제자들에게 다가오셨습니까? 예수의 십자가 처형 후 총체적 절망 상태에 빠진 제자들을 주님께서 직접, 그리고 먼저 갈릴리로 가셔서 기다리고 계십니다. 예수 운동을 모두 포기한 나머지 절망과 좌절 속에서 원래 생업인 고기잡이 일로 되돌아간 제자들에게, 예수님께서는 하나님 나라 운동이야말로 결코 포기해서는 안 될 사명임을 새롭게, 뜨겁게 깨우쳐 주시기 위해 이들이 그곳에 돌아올 것을 미리 아시고 그곳에 먼저 가시어 그들을 기다리신 것입니다.

부활의 예수는 제자들의 고뇌, 아픔, 절망을 역지사지, 역지감지(易地思之, 易地感之) 하셨습니다. 절망하여 고향에 돌아온 제자들 눈앞에 나타난 부활 예수의 모습은 그전 예수와는 무엇인가 달랐습니다. 그렇다고 그 다름이 환상이나 환영은 결코 아니었습니다. 환영, 환상 또는 유령 같은 모습에는 그 어떤 따뜻함, 인간적인 배려 그리고 그 실체적 효험이 없습니다. 그런데 부활의 예수께서는 아파하는 이들에게 너무나 따뜻하게 보듬어 주고 보살펴 주시는 인간적 터치(touch)를 보여주십니다. 부활 이후 주님께서는 더 다정하게 사랑의 실천자로 다가오셨습니다. 사랑지배가 보다 구체화되고 있는 감동의 순간이지요.

부활의 예수께서는 호숫가에 숯불을 피우고 생선과 빵을 구우셨습니다. 상을 직접 차리셨습니다. 예수는 강론하거나 토론하거나 말로

만 위로하거나 추상적 담론을 펼쳐내지 않으시고 오히려 춥고, 배고프고, 서럽고, 분노했던 제자들에게 숯불을 친히 따뜻하게 피워 따뜻한 생선과 빵으로 따뜻한 상을 차려주셨습니다. 예수의 이 자상한 베풂이야말로 참된 예수의 성만찬이라고 부르고 싶습니다.

성만찬은 한낱 종교적·교리적 의식, 의례가 아닙니다. 성만찬은 절망, 좌절, 분노, 서러움 이 모든 것을 사랑으로 극복해 내는 사랑 나눔의 실천입니다. 부활의 예수께서 바로 이 같은 성만찬을 멘붕에 빠진 제자들에게 베푸셨습니다. 그리고 부활의 주님께서 베드로에게 세 번씩이나 "내 어린 양 떼를 먹이라"고 당부하셨습니다.

부활하신 주님이 사랑으로 보살피고 보듬어 주심만이 우리로 하여금 온갖 상처와 아픔에서 건져주심을 나는 믿습니다. 신학적 담론이나, 추상적 명상이나, 정교한 종교의식이 우리를 좌절과 절망에서 결코 해방시켜 주는 힘이 아님을 나는 고백합니다. 오로지 부활의 예수 그리스도만이 사랑의 새 하늘과 새 땅, 평화와 공의의 새 예루살렘을 우리의 역사 현실에서 우뚝 세워 놓을 힘임을 믿습니다.

그러기에 나는 모든 기도와 명상을 부활하신 예수 그리스도의 이름으로 드리고 싶습니다. 갈릴리 하나님 나라 운동이 예수의 부활을 통해 그 사랑의 동력이 더욱더 높아지고 더 넓혀진다는 진리를 나는 믿고 싶습니다. 증언하고 싶습니다. 그래서 그런 예수 따르미로 계속 죽을 때까지 살아가고 싶습니다. 이런 결단에서는 육체의 죽음이 결코 끝장이 아니라 새 존재의 탄생과 새 세계의 창조로 이어진다는 것을 나는 믿고 그것을 기쁘게 고백하고 싶습니다.

부활의 힘, 그것은 새 질서, 새 역사, 새 하늘과 새 땅, 그리고 새 예루살렘을 우리 속에서 아름답게 일구어내는 감동적 새 창조의 힘이며 상처받고 괴로워하며, 외로워하는 자매와 형제를 위해 우리 모두 따뜻한 숯불을 피우고 그 위에 생선과 빵을 굽게 만드는 힘입니다. 부활하신 예수는 숯불을 피우고 그 위에서 빵과 생선을 굽고 계십니다.

예수 대(對) 그리스도

예수와 그리스도의 분리?

부활의 실체성의 신학적 의미 가운데, 예수와 그리스도 간에 설치된 신학적 장벽을 허무는 일의 중요성에 주목할 필요가 있습니다. 여러 신학자가 역사적 예수 탐구에 대해 회의적인 입장을 취해 왔습니다.

불트만(Bultmann)은 4복음서의 예수도 초대교회의 케리그마로 이해했고, 역사적 예수를 찾는 일이 거의 불가능하다고 판단했습니다. 많은 경우 혈육의 예수, 곧 나사렛 예수(또는 갈릴리 예수)는 대체로 신학자들의 관심 밖에 있었습니다. 그 주제는 역사학자들이 탐구해야 할 과제로 여겨지기도 했습니다. 그런데 갈릴리 예수가 부활의 그리스도에서 결코 떨어져 나갈 수 없다는 뜻이 예수 부활 사건 속에 깊이 스며 있음을 우리는 새삼 깨닫게 됩니다.

여기서 우리 기독교와 교회는 불행하게도 그리스도와 예수를 신학적으로, 그리고 실제로 분리시켜 온 잘못된 판단을 깊이 뉘우치며 고쳐나가야 합니다. 예수가 그리스도와 분열되면, 교회의 삶 속에서 복음은 깨어진 불완전한 복음으로 남기 쉽습니다.

먼저 사도신경의 경우에서도 우리는 이러한 불행한 사실을 목격합니다. 이 신앙고백에는 로마의 콘스탄틴 황제의 냄새가 너무나 짙게 풍겨 나옵니다. 교회가 로마 제국의 권력 속으로 편입되면서, 갈릴리 예수는 증발해버리고 맙니다.

그 신조에는 역사적 예수 특히 하나님 나라 운동을 펼쳤던 갈릴리 예수는 그 흔적조차 남아있지 않습니다. 식탁평등공동체 운동이나 무상의 치유 운동을 감동스럽게 펼쳤던 예수는 전혀 찾아볼 수 없습니다. '하나의 그리스도' '하나의 교회' '하나의 제국'이라는 통치이념에 봉사하는 교리화된 그리스도만이 남아 있을 뿐입니다. 이 같은 이해는 하나님 나라 운동이 본질적으로 지닌 역사적 변혁성을 부적절한 것으로 무시했습니다. 예수와 그리스도 모두가 탈역사화되고, 사사화(私事化)되고 말았습니다. 이 같은 몽매한 미분화 인식에서는 감동적인 역사 변혁 실천이 나올 수 없습니다.

한국교회의 예수 이해에 있어서 가장 큰 문제는 무엇보다 예수가 그리스도로부터 분리되고, 그리스도가 예수로부터 단절된 것으로 생각하는 데 있습니다. 19세기 말 주로 미국 선교사들로부터 영향받은 한국교회는 처음부터 성서 비평은 위험한 반 신앙적 접근으로 보아 배격했습니다. 근본주의 신학과 그 신앙의 관점에서 복음서는 일점일획도 틀릴 수 없는 객관적·역사적 진실로 확신했습니다. 곧 예수와 그리스도가 동일하다고 문자주의 신앙으로 수용했습니다.

해방된 이후 한국 교회사를 되돌아보면, 그곳에서도 그리스도와 예수가 분리되면서 한국교회가 분열되었던 아픈 역사적 사실을 확인하게 됩니다. 예수교장로교와 그리스도교장로교(기독교장로교)로 추악하게 갈라졌던 역사적 사건을 기억하게 됩니다. 그 분열이 오늘까지

지속되고 있음을 또한 부인할 수 없습니다. 우리는 이 부끄러운 분열의 역사적 사실을 늦게나마 가슴 치며 회개해야 합니다. 다시 말하거니와 예수는 결코 그리스도에게서 분리될 수 없기 때문입니다. 부활이 바로 그것을 뜨겁게 증언해 줍니다.

역사적 예수와 그리스도의 만남

역사의 예수(나사렛 예수)가 어떻게 부활의 그리스도로 연결되는가는 기독교 신앙에 있어서 핵심적 주제입니다. 결단코 역사의 예수는 신앙의 그리스도로부터 분리될 수 없지만, 또한 새로운 차원에서 다를 수 있습니다.

역사의 예수는 우리의 짧은 시간 속에서는 더 이상 만날 수 없는 회상의 대상이지만, 부활의 그리스도는 우리의 매일매일 삶 속에서 언제나 뜨겁게 직접 만날 수 있고 체험할 수 있습니다. 우리는 복음서 자체가 부활 체험을 기점으로 역사의 예수를 새롭게 조명하여 예수의 행적을 그리스도의 모습으로 재해석한 문서임을 우리는 기억해야만 합니다.

역사적 예수가 십자가에서 처형당하는 사건을 경험한 제자들은 괴로웠던 지난날을 회상하며 각자 흩어졌습니다. 엠마오를 향하여 여행을 떠난 제자도 있었습니다. 그런데 이 두 제자에게 예수가 찾아옵니다. 이들을 찾아오신 분은 역사의 예수가 아닌 부활의 그리스도였습니다.

나는 예수와 그리스도 간에는 그 역사적 진보성과 실천적 변혁성에 있어 본질적 차이는 없다고 생각합니다. 일반적으로 많은 분이 갈릴리 예수는 진보적 실천에 앞섰다고 보고, 부활의 그리스도는 더 신비하고 영적인 존재로 봅니다. 그런데 복음서를 총체적으로 하나님 나라 운동의 실천적 관점에서 보면 부활의 그리스도가 갈릴리 예수 못지않게, 아니 더욱더 감동적 실천의 동력을 보여주고 있습니다. 부활의 그리스도는 더욱더 따뜻하고, 더 품어 인도해 주시고, 더 인간적인 점이 넘치는 사랑의 메시아이심을 복음서는 증언해 줍니다. 부활 예수의 영성이 얼마나 더 공공적이고, 더 감동적이고, 더 변혁적인가를 볼 수 있습니다.

예수 복음이 본질적으로 갖는 공공성과 감동성 그리고 변혁성에 주목하면서 복음서를 읽어보면, 갈릴리 예수의 메시지와 그의 실천이 십자가 고난과 처형을 거치면서 더 강열하게 그 공공성과 변혁성이 드러납니다. 그런데 처형 후 사흘 만에 부활한 그리스도의 현현에서는 놀랍게도 이 같은 공공적 변혁의 동력이 더욱 감동적으로 나타남을 확인하게 됩니다. 한마디로 갈릴리 예수의 하나님 나라 운동의 감동적 동력이 실체로 부활한 그리스도의 모습에서 더욱 뚜렷하게 나타나는 것입니다. 그러기에 예수를 그리스도에서, 그리스도를 예수에서 추상적으로, 신학적으로 떼어 놓을 수 없습니다.

우리는 엠마오로 가는 길에 나타나신 그리스도가 바로 나사렛 예수의 새로운 모습임을 잊지 말아야 합니다. 부활의 그리스도로 인해 역사의 예수가 즉각 상기되었음을 잊지 말아야 합니다. 갈릴리에서 예수의 밥상공동체와 엠마오 도상에서 그리스도의 떡 떼기가 별개의 사건이 아님을 더더욱 꼭 기억해야 합니다. 특히 소중한 밥상공동체의 참여를 통해 체험하는 해방과 평등의 환희 속에서 예수와 그리스도가 항상 우리와 함께하심을 잊지 말아야 합니다.

이러한 체험을 통하여 우리는 역사적 예수와 부활의 그리스도가 연결되는 놀라운 경험을 하게 됩니다. 그 체험을 오늘의 상황에서도 계속 성찰하고 보존해야 합니다. 역사적 예수를 우리가 지금 실물로 만날 수 없지만, 성령을 통해 부활의 그리스도는 언제나 만날 수 있습니다. 그리스도는 지금도 우리와 함께 살아계시어 지금 나와 우리의 주님이시지만, 역사적 예수는 지난날에 존재하셨던 역사적 존재입니다. 역사의 예수는 우리의 회상의 대상이지만, 그의 가르침은 그리스도를 만나는 기쁨으로 더욱 존중하고 따라야 하는 소중한 오늘의 살아있는 교훈입니다.

예수가 보여준 길

생명에 이르는 진리의 길

예수는 무엇보다도 자신을 길이라고 표현합니다. 예수님이 길이라고 고백할 때 가장 중요한 것은 예수 자신이 스스로 길이라는 뜻입니다. 길은 사람들이 밟고 지나갑니다. 우리는 예수님을 밟고 지나가야 합니다. 우리로 하여금 올바른 길로 가게 하시기 위해 당신 자신이 밟히고 계십니다.

길 자체가 되신 주님은 오늘 우리에게 육체의 삶과 영원의 삶을 허락하신다는 것을 잊지 말아야 합니다. 당신께서 밟히심으로써 우리를 올바른 길로 인도하시는 주님을 우리는 사랑합니다. 밟히시는 예수님은 바로 십자가에 달리신 하나님과 같습니다.

진리 되신 예수님을 생각해 봅시다. 세상 진리는 마치 선험적(先驗的)이고, 객관적인 차가운 원리처럼 인식됩니다. 이러한 세상 진리에 대해서 가르치는 교사들은 많습니다만, 세계는 여전히 비리와 부정, 전쟁과 거짓으로 가득 차 있습니다. 예수님이 진리 그 자체라는 뜻은 진리가 선험적인 추상원리가 아니라 구체적 역사 현실에서 나타나는 삶, 고난, 죽음, 그리고 부활과 직결된다는 뜻입니다.

진리는 애초부터 학살 사건, 피난 사건과 연결되어 있습니다. 진리의 출현은 반(反)진리의 세력에 의해 학살당하고 피난 가야 하며 배척당하고, 배반당했던 것입니다. 진리는 채찍을 맞았습니다. 진리는 빌라도 법정에서 극형선고를 받고 골고다로 끌려갔습니다. 반(反)진리의 세력에 의해 조롱당하고 고난당하면서 마침내 십자가에서 처형당했습니다.

진리가 그렇다면 영원히 패배하는 것입니까? 부활 사건은 처형당한 진리의 궁극적 승리를 의미합니다. 진리가 박해당하는 현실 속에 항상 주님이 계십니다. 주님이 그곳에서 박해당하고 계십니다. 그것은 진리로 고통당하는 우리를 굳세게 잡아주기 위해서입니다.

생명 되신 주님을 생각해 봅시다. 길이 생명으로 인도하지 못하면 그것은 가짜 길입니다. 진리가 생명으로 인도하지 못할 때 그것은 사이비 진리입니다(백백교, 인민사원). 비록 길이 험하고 위태하더라도 영원한 생명으로 인도할 때 참 길이요, 비록 진리가 군사재판에 선다 하더라도 영생으로 인도할 때 그것은 참 진리입니다.

평화의 길

예수님 교훈의 핵심은 십자가를 통하여 보여주신 평화의 창조입니다. 사도 바울은 복음의 핵심을 십자가 신학으로 규정하였습니다. 그는 주님을 담을 허는 분으로 보았습니다. 그는 이방인과 유대인 간의 엄청난 사회 심리적 거리, 차별의 거리, 긴장의 거리에 주목했습니다. 이 거리를 획기적으로 줄여 없애는 힘이 곧 십자가의 힘이라고 역설했습니다. 주님은 인간과 하나님 사이에 끼어 거리를 만들어내는 온갖 제도적 장치를 십자가의 은총으로 헐어버리십니다.

차별의 담을 헐어버리시는 힘이 곧 십자가의 힘입니다. 이런 의미에서 십자가는 동서 간의 긴장, 마찰, 증오, 전쟁을 종식시키는 다리가 되고 남북 간의 대결을 해소시키는 전방위적(全方位的) 다리가 됩니다. 예수의 길은 평화의 길입니다.

우리는 이 평화의 다리 되신 예수 때문에 평화를 만드는 사람, 다리의 역할을 떠맡은 사람이 되어야 합니다. 사람과 사람 간에, 사람과 환경 간에 평화를 만들 뿐만 아니라, 사람과 하나님 간의 평화를 만드는 일에 더욱 헌신해야 합니다. 예수는 십자가의 고통을 당하셨고 부활하심으로 스스로 평화의 길이 되셨습니다. 우리는 평화의 길을 밟고 걸음으로써 평화의 세계로 나갈 수 있습니다.

평화를 위한 노력 없이 하나님께 가까이 갈 수 없습니다. 평화를 만들어 내는 삶 그 자체가 하나님께로 나아가는 길입니다. 평화에 대한 예수의 비전을 나는 이사야서에서 찾아봅니다. 그것은 최강의 갑인 사자가 다른 동물들을 먹거리로 보지 않고 오히려 약한 초식 동물의 주식인 풀을 먹을 때 비로소 이뤄지는 '따뜻한' 평화를 의미합니다.

갑과 강자가 을과 약자의 풀을 먹는다는 것은 갑이 자기 체질을 근본적으로 변화시킨다는 뜻입니다. 갑이 자기를 철저히 비워낸다는 의미입니다. 이 비움의 진리를 우리는 예수의 삶과 죽음, 그리고 그의 부활에서 뜨겁게 확인할 수 있게 됩니다.

오늘의 세계정세와 조국의 현실은 우리에게 절박하게 샬롬(shalom)의 정신을 요청하고 있습니다. 한반도 주변에서 세계의 두 거대 괴수들이 사드 배치 문제로 부딪힐 것 같은 상황에서 우리 민족은 마땅히 샬롬을 구현해야 합니다. 한반도 평화 없이 민주화도, 인권도, 정의도 구현될 수 없습니다.

그렇다면 예수 따르미들은 모범적으로 샬롬 실현에 앞장서야만 이 세상의 소금과 빛의 역할을 할 수 있습니다. 교회의 바람직한 정체성이 제대로 세워질 수 있습니다. 그래서 우리는 예수 운동의 핵심을 보다 잘 이해하기 위해 먼저 구약에 나타나는 복음의 핵심 주제를 올곧게 확인할 필요가 있습니다.

하나님은 창조 과정에서 인간과 동물이 풀을 뜯어 먹으며 서로 평화스럽게 공존하는 모습을 보시고 "참 좋구나!" 하고 탄성을 쏟아내셨습니다. 넉넉한 풀을 먹고 사는 생명체들이 누리는 평화를 보시고 창조주는 그 원초적 아름다움(original beauty)과 원초적 선함(original goodness)을 보시고 매우 기뻐하셨습니다. 애초부터 피조세계는 아름답고 선하고 넉넉한 세계였습니다. 평화롭고 평등한 세계였습니다.

그런데 이런 피조세계가 인간의 독선, 탐욕 그리고 폭력으로 훼손되고 파괴되었습니다. 샬롬의 질서가 깨어지고 처참한 정글의 경쟁과 사투가 펼쳐지게 되었습니다. 이런 상태에서는 약육강식이 현실이 됩니다. 을육갑식(乙肉甲食)이 현실이 되고 맙니다. 이런 비극적 상황에서 하나님의 감탄이 하나님의 신음으로 변합니다.

이 같은 창조주의 신음소리를 가장 예민하게 가슴으로 느낄 수 있는 선각자들·예언자들이 나타납니다. 그들은 하나님의 그 감탄 소리를 다시 들을 수 있는 창조의 원(原)질서를 꿈꾸게 되고, 그것의 실현을 위해 신앙적 모험을 시도합니다. 그중에서 이를테면 이사야 선지자가 대표적인 샬롬의 꿈쟁이었습니다. 그의 다음과 같은 샬롬 비전은 감동적이기에 깊이 음미해 볼 가치가 있습니다.

> "그 때에는, 이리가 어린 양과 함께 살며 표범이 새끼 염소와 함께 누우며, 송아지와 새끼 사자와 살진 짐승이 함께 풀을 뜯고, 어린 아이가 그것들을 이끌고 다닌다. 암소와 곰이 서로 벗이 되며, 그것들의 새끼가 함께 누우며, 사자가 소처럼 풀을 먹는다. 젖먹는 아이가 독사의 구멍 곁에서 장난하고, 젖뗀 아이가 살무사의 굴에 손을 넣는다. '나의 거룩한 산 모든 곳에서, 서로 해치거나 파괴하는 일이 없다.' 물이 바다를 채우듯, 주님을 아는 지식이 땅에 가득하기 때문이다."(사 11:6~9)

하나님께서 감탄하는 '따뜻한 샬롬'의 모습입니다. 넉넉한 푸른 풀을 함께 뜯어 먹으면서 덩치 큰 동물이나 작은 동물들이 평등하게 먹으며 서로 신뢰하는 이 모습이야말로 평화와 평등이 동시에 이뤄지는 따뜻한 샬롬의 광경입니다. 이것이 복음의 핵심입니다. 하나님의 뜻을 이루면서 서로가 서로에게 더 충실한 존재(fuller being)로 나아가도록 도와주는 이런 평화가 바로 우리 그리스도인들이 마땅히 추구해야 할 복음의 종착점입니다.

예수의 탄생과 외쳐진 메시지는 '하나님께 영광'과 '땅에는 평화' 입니다. 땅에 평화 없이 하늘의 영광은 없다는 뜻입니다. 땅의 평화가 그만큼 중요합니다. 예수 탄생 당시의 사회는 로마 식민지의 아픔, 헤롯왕의 억압과 착취로 인한 민중 고통, 성전 세력의 위선과 차별로 인한 아픔이 넘쳤습니다. 그런 현실은 '샬롬' 이 깨어져 없어진 현실입니다. 이러한 현실에서 '아기 예수' 는 평화 없는 팔레스타인 현실에 '평화 만드미' 로 오신 것입니다. 예수의 삶 자체는 평화와 공의가 깨어진 비참한 현실에서 끊임없이 '자기 비움(kenosis)'의 실천을 통한 '따뜻한 샬롬' 을 만드는 삶이었습니다.

결국 예수의 '자기 비움'으로 인한 연약함(vulnerability)은 로마의 막강한 패권주의를 이겨냅니다. 이것이 바로 십자가 비움을 통해서 얻은 샬롬의 힘입니다. 이 비움에서 오는 연약함이 갖는 역설적 위력이라 하겠습니다. 이것이 예수의 케노시스의 감동적 역설이요, 이것이 바로 예수 복음이 본질적으로 지니는 위력입니다. 이것이 또한 예수의 하나님 나라가 지닌 아름다운 괴력입니다. 바로 이 연약함이 부활의 문을 활짝 열어주는 열쇠 노릇을 합니다.

과연 오늘 한국교회가 부활 예수의 생명 숨결로 구조적 악령으로 시달려온 우리 백성들을 평화의 동산으로 인도하고 있는지 묻고 싶습니다. 오히려 지난 80년간 한국적 악령을 교회 지도자들이 축복해주지 않았는지 깊이 반성해야 할 것입니다.

해학과 저항정신의 길

예수의 길은 진부하지 않습니다. 그 길 안에 익살스러움이 있고 또 날카로운 뒤집어엎음의 과격성도 있습니다. 대체로 약자와 피해자들에게는 당당함과 용기와 희망을 불어넣어 주고, 강자와 가해자에게는 당혹스러움과 부끄러움을 안겨 줍니다.

예수님의 경구(aphorism)는 부당했던 당시의 관행과 전통을 뒤집어엎는 날카로움을 지니고 있었습니다. 그렇다고 해서 그의 금언이나 경구가 단도직입적으로 기존질서를 엎어버리는 거친 표현으로 꾸며있는 것은 아닙니다. 그 말씀은 되씹을수록, 말씀의 급진성, 정직성, 날카로움이 은근히 우러나는 말씀이었습니다. 가만히 생각해 보면 급진적인 말씀 그 내면에 익살스러움을 내포하고 있기도 합니다. 예수는 그의 말씀과 가르침 그리고 비유를 통해서 은근히 청중들을 웃기면서 기득권층이 누렸던 관행의 어두운 모습과 모순의 정체를 드러내기도 했습니다. 어찌 보면, 예수는 대단한 익살꾼(humorist)이면서도 이데올로기 비판자였습니다. 청중을 즐겁게 해 주면서 날카롭게 당시 지배 이념의 허구성을 폭로했습니다.

그런데 오늘의 기독교 신자들은 기독교 교리와 신조, 교회의 전통으로 역사적 예수의 말씀이 담고 있는 폭발적인 감동의 힘을 억눌러 왔다고 생각됩니다. 교리적 관점에서만 예수의 삶을 조명하는 것은 예수 말씀이 지닌 놀라운 지혜, 그의 익살스러움, 해학이 번뜩이는 그의 저항 정신을 놓치게 하는 일입니다. 예수의 말씀과 가르침에 내포되어 있는 유머를 발견하는 것은 오늘 우리의 신앙을 더욱 풍요롭게 만들 것입니다. 특히 예수님의 산상수훈에서 그의 번뜩이는 혜안을 볼 수 있습니다. 예를 몇 가지 들어보겠습니다.

1. 오른뺨을 치면, 왼뺨을 돌려라

당시 상황에서 보면, 예수의 "오른뺨을 치면 왼뺨을 돌려라"의 경구가 갖는 의미는 명료해집니다. 왼뺨을 돌려, 상대방으로부터 당당히 맞음으로써, "나는 당신의 부하나 똘마니가 아니요"라고 외치는 의연한 주격 선언입니다. 그리고 비폭력 적극 저항 선언이며 인간 선언이기도 합니다. 이것은 용기 있는 비폭력 저항의 자세입니다. 육체적으로 더 아프게 맞되 당당한 모습, 의젓한 모습을 보여줌으로써 비폭력 저항을 적극적으로 시도하라는 것이 예수님의 뜻입니다. 아프게 맞으면서도 평화스럽게 미소를 머금으며 맞는 적극적 자세를 견지하라는 뜻입니다. 그러니 기죽지 말라는 당부이기도 합니다.

이러한 예수님의 진의를 알아차린 약자들의 얼굴에는 잔잔한 감동의 미소가 흘렀을 것입니다. 그러나 강자 가해자들의 얼굴에는 당혹스러운 표정이 역력했을 것입니다. 강자들의 당황을 곁눈질로 확인한 밑바닥 인생들은 속으로 흐뭇하게 웃으며 기뻐했을 것입니다.

그런데 오늘 우리들은 예수의 이 말씀을 들어도 2천 년 전의 통쾌함을 느끼지 못하고 있습니다. 제도권 기독교의 눈으로는 그 통쾌함을 볼 수도 없고 제도권 교회의 귀로는 그 통쾌함의 웃음소리를 들을 수도 없습니다.

2. 속옷을 달라고 하면 겉옷마저 주라

도대체 이것은 무슨 뜻입니까? 벌거벗으라는 말 아닙니까! 채권자 앞에 겉옷이든 속옷이든 하나는 걸쳐야 하는데 그것마저 벗어주라는 것은 완전히 나신(裸身)이 되라는 명령입니다. 당시 관습에 따르면 裸身(벌거벗은 몸)은 사회적 금기(taboo)였습니다. 너무 가혹한 명령이 아닙니까?

그런데 예나 지금이나 몸의 일부를 일부러 드러내는 것은 저항과 결단의 뜻이 이어져 있다는 사실을 우리는 기억해야 합니다. 삭발은 머리 부분만 벌거벗기는 일인데 이것은 수치이면서도 저항 또는 비상한 결단을 뜻하기도 합니다.

그렇다면 가혹하고 비정(非情)한 채권자 앞에 속옷, 겉옷을 스스로 다 벗어 던지는 채무자는 대단한 결단을 하게 되는 것이 아니겠습니까? 어쩌면 그것은 채권자의 비인간적 탐욕을 적나라(赤裸裸)하게 폭로하는 행위로 이해될 수 있지 않겠습니까? 대단한 저항의 몸짓이라 하겠습니다. 예수는 이렇게 말하고 있습니다.

> "힘없고 가난한 채무자 여러분. 너무 가난해 빚을 갚지 못하여 속옷까지 벗어 달라는 채권자의 등쌀에 고생하는 여러분. 너무 걱정하지 마십시오. 속옷이고 겉옷이고 채권자에게 다 훌랑 벗어 주시지요. 까짓것 빨가벗은 몸으로 당당히 사시지요."

3. 오리를 가자면 십 리를 가라

이 경구에도 예수님의 '오기'를 느낄 수 있습니다. 이 경구는 십 리를 감으로써 로마 군법의 부당성을 폭로하려는 의도에서 나온 것입니다. '오리 가자' 할 때 제도권 폭력에 폭력으로 맞서지 말고, 그것에 순응하되 오히려 '십 리까지 더 가줌'으로써 로마 체제를 당혹스럽게 하는 것. 그렇게 함으로써 로마 제도권의 폭력성을 폭로하는 것. 그것이 예수 따르미의 선택이라 하겠습니다.

"까짓것 여러분 십 리까지 등짐 지고 가시지요…"라고 하셨을 때 이 말씀의 속뜻을 알아차린 청중들은 웃지 않을 수 없었을 것입니다. 악의 제도에 대해 웃으면서 적극 저항하는 자세, 그것이 우리들의 자세가 되어야 합니다.

이러한 예수의 해학과 저항을 살펴보면서 비로소 깨닫게 됩니다. 그동안 교회 전통과 기독교 교리가 너무 오랫동안 예수님의 말씀(경구와 비유 등)이 갖는 해학적 급진성, 평화적 저항성을 은폐해 왔음을 깨닫게 됩니다.

우리들의 귀는 그 전통과 교리로 멀어졌고 눈은 값싼 종교적 축복으로 어두워졌습니다. 머리는 종교적 규례와 관례에 메어 우둔해졌습니다. 그래서 예수님의 말씀 속에 보물처럼 담겨있는 '익살스러움', '날카로움', '통쾌함', '당혹스러움', 그리고 우리의 탄성을 발하게 하는 '감동'을 잃어버렸다는 사실을 깨닫습니다. 주님께서는 오늘 저희들에게 "귀 있는 자는 제대로 내 말의 뜻을 들어 깨달아라"라고 말씀하고 계십니다.

대화와 질문의 길, 위대한 대화자 예수

한국 교육 현실과 교회 현실을 보면 마음이 답답해지고 앞날이 캄캄해지는 듯합니다. 왜냐하면 그곳에서는 창조적 질문도 없고, 활기찬 사랑 실천도 없기 때문입니다. 먼저 한국 교육의 현실에 주목해 봅시다. 그곳에는 일방적 교육은 있으나 열린 배움은 없다시피 합니다.

배움이 있다고 해도 깊은 깨달음은 없는 것 같습니다. 일방적인 암기는 강요되지만, 쌍방적인 의사소통이나 대화는 별로 없습니다. 학생들은 빈 병이거나 백지와 같은 객체로 여겨집니다. 스스로 진리를 탐구할 수 있는 능력을 지닌 구도자로 보지 않습니다. 그런 면에서 한국 교육은 이들의 창조적 끼(氣)를 원천적으로 꺾는 교육입니다.

그러면 한국교회 현실은 어떻습니까? 한마디로 창조적 질문, 호기심 어린 질문을 근본적으로 억압하거나 기피하게 하는 현실입니다. 한국교회 내에서 질문은 곧 의심을 뜻하며, 의심은 곧 불신앙(不信仰)을 뜻합니다. '아멘'만을 강조합니다. 믿음이 깊을수록 질문하지 않는 것이 옳다고 가르칩니다. 이같이 닫힌 교회 현실은 그릇된 신학적 이해와 무관하다고 할 수 없습니다. 그리고 근본주의적이고 보수적인 개신교 신학이 낳은 역설적 결과라 해도 지나침이 없습니다.

Sola fide

'오직 믿음(Sola Fide)'은 개신교 교리를 암기하고 그것을 지키려는 의지를 소중히 여깁니다. 율법 준수 행위로는 구원을 얻을 수 없고 오직 교회가 강조하는 예수 그리스도에 대한 교리를 믿고 지키는 것이 구원에 이른다는 점을 소중히 여깁니다.

이럴 경우 믿음은 예수의 사랑을 실천하는 행위와는 분리됩니다. '사랑 실천'이라는 예수의 삶을 체험하는 일보다 니케아 공의회 이후 굳어진 기독교 교리를 암기하고 지키는 것이 더 기독교다운 일로 여겨집니다. 그러기에 삼위일체를 비롯한 각종 교리에 대하여 의문을 품거나 도전적 질문을 던지는 것은 불경한 일이 되어 금물로 여겨집니다. 역사적 예수의 삶을 탐구하는 것도 불경한 것으로 정죄되었습니다. 이제 교리 자체가 진리입니다. 교리는 예수님 자체보다 더 위대한 것으로 숭상되었습니다. 우상을 파괴했던 예수님을 교리의 우상으로 숭배하도록 강요하는 모순적 상황이 발생한 것입니다.

첫째 '믿음만으로'라는 외침은 알찬 열매를 맺었다고 할 수 없습니다. 갈릴리 예수(역사의 예수)를 따르는 삶에는 관심두지 않고 예수 그리스도에 관한 교리만 소중히 여긴 지난 500년이 아니었습니까. 그래서 예수복음이 본질적으로 갖고 있는 그 공공적 감동과 감동적 변혁 동력을 잃어버린 500년 세월을 보낸 것 아니겠습니까!

Sola Gratia

'오직 은혜(Sola Gratia)'도 문제입니다. 물론 우리가 율법 준수 행위로 구원받는 것은 아닙니다. 예수 사랑을 실천함으로써 구원받을 수 있다는 확증을 얻을 수 있을 것입니다. 예수 사랑 실천은 참으로 어렵습니다. 이것은 외로움과 괴로움을 동반하기도 하기에 그리스도의 영적 능력에 호소할 수밖에 없습니다. 부활하신 예수님(곧 그리스도)의 영적 능력에 힘입어 예수 사랑 실천을 해낼 수 있을 것입니다. 그래서 은혜가 필요합니다.

그럼에도 '오직 은혜' 교리의 지나친 강조는 잘못된 값싼 기복신앙을 부추길 수 있습니다. 신자 개개인이 최선을 다하려는 윤리적 결단, 그것도 사랑 실천의 결단을 경시하도록 부추길 위험도 있습니다. 값싼 축복을 바라는 신앙생활을 은근히 조장하기도 함으로써 '윤리의식이 사라진 한국교회'를 양산하기도 합니다. '오직 은혜'는 다른 측면에서 신앙에 대한 우리 질문의 기세를 꺾는 결과를 낳기도 합니다. '은총만으로'는 십자가 고난에서 뜨겁게 드러나는 비움의 신학 대신, 값싼 번영신학으로 개신교회를 타락시키지 않았는지 심각하게 성찰해야 합니다.

예수님은 질문의 기세를 꺾으셨을까요? 이런 의미에서 우리는 청중을 향하여 정중하게 질문하시면서 새로운 결단으로 이끄시는 위대한 스승 예수의 가르침으로 되돌아가야 합니다. 예수는 스스로 질문을 던지시고, 또 상대 대화자에게 질문하도록 정중하게 권장하시는 분이십니다.

예수님은 스스로 질문 던지시기를 주저하지 않으셨고, 질문한 사람들의 도전적 기세를 크게 북돋아 주셨으며, 쌍방향 대화를 통해 질의자와 함께 진리에 도달하기를 즐기셨습니다. 그리고 그 진리의 실천을 소중히 여기셨습니다. 이런 의미에서 예수님은 실천으로 안내해 주시는 위대한 대화자(the great communicator)였습니다. 누가복음 10장 25절과 36절에 예수님과 한 질의자(율법학자) 간의 대화가 나옵니다. "선생님, 내가 무엇을 해야 영생을 얻겠습니까?" "너는 이 세 사람 가운데서 누가 강도 만난 사람에게 이웃이 되어 주었다고 생각하느냐?" 어떤 율법사가 예수를 함정에 빠트리려는 못된 뜻을 품고 예수께 도전적 질문을 던집니다. 영생에 대한 질문이었습니다. 예수님은 되묻습니다. 율법에 기록되어 있는 것을 묻습니다.

질문자가 예수의 되물은 질문에 율법에 의한 정답을 제시합니다. 예수는 흔쾌히 그의 정답을 확인해 주시면서 한마디를 보탭니다. "그 대답을 실천하십시오." 실천이 가장 중요한 문제입니다. 영생에 이르는 길에 관한 교리적 또는 신학적 대답이 중요한 것이 아니라 그것의 실행이 가장 중요한 것입니다.

바로 이 점에 있어서 한국교회는 크게 반성해야 합니다. 교리적 대답은 정답이라 할지라도 그것을 실천하지 않는다면, 아무 소용이 없다는 점입니다. 온갖 세상의 구조적 불의(不義)와 부패와 부정에 휘말리면서도 교리적 정답만 해내면 훌륭한 기독교 신자로 행세하는 우리의 잘못된 신앙 풍토와 교회 풍토를 크게 반성해야 합니다.

진리를 추구하기 위한 대화의 길에 나선 예수님의 모습은 성서 여러 곳에서 목격됩니다. 요한복음 4장의 사마리아 여인과의 대화입니다. 예수님은 금기(禁忌)를 깨시면서 대화에 나서십니다. 대화의 길에 있어서 그에게는 계급과 성, 인종과 종교가 단단히 갈라놓은 경계의 장벽이 아무 의미가 없었습니다. 그는 그 경계를 자유롭게 뛰어넘었습니다. 대화의 길을 추구하시는 예수의 대화는 현실 변혁적인 효과를 발생케 합니다. 예수의 대화는 사변적이거나 관념적 대화가 아닙니다. 형이상학적 담론에 그치는 고답적인, 학술적인 대화도 아닙니다. 예수님의 질문과 대답은 상대방의 진부한 발상을 뒤집어엎으면서, 문제의 뿌리를 새롭게 보게 해 줍니다.

예수님의 질문은 새로운 대안을 제시하면서, 질의자 속에 깊숙이 감추어져 있는 희망의 불씨를 되살려내는 힘을 지니고 있습니다. 그리하여 진리를 깨닫게 해 주고, 기존의 문화와 전통의 잘못을 창조적으로 깨고 새롭게 세우는 변혁의 효과를 내게 합니다. 이것은 곧 진리 깨달음과 윤리실천 행위를 동시에 이룩한다는 뜻입니다.

여기에 한국 기독교인들과 교회가 성찰해야 할 부분이 있습니다. 그것은 신앙의 몰윤리성(沒倫理性)과 교조적 신앙 양태입니다. 교리의 이름으로 쳇바퀴 도는 듯한 위선의 삶을 반복하면서도 예수 잘 믿는 것으로 착각하고 있음을 반성해야 합니다. 특히 나는 호기심 어린 질문을 믿음 없음 또는 믿음 부족함으로 낙인찍는 교회 풍토를 개탄합니다.

요리문답이나 신조 암기에는 뛰어나지만 정의실천, 사랑실천에는 뒤지는 한국기독교 신자들을 안타깝게 생각합니다. 교리 사수에는 맹렬하고 예수 이름으로 선교시장 확장이라는 마케팅 활동에는 더욱 맹렬하면서도 특히 역사적 예수의 삶과 말씀 실천을 게을리하거나 무시하는 한국교회 풍토를 슬퍼합니다.

만일 역사적 예수께서 오늘 한국에 오신다면 어떻게 행동하시겠습니까? 예수님께서 과연 교회 다니실까요? 가신다면 장로교·감리교·침례교·순복음 중 어느 곳에 가실까요? 특히 거대한 부자 교회에 가실까요? 오히려 그러한 교회에 가서 너무나 생소한 당신 모습을 보시고 정말 이상히 여기시고 한탄하시지 않겠습니까?

더욱이 '오직 믿음', '오직 은혜'와 '오직 성서'*를 외치면서 예수를 단단하게 닫힌 교리틀 속에 가두어 놓고, 믿는 이들의 호기심 어린 질문을 원천적으로 봉쇄하고 있는 닫힌 교회 풍토를 보시고 억울해 하시지 않겠습니까? 한국교회는 닫힌 풍토와 굳어버린 신앙 양태를 근본적으로 재성찰하고 심각한 회개를 해야 할 것입니다. 예수님께서 이런 교회 모습을 보시고 뭐라고 항변하실까요. 이를 위해 우리는 우리가 과연 무엇을 하고 있는지를 심각하게 물어야 할 것입니다.

승리주의를 넘어, 우아한 패배의 길

어느 날 몇몇 젊은이들이 나의 좌우명이 무엇인가를 물었습니다. 내 삶을 오늘까지 이끌어오는데 밝은 길잡이가 되어준 명언이 있다면 그것을 설명해 달라고 했습니다. 이에 "우아하게 지는 것이 살벌하게 이기는 것보다 멋지고 훌륭하다"라고 답했습니다.

이 대답에 젊은이들이 얼마간 놀라는 듯했습니다. '지는 것을 멋

* 그리고 '성서만으로'는 축자영감설 같은 근본주의 신학으로 하나님 나라의 그 감동적 동력을 훼손해온 세월이 아니었던가를 뉘우쳐야 할 것입니다.

진 것으로 예찬하는 일'이 세상의 흐름과 너무 달랐기 때문이었을 것입니다. 우리의 세계는 '온갖 경쟁에서 무조건 싸워 이기는 것', '출세하고 성공하는 것'을 미덕으로 여깁니다. 한국 사회는 무엇을 할 때마다 모여서 "화이팅"을 외치곤 합니다.

나는 '화이팅' 소리를 들을 때마다 속으로는 언짢아집니다. 그것이 저에게는 퍽 어색한 외침으로 여겨집니다. 예수님께서 과연 지금 우리와 함께 사신다면, 그분이 '화이팅'을 외치는 무리 속에 계실까를 생각해 보면 그렇지 않을 것이라고 여겨 절로 내 고개를 흔들곤 합니다. 기독교 근본주의자들의 행동이란 대체로, 아니 언제나 반대 세력에 대해 예수의 이름으로 가장 예수답지 않은 승리주의적 완승(完勝), 전투적 압승을 정당화해 왔습니다. 이것이 나를 항상 슬프게 하고 부끄럽게 하였습니다.

과연 부활의 그리스도가 승리주의 복음을 소리 높여 외쳤을까요? 부활 사건을 승리 사건으로 해석한다면, 승리의 참뜻은 무엇일까요? 예수께서 고난받으시고 십자가 위에서 처절하게 죽으시면서 "다 이루었다"고 선포하신 말씀이 과연 승리주의의 완승을 선포한 것일까요? 도대체 역사의 예수, 인간 예수께서 제자들과 주변 사람들에게 승리주의 가치를 선포하신 적이 있으신가요?

예수께서 승리주의를 반대했겠지만, 보다 근원적인 질문을 던진다면, 과연 예수께서 반대 세력을 힘으로 제압하려는 세속적 유혹에 대해 정말 자유로웠을까요? 예수 당시 로마 제국의 승리주의, 시저의 승리 숭배, 즉 "Veni, Vidi, Vici(왔노라, 보았노라, 이겼노라)"를 외쳤던 시저의 오만과 욕망에 대해 예수님은 어떤 입장을 취하였을까요, 인간 예수 자신도 그와 같은 권력의 승리주의 마력에 전혀 흔들리지 않았을까요?

나는 예수의 삶을 기록한 성서에서 승리주의 유혹이 예수를 수시로 괴롭혔던 흔적을 곳곳에서 살필 수 있다고 생각합니다. 역사의 예수님은 공생애 시작부터 승리주의의 달콤한 유혹에서 자유롭지 못했고 그 유혹에 의해 흔들렸다는 점에 새삼 주목할 필요가 있습니다. 니코스 카잔차키스는 예수께서 십자가 위에서 운명하시기 직전 십자가 처형에서 스스로를 해방시켜 자기가 참 승리자인 것을 과시하고 싶은 유혹에 시달렸다고 상상했습니다. 작가의 상상력이긴 하나 상당히 설득력 있는 상상이라 하겠습니다. 주님은 운명의 순간까지 그러한 세속적 승리주의 유혹에 시달렸을지 모릅니다. 그러나 그는 마침내 그 유혹을 죽음으로써 이겨내셨습니다.

요한복음의 증언에 따르면, 예수께서 "다 이루었다"라고 외치셨습니다. '다 이루었다'는 선언의 내용은 승리주의적 제압의 메시지가 아니라, 철저한 수모와 패배의 메시지입니다. 로마 권력의 입장에서나 제사장과 장로들의 시각에서 보면 처절하고 철저한 패자의 완벽한 처참함에 대한 자기 확인이라 하겠습니다. 예수의 이 외침은 시저의 승리주의와 추종자들의 값싼 승리주의 잣대로 볼 수 없고 또 보아서도 안 됩니다. 철저한 자기 비움의 극치가 바로 운명 직전 예수의 "다 이루었다"는 선포에 농축되어 있습니다. 그러기에 그의 죽음은 승리주의 유혹의 패배를 뜻합니다.

여기서 "왔노라, 보았노라, 이겼노라"를 외쳤던 황제 시저와 그 후예들의 승리주의 모습과, 초라하게 신 포도주를 머금은 우슬초를 억지로 마셔야 하는 수모를 겪으시며 "다 이루었다"를 외치신 예수의 모습을 비교해 보십시오. 이런 예수의 모습은 승리주의 입장에서는 완패

일 뿐입니다. 그러나 그것이 처참한 완패이기에 사흘 후 그것이 바로 환희의 부활로 이어지는 것임을 잊지 말아야 합니다.

십자가상의 완패는 완벽한 '자기 비움' 입니다. 인간 속에 깊이 박혀있는 원래적인 탐욕과 독선의 힘, 완승과 승리주의의 탐욕을 완벽하게 비워내는 자기부정의 극치, 그것이 바로 참패를 통한 예수 승리라 하겠습니다. 그 승리는 그의 부활로 폭발한 것입니다. 처참한 완패 없이 영광스러운 부활은 없습니다.

부활한 그리스도는 그 부활의 힘으로 제자들을 깨닫게 하셨고 새사람으로 일으켜 주셨습니다. 새사람의 힘은 세속적 권력의 사악함을 사랑으로 이겨내는 힘이지요. 결코, 악의 세력을 그 세력이 선호하는 악한 수단을 활용하여 이겨내는 승리주의적 힘이 아닙니다. 죽고, 패배함으로써 비로소 이기는 힘이 바로 예수 승리의 힘입니다. 정말 감동적인 역설의 힘입니다.

승리주의 승리는 적들을 악으로 규정하는 데서 시작됩니다. 적이 악이므로, 그 악은 무슨 방법을 쓰더라도 제거되어야 한다고 확신하게 됩니다. 여기서 악을 제거하려고 했던 원래 의도는 역설적으로 스스로 악의 세력으로 전락되는 결과를 낳게 됩니다. 상대방을 서로 악의 축으로 규정하는 순간 이 전쟁은 악한 전쟁이면서도 각기 자기들의 전쟁이 거룩한 전쟁이라고 위선적으로 우기며 그것을 정당화하고 미화하게 됩니다. 전쟁이 이렇게 잘못 미화될수록 그것은 더 무섭게 추진되고 그 결과는 양자 모두에게 엄청난 재앙이 되고 맙니다. 이것이 승리주의의 비극적 종말입니다.

예수님은 이 악순환의 고리를 원천적으로 끊어버리는 것, 그것이 참 승리임을 친히 보여주셨습니다. 부활의 승리는 결코 승리주의의 압승이 아닙니다. 그것은 고난과 죽음을 즐겁게 선택함으로써 얻어지는 참 승리였습니다. 이것이 빛나는 기독교의 전통입니다. 이렇게 빛나는 예수 승리의 감동이 기독교가 국교로 전환되고, 교회가 기독교 왕국(Christendom)으로 변질되면서 점차 사라지게 됩니다. 이것이 제도권 기독교의 비극입니다.

정교한 교리가 다듬어지고, 교리의 창구를 통해서만 예수와 그리스도를 인식하고 이해하고 신앙하도록 교회가 강요하게 되면서 예수의 승리는 기독교의 승리주의로 변질되고 말았습니다. 십자군의 횡포와 실패, 온갖 종교재판의 횡포와 권력이 그것을 증언해 줍니다. 게다가 20세기에 들어와서 호전적 근본주의가 대두하면서 예수의 승리는 더욱 거칠게 승리주의로 변질됩니다.

이러한 승리주의 범람의 상황에서 서로 우아해지려는 사람들이 모인 공동체를 생각해 봅시다. 그곳에는 상생과 평화가 큰 강물이 되어 흐르게 될 것입니다. 지는 것이 부끄러운 일이 아니라 오히려 기쁨이 될 수 있다고 믿는다면 그곳에서는 경쟁이 승리주의로 나아가지 않고 예수 승리로 나아갈 수 있기 때문입니다. 꼴찌가 결코 열등감에 시달릴 필요가 없는 새로운 세상이 펼쳐질 것이기 때문입니다.

모두가 서로를 착한 친구로 보면서 최선을 다해 경쟁하되, 이길수록 나눔에 성실하다면 그 경쟁이 살벌한 승리주의 경쟁이 되지 않을 것입니다. 지면서 더 당당해지고, 지면서 더 우아해지는 반면, 이기는 자는 더욱 겸손해지고 이길수록 더 나눔에 성실해진다면 그곳에는 예수 승리의 선순환이 힘차게 작동하게 됩니다. 그곳에 승리주의의 악순환은 들어설 자리가 아예 없어지고, 선으로 악을 이기는 힘이 모아지게 될 것입니다.

로마의 원형극장에서 사자의 밥이 되면서도 서로 아끼고 사랑했던 초대 예수 따르미 공동체가 바로 선으로 악을 이기는 공동체였습니다. 그런데 바로 이 같은 감동의 공동체가 이제는 기독교권 안에서 보기 힘들게 되었습니다. 이것이 오늘 미국의 비극이요, 미국기독교의 모순이며, 바로 우리 한국기독교의 문제이기도 합니다.

기독교 승리주의가 세속 권력의 승리주의와 연합하여 예수의 승리를 조롱하고 무력화시키고 있습니다. 이것이 오늘 기독교의 수치입니다. 온 세상으로 예수 승리의 메시지는 울려 퍼져야 하고 실천되어야 합니다. 이것이 바로 제대로 된 전도요, 선교며 올곧은 복음화입니다. 그렇게 되어야 진정한 평화가 복음 전파와 실천에 따라 찾아올 것입니다.

기독교는 예수님을 권력의 군마에 태우지 말아야 합니다. 승리주의 십자군 백마(白馬)에 예수님을 총사령관으로 태우지 말아야 합니다. 연약하나 아름다운 나비의 등을 타고 봄이 오듯, 예수님의 승리가 저희를 찾아오신다는 것을 깨닫고, 예수님을 우리는 따뜻한 친구로 뜨겁게 맞이해야 합니다. 그래야만 부활의 승리가 우리의 삶 속에서 끊임없이 꽃피게 될 것입니다.

바보의 길

보통 사람들, 특히 영악한 보통 사람들이 못 보는 것을 보는 사람이 있습니다. 그런 보통 사람들이 듣지 못하는 것을 듣는 사람이 있습니다. 그리고 보통 사람들이 말하지 못하는 것을 용기 있게 말하는 사람이 있습니다. 그런 사람들이 바보입니다. 어느 시인이 노무현 대통령의 죽음을 보고 바보라고 하면서 "바보란, 바로 보는 사람"이라고 했습니다. 그렇습니다. 일상의 테두리 안에서 사는 보통 사람들이 바로 보지 못하는 것을 바로 보기에 바보가 됩니다.

'바로 보고, 바로 보살피는' 능력 때문에 일상성의 테두리 안에서 기득권을 즐기는 힘 있는 사람들은 바보들을 왕따시키고, 핍박하고, 착취하고 차별합니다. 바로 그러했기에 예수님도 처음부터 그의 고향이라는 일상성의 세계로부터 환영받지 못했습니다. 선지자가 고향에서 쫓겨나는 현실을 예수님께서는 온몸으로 증거하셨습니다. 예수님은 환영받지 못한 데서 끝난 것이 아니라 벼랑 끝으로 밀려 떨어져 죽을 뻔하기도 했습니다.

이런 의미에서 우리는 예수님의 '바보스러움'을 새삼 주목해야 합니다. 그의 '바보스러운' 말씀을, 바보 같은 결단과 삶을 새롭게 확인해야 합니다. 그 '바보스러움'에서 새로운 힘, 새로운 은혜를 깨달아야 합니다. 바보 되기를 항상 회피해 왔던 우리이기에 '바보'가 주는 감동을 예수님을 통해 온 존재로 받아들여야 하겠습니다.

예수님의 가르침은 바보 같았습니다. 예수님은 가난한 사람, 굶주리는 사람, 지금 슬피 우는 사람들은 복이 있다고 선언하셨습니다. 이 같은 선언은 정말 지금 굶주릴 수밖에 없어 울고 있는 사람들에게 '웃기는 소리'로 들릴 수 있습니다. 이런 비참한 사람들에게 "하나님 나라가 너희 것이다"라고 말한다면 과연 누가 하나님 나라 운동에 적극 나서겠습니까?

게다가 한 걸음 더 나아가 예수님은 부유한 사람들, 지금 배부르며 기뻐서 웃는 사람들에게는 "화가 미칠 것이다"라고 저주했습니다. 이런 가르침은 예수님을 '새빨간 빨갱이'라고 취급하도록 만드는 바보 같은 메시지입니다.

더욱이 이미 가난해서 힘이 없는 사람들에게 '어떤 힘센 사람이 네 오른빰을 치면 왼빰도 돌려 대주라' 고 합니다. 추워 떠는 가난한 이들의 겉옷을 힘으로 빼앗는 자들에게는 속옷까지 모두 벗어 주라고 했습니다. "너에게 달라는 사람에게는 주고, 네 것을 가져가는 사람에게서 도로 찾으려 하지 말아라." (눅 6:30) 이것은 자본주의 시장의 거래를 근원적으로 부정하는 듯한 바보 같은 메시지처럼 들리지 않습니까?

예수님의 비유 말씀에는 꼴찌에 대한 예수님의 진한 사랑 표현이 나타납니다. 탕자 같은 존재, 경멸받았던 이방인, 여성, 죄로 인해 중병에 시달리는 죄인들, 지체장애인으로 절망 속에 인간쓰레기로 사는 사람들에 대한 예수의 지극한 배려와 사랑은 당시 힘 있는 율법주의자들이나 예루살렘성전 세력과 회당 세력들에게는 바보스러운 편애로 인식되었을 것입니다.

예수님의 실천과 삶은 또한 '바보스러운' 선택의 연속인 것 같습니다. 예수님은 이곳저곳 필요가 절박한 현장으로 직접 두루 찾아다니시는 운동을 선택하시고 펼쳤습니다. 이른바 방랑 선교요, 방랑 운동입니다. 거대한 본부나 본당이 필요 없다는 예수님의 다짐이기도 합니다. 이때 제자들은 속으로 바보 같은 선택이라 생각했을 것입니다.

이렇게 보면 오늘 한국 대형 교회(Mega-Church)의 영악하고 영특한 욕심은 예수의 뜻과는 너무나 거리가 먼 것 같습니다. 하기야 예수님의 이 같은 선택은 언뜻 보기에 '바보스럽기' 조차합니다. 가장 심각한 바보다운 선택은 예수님 스스로 죽으러 가는 메시아임을 선포한 일입니다(마 16:21).* 원래 메시아란 칭호는 당당하게 승리하는 지도자, 용기

---

* 마태복음 16장 21절(새번역): "그 때부터 예수께서는, 자기가 반드시 예루살렘에 올라가야 하며, 장

있게 해방시키는 지도자, 신적 권위로 세상을 통치하는 지도자 등의 뜻을 담고 있었습니다.

그러기에 패배하는 메시아, 고문당하는 메시아, 피 흘리며 죽는 메시아는 도무지 있을 수 없는 지도자 역할입니다. 실패하는 메시아는 한마디로 웃기는 메시아이지요. 그런데 예수를 압승자 메시아로 착각하여 그를 따랐던 제자들에게 예수님께서는 이렇게 바보 같은 고백을 하셨습니다. 기독교 복음의 핵심과 본질이 바로 여기에 있습니다. 복음의 가치는 바보-메시아가 되시는 예수의 고난과 죽음 그리고 부활에서 빛나게 되는 가치입니다. 그것도, 십자가에 처형되면서도 처형시키는 자를 용서하는 그 넉넉한 예수의 결단에서 찬란하게 빛납니다. 원수를 사랑하라고 산 위에서 바보처럼 말씀하셨던 예수님께서 골고다 언덕에서 몸소 사랑을 실천하시어 바보가 되신 것입니다. 이것이 기독교 복음의 진수입니다.

이 복음을 사도 바울이 계승하여 적절하게 신학화(神學化)했습니다. 바울은 예수의 '바보스러움'을 하나님의 어리석음으로 표현하면서, 그러나 하나님의 이 '바보스러움'(어리석음)이 예수님의 패배와 고난과 죽음을 통해 오히려 하나님의 힘과 지혜로 나타난다고 해석했습니다(고전 1:21~25).* 바울은 결국 예수 죽음이 옳은 선택에서 나온 것이

로들과 대제사장들과 율법학자들에게 많은 고난을 받고 죽임을 당해야 하며, 사흘째 되는 날에 살아나야 한다는 것을, 제자들에게 밝히기 시작하셨다."

* 고린도전서 1장 21~25절(새번역): "이 세상은 그 지혜로 하나님을 알지 못하였습니다. 하나님의 지혜가 그렇게 되도록 한 것입니다. 하나님께서는 어리석게 들리는 설교를 통하여 믿는 사람들을 구원하시기를 기뻐하신 것입니다. 유대 사람은 기적을 요구하고, 그리스 사람은 지혜를 찾으나, 우리는 십자가에 달리신 그리스도를 전합니다. 그리스도가 십자가에 달리셨다는 것은 유대 사람에게는 거리낌이고, 이방 사람에게는 어리석은 일입니다. 그러나 부르심을 받은 사람에게는, 유대 사람에게나 그리스 사람에게나, 이 그리스도는 하나님의 능력이요, 하나님의 지혜입니다. 하나님의 어리석음이 사람의 지혜보다 더 지혜롭고, 하나님의 약함이 사람의 강함보다 더 강합니다."

며 하나님은 그의 부활을 통해 그것을 입증하시고 옹호하셨으며, 또 다른 한편으로 예수를 죽인 제국과 문명의 독선과 폭력은 궁극적으로 패배할 것임을 밝힌 것이라고 강조하면서 예수의 '바보스러움'을 신학화했습니다. 여기서 갈릴리 예수의 바보 같은 하나님 나라 운동이 그리스도의 부활 사건을 통해 초대교회 운동으로 연결되는 사실을 확인하게 됩니다.

오늘 한국교회는 예수의 '바보스러움', '바보'의 길을 버렸습니다. 그리고 똑똑한 자들의 길을 선택했습니다. 나는 이 시점에서 한국교회를 향하여 간곡하게 제안하고 당부하고 권고하고 싶습니다. '한국교회여, 예수의 길로 돌아오라. 예수 바보의 길로 돌아오라.'

해방의 길

오늘날 기독교의 가장 심각한 문제가 있다면 나는 그것이 바로 '예수 없는 기독교'라고 생각합니다. 예수를 믿고 따르기에 교회에 열심히 출석하는 크리스천들이 실은 예수 그리스도가 안 계신 교회를 다니고 있는 것 같습니다. 나는 2008년 『예수 없는 예수 교회』라는 책을 통해서 "한국교회에서 역사적 예수만이 사라진 것이 아니라 부활의 예수, 곧 그리스도도 안 계신다"는 사실을 알리고자 했습니다.

역사의 예수도, 부활의 그리스도도 부재(不在)하신다는 것은 바로 예수 그리스도의 하나님 나라 운동, 하나님 나라 선교, 그리고 하나님 나라 복음이 없다는 뜻입니다. 내가 가장 가슴 아파하고 슬퍼하는 것은 '예수도, 그리스도도 교회 안에 계시지 않고 하나님 나라 복음도 한국기독교와 교회에서 찾아보기 힘들다'는 사실입니다. 복음의 핵심과 본질을 다시 새롭게 깨닫기 위해 먼저 우리들은 한국교회에서 왜 예수와 그리스도가 안 계신지, 그리고 왜 하나님 나라 운동이 실종되어 버렸는지를 회개하는 마음으로 성찰해야 합니다. 민주주의 이름으로 민주주의가 죽어가고, 정의의 이름으로 정의가 짓밟히고, 평화의 이름으로 잔인한 전쟁을 부추기는 현실에서 하나님 이름과 예수 그리스도의 이름으로 이 같은 구조악의 지배를 극복해야 합니다.

베드로는 회당 입구에서 구걸하고 있던 지체장애자 걸인에게 "은과 금은 내게 없으나, 내게 있는 것을 그대에게 주니 나사렛 예수 그리스도의이름으로 일어나 걸으시오"(행 3:6)라고 말합니다. 자본주의 체제에 깊이 동화되어 있는 우리로서는 베드로의 이 같은 변혁의 감동적 명령을 이해하기 참으로 힘들 것입니다. 금과 은의 힘으로 태연하게 자본주의적 갑질에 익숙하게 살아온 크리스천들은 이 이름, 곧 역사적 예수인 나사렛 예수 이름의 힘으로 이 장애자를 총체적으로 변화시킨 사실의 참뜻을 우리 상황에서 항상 곱씹어 봐야 할 것입니다. 금과 은, 그 부스러기를 받고 평생 장애인으로 구걸하는 처지를 근본적으로, 급진적으로 바꿔버린 이 총체적 변혁의 감동이 예수의 변혁 운동, 해방 운동의 핵심적 메시지입니다.

예수는 계속해서 채권자가 채무자의 빚을 탕감해 주듯이 하나님께서 저희들의 죄와 빚을 용서해 주시고 탕감해 달라는 청원을 합니다. 하나님의 용서를 받으려면 먼저 우리는 우리의 을들에게 하고 있는 온갖 갑질을 그만두는 결단부터 내리고 당장 실천해야 합니다. 주기도문에서 드러나는 예수의 하나님 나라 운동은 또한 유혹의 극복과 밀접하게 연관되어 있습니다. 이 유혹은 구조악의 유혹이기도 합니다. 악의 구조적 민낯을 예수 따르미들은 항상 꿰뚫어 볼 수 있어야 합니다. 예수는 거라사 지방의 한 귀신 들린 자를 치유해 주십니다(눅 8:26~39). 그는 귀신 들린 사람에게 이름을 묻습니다. 이 행위를 통하여 역사의 예수는 인간을 괴롭히는 사탄의 구조적 본질이 무엇인가를 드러내십니다. 당시 천하를 폭력적 승리주의로 지배했던 팍스 로마나(Pax Romana)의 민낯, 그것도 그 제도화된 구조적 폭력지배의 정체를 그대로 드러내 보여 주셨습니다.

이것은 하나님의 사랑지배, 공의지배, 그리고 평화지배와 선명하게 대조되는 사탄의 군사적 폭력지배임을 폭로하셨습니다. 그러기에 구조적 악에서 우리를 해방시켜 주시는 예수님의 선교는 결단코 관념적, 명상적, 신학적 탐구활동에 그치지 않습니다. 그리고 예수님의 축사치유행위는 개인적 정신질환의 치유만이 아닙니다. 그 질환의 뿌리에 스며있는 사탄의 구조악을 제거하는 총체적 치유와 해방의 사역입니다. 예수 해방의 길을 이해하려면 그리스도의 모습에서 역사의 예수를 볼 수 있고, 또 역사의 예수 모습에서 그리스도의 영광스럽고 더 품어 보살펴 주시는 사랑의 그리스도를 볼 수 있어야 합니다.

우리는 이른바 '높은 기독론(High Christology)'은 '낮은 기독론(Low Christology)'과 다른 것이 아님을 확인해야 합니다. 부활의 그리스도가 갈릴리의 예수임을 다시 명심해야 합니다. 놀라운 것은 부활의 예수께서 수제자 베드로에게 꼴찌와 지극히 적은 자들을 돌보고 사랑하라고 하신 명령입니다. 하나님의 아들로 등극한 이른바 '높은 그리스도'께서, '낮고 천한 자, 그래서 힘 있는 자들에 의해 고통당하는 낮은 자들'을 먹이는 '낮은 그리스도'가 되신다는 이 비유의 실체는 잊지 말아야 합니다. 우리는 구체적인 역사 현실에서 부활 그리스도의 명령을 따르고 실천하려고 노력해야 합니다. 이 악의 세력을 예수의 십자가 사랑, 곧 선제적 원수사랑 실천으로 무력화시켜야 합니다. 아니, 무력화보다 한 차원 높은 발선화(發善化)를 이룩해야 합니다. 그래야 원수의 악이 선으로 변합니다.

이 같은 변화는 악의 변화이면서 동시에 우리 자신 속에 있는 악도 선으로 변화시킵니다. 여기에 발선은 당사자 개인을 아름답게 변화시킬 뿐만 아니라(새사람으로 일어서게 되는 변화), 구조적 변화, 곧 평화의 새 질서를 세우는 일로 이어집니다. 예수의 하나님 나라는 신자들이 사후에 올라가서 그곳에서 영원히 사는 탈역사적 천당이 아닙니다. 파라다이스는 잠시 쉬는 곳일 뿐 영원히 사는 하나님 집이 아닙니다. 그러한 하나님께서 부활의 그리스도에게 땅과 하늘 모두를 다스리는 권위를 주셨습니다. 그래서 하나님의 명령에 따라 하나님 아들 그리스도가 당신의 백성과 손을 잡고, 만물을 새롭게 하시기 위해 하늘에서 땅으로 내려오십니다.

이때, 그리스도의 백성은 그리스도처럼, 썩지 않는 부활의 몸으로 땅으로, 역사 속으로 내려와 만물을 새롭게 하시는 하나님의 일을 함께하는 동역자로 일하게 될 것입니다. 역사 예수, 부활의 그리스도, 승천한 그리스도가 하나님 백성과 함께 모두 실체적 부활의 몸으로 종말적 희망을 역사 속에서 완성하는 일이 바로 오늘 교회의 가장 중요한 사명이 아니겠습니까.

해방자 예수를 전한 사도 바울

넷플릭스의 〈그리스도의 사도(The Apostle of Christ)〉라는 영화를 보면 바울의 생애를 통하여 예수가 전하고자 했던 하나님 나라가 잘 묘사되어 있습니다. 영화의 배경은 당시 로마 제국에서 기독교 디아스포라 교회가 전부 다 흩어지는 상황에 처하게 됐을 때 출발하고 있습니다. 로마에 있는 기독교 교회와 신자들의 수가 약화되어 가고 있을 때 설상가상으로 바울이 로마 정권에 체포되어 감옥에 갇힙니다.

박해로 인해서 모두가 로마를 떠나는 그 상황에서 누가는 바울이 갇혀있는 지하 감옥으로 그를 찾아가 마지막으로 인터뷰합니다. 그 인터뷰를 배경으로 해서 이 영화의 이야기가 진행됩니다. 물론 상상 속에 나오는 이야기도 많이 나오지만 이 영화를 통하여 우리는 바울이 전하고자 했던 예수의 삶과 예수의 하나님 나라가 어떤 나라인가를 짐작해 볼 수 있습니다.

이 영화는 예수의 가르침을 바울의 입을 통하여 전합니다. 바울은 로마서 12장에서 "원수 갚는 일은 하나님께 맡기고 너희들은 이웃을 사랑하라 원수를 사랑하라. 구체적으로 원수가 배고파할 때는 그를 먹이고 목마를 때는 마실 것을 주라"고 가르치면서 오히려 예수보다 훨씬 더 구체적으로 실질적인 복수에 대해서 말합니다.

이러한 바울의 가르침이 로마서 12장에 기록되어 있기는 하지만 영화에서는 누가와의 인터뷰를 통하여 전해집니다. 그러면서 영화에서 바울은 누가에게 이러한 가르침을 자신이 예수로부터 받았다고 말합니다. 그런 의미에서 나는 이 영화를 보면서 복음서는 예수에 관한 이야기를 조금은 건조하게 전한 기록이 아닌가 하는 생각을 갖게 되었습니다. 사실 바울 서신과 같은 편지에는 감정도 들어가기 때문에 이야기가 보다 부드럽고 편하게 전해지는 경향이 있다고 생각합니다.

나는 한국에서는 복음서를 예수를 해방자로 가르치는 기록으로, 다른 한편으로 바울 서신과 바울의 가르침은 '죽어서 천당 가는 것'

만 지향한다고 이해하고 있다는 느낌이 듭니다. 그런데 그렇지 않습니다. 해방자 예수를 자신의 삶에서 철저하게 실천한 사람은 다름 아닌 역사적인 바울이 아닐까요? 그런 의미에서 바울은 진정한 의미로 해방자의 삶을 살았습니다. 자기가 로마의 방화 주범도 아닌데 그렇게 정죄당하고 감옥에 갇혀서도 당당하게 죽음을 맞이합니다. 아주 편한 얼굴로….

예수는 우리에게 해방의 길을 보여주시고 몸소 그 길을 걸으셨습니다. 해방은 우리에게 진정한 구원을 가져다줄 것입니다. 그것은 하나님의 다스림을 의미합니다. 공의가 큰 강물처럼 흐르고, 평화가 단비처럼 내리는 하나님 사랑의 다스림이 마침내 이 땅에서 이뤄져서 구원이 완성되고 창조가 원래의 아름다움이 회복되는 것이 아니겠습니까! 창조와 구원이 아름답게 만나 완성되는 것이 아니겠습니까! 이 사명을 위해 부름 받은 공공적, 감동적, 그리고 변혁적 공동체가 바로 교회가 아니겠습니까! 그것이 예수가 걸었던 해방의 길이 아니겠습니까!

전복과 뒤집기의 길, 예수의 비전, 하나님 나라

2천 년 전, 막강한 단극체제로 등장했던 팍스 로마나(로마 제국) 체제하에서 가난하고 보잘것없는 로마 식민지 팔레스타인의 한 청년 예수의 꿈과 의지는 무엇이었으며, 그가 원래 갖고 있었던 그 열망(the original impulse of Jesus)이 갖는 대안적 공동체의 성격은 어떠한 것이었는지를 깊이 살펴보는 것은, 21세기와 더불어 단극지배체제로 등장한 팍스 아메리카나가 인류를 불안케 하고 있는 오늘의 시대에서 의미 있고 적절한 일이라 하겠습니다.

박해받던 초대 기독교가 로마의 권력에 편입되어 지배체제의 중심부로 나아가게 되면서 예수의 원래 꿈은 훼손되기 시작됩니다. 콘스탄틴 대제의 관용령 이후 교리가 새로운 규범으로 설정되고 강요됨으로써 '기독교 왕국(Christendom)'은 강고하게 세워졌으나, 예수님의 '하나님 나라'는 무너지기 시작했습니다.

세상에 우뚝 서게 된 기독교 왕국이라는 현실이 하나님 지배라는 예수님의 원래 꿈을 허물기 시작했다는 사실이 안타깝고 통탄스러운 모순이요, 비극이라 하지 않을 수 없습니다. 이런 상황에서 우리가 기독교인으로서 성실한 예수 따르미로 거듭나기 위해서는, 그리고 21세기를 평화와 정의의 세기로 세워나가기 위해서는 예수의 원초적 추동과 열망을 깊이 이해해야 합니다. 충실한 예수 따르미가 되려면 예수님의 그 꿈과 비전을 제대로 이해해야 합니다.

예수께서 제시하셨던 하나님 나라의 모습과 그 주요 특징은 무엇이었습니까? 예수님께서 원래 품고 계셨던, 그리고 끈질기게 설파하셨던 비전은 하나님 나라의 비전이었습니다. 예수의 하나님 나라 비전은 억압적 지배체제에 대한 근본적인 도전이었습니다. 당시 로마와 팔레스타인의 지배 구조는 계급, 가부장제, 특권적 법과 종교적 순결 규례에 기반하고 있었으나, 예수는 이를 뒤집어 '첫째가 꼴찌가 되고 꼴찌가 첫째가 되는' 새로운 질서를 선포합니다. 이는 폭력과 배타에 맞서 비폭력과 포용, 사랑과 섬김을 제시하는 대안적 공동체의 원리였습니다.

첫째의 꼴찌되기

예수님의 하나님 나라의 원래 비전을 가장 잘 표현해 주는 것이 '첫째가 되고자 하는 사람은 먼저 남을 섬기는 자가 돼라'는 말씀입니다. 첫째가 되려면, 즐거운 꼴찌가 먼저 되어야 합니다. 첫째가 되어도 계속 꼴찌가 되려고 노력해야 합니다. 사랑이란 위계질서가 엄연히 버티고 있는 상황에서는 바로 꼴찌되는 선택, 그것도 즐겁게 꼴찌되는 결단이라 하겠습니다.

당시 지배 체제의 배경을 보면, 예수의 하나님 지배는 너무나 놀라울 만치 기존 체제를 확 뒤집어엎는 것이었습니다. 한마디로 꼴찌가 첫째가 되고, 첫째가 꼴찌로 떨어지는 새 상황이 펼쳐지기 때문이었습니다. 폭력과 배타에 기초한 지배 체제가 비폭력과 전적 포용(all inclusive)의 새로운 체제로 뒤바뀌어지게 되었습니다.

우리는 첫째의 꼴찌되기와 꼴찌하기가 갖는 신학적이고 역사적인 의미에 주목해야 합니다. 또한 그 본질적 의미와 그 실천적, 윤리적 의미를 함께 깨달아야 합니다. 예수의 성육신 자체가 곧 '첫째의 꼴찌되기' 사건이었습니다. 전능한 하나님이 인간의 모습으로 낮아지고, 십자가의 가장 비천한 죽음을 감당하신 것은 '자기 비움'의 사랑의 표현이었습니다. 첫째가 꼴찌되는 사건은 닫힌 구조 속에서 첫째로 영원히 남아있고 싶어 하며, 무리해서라도 그 자리를 반드시 지켜내려는 사람들에게는 치욕과 곤욕의 사건으로 인식될 것입니다. 그들은 예수의 '꼴찌되기'와 '꼴찌하기'를 전혀 이해할 수 없었습니다. 예수의 고난과 고뇌, 고통과 죽음을 이해할 수 없었습니다.

여기서 우리는 즐거운 꼴찌하기가 갖는 윤리적 뜻을 깨닫고 소중히 여겨야 합니다. 그것은 겸손의 미덕을 인식하는 일, 그것은 인내의 아름다움을 인식하는 일이기도 합니다. 그래서 사도 바울은 사랑의 덕목에서 오래 참는 것과 온유함을 강조했습니다.

첫째의 꼴찌하기, 곧 예수의 사랑은 깊은 인식론적 특징을 갖고 있습니다. 겸손과 인내의 가치를 소중하게 여기는 것과 연관되기도 합니다만, 내가 지금 알고 깨닫고 있는 것은 결코 전체적인 진리 파악이거나, 완전한 진실이해가 아니라는 겸손한 인식의 고백이기도 합니다. 그렇다면 '예수 따르미'야말로 바로 즐거운 꼴찌하기를 주저하지 않는 사람들이 되어야 할 것이고, 나아가 그들은 자기 인식의 절대화를 절대로 거부해야 합니다. 확실성의 문화(culture of certitude)가 갖는 억압적 위험성을 항상 경계해야 할 것입니다.

이런 뜻에서 기독교 근본주의의 힘은 결코 사랑의 힘, 첫째가 즐겁게 꼴찌가 되는 힘이라 할 수 없습니다. 근본주의 신앙인들은 자기 확신이 너무 강한 나머지 많은 사람에게 엄청난 고통을 안겨다 줍니다. 기독교 역사에서 제도권 기독교가 저지른 온갖 끔찍스러운 죄악은 바로 이 같은 확실성의 문화에서 배태된 잘못이라 하겠습니다. 십자군의 반인륜적 죄악도 바로 그러한 확신 문화에서 비롯되었다 하겠습니다.

그러나 역사 속에서 교회는 예수의 원래 꿈을 배반했습니다. 기독교는 4세기 초까지 로마의 지배권력 밑에서 박해받는 종교였습니다. 가장 비참한 꼴찌의 자리에서 고통을 받았습니다. 그런데 이렇게 박해받던 공동체로서 꼴찌였던 기독교가 4세기 이후 로마 권력의 중심으로 편입되면서 지배종교가 되었고, '기독교 왕국'이라는 체제가 세워집니다. 그 결과 갈릴리의 역사적 예수는 뒷전으로 밀려났으며, 교회는 권력적 지배와 폭력을 정당화하는 역할을 하게 되었습니다. 십자군 전쟁 등은 그 대표적 사례로, '첫째가 되려는 기독교'의 왜곡된 행보였습니다.

예수님의 선포가 기쁜 소식이 되는 까닭은 그것이 꼴찌에게 첫째가 될 수 있다는 희망을 보여주고 또 그 희망이 현실로 될 수 있기 때문입니다. 그런데 정말 그것이 기쁜 소식, 곧 복음이 되는 까닭은 단순한 '첫째와 꼴찌의 자리 옮김'에 있는 것이 아닙니다. 이 소식이 복음이 되는 가장 중요한 이유는 그것이 '악순환의 고리를 영원히 과감하게 깨뜨린다는 소망과 믿음에 있는 것'입니다. 꼴찌가 첫째가 되어, 그 전의 첫째들이 했던 나쁜 지배를 반복하는 것이 아니라 그 전의 첫째들과는 질적으로 다르게 스스로 즐겁게 꼴찌가 되려는 결단을 내린다는 것, 그래서 악의 지배가 다시 계속되지 않게 한다는 것, 그것이 바로 가장 기쁜 소식입니다.

여기서 적어도 우리 스스로를 예수 따르미로 주장한다면, 악의 권세를 악으로 이기려는 유혹에서 벗어나야 할 것입니다. 칼로 칼을 이기려는 유혹, 혁명을 또 다른 유혈 혁명으로 극복하려는 유혹에서 벗어나야 합니다. 왜냐하면, 그 유혹은 악순환을 강화시켜 주는 마력을 지니고 있기 때문입니다. 지난날 기독교 신자들이, 교회들이 이 유혹에 빠져 역사를 계속 악순환의 암흑 속으로 몰고 갔기 때문입니다. 예수님의 십자가는 십자군의 십자가가 결코 아닙니다. 십자군의 십자가는 악순환의 고리를 더욱 강화시켜 줍니다.

예수의 '꼴찌되기 신학'은 윤리적으로는 겸손·인내·소망·믿음을 포함하는 사랑의 실천이며, 인식론적으로는 인간 인식의 불완전성을 자각하는 겸허함입니다. 확실성의 문화에 사로잡힌 근본주의는 사랑의 본질을 훼손했고, 역사 속 기독교의 많은 비극을 낳았습니다. 따라서 참된 예수 따름은 확실성의 독선을 거부하고, 즐거운 꼴찌되기를 선택하는 삶에 있습니다.

예수의 복음이 진정한 기쁜 소식이 되는 이유는 단순히 권력의 교체가 아니라, 권력의 악순환 자체를 끊어내는 전복(subversion)이기 때문입니다. 꼴찌가 첫째가 되더라도 과거의 지배를 반복하지 않고, 오히려 즐겁게 꼴찌가 되기를 선택하는 결단이 복음의 핵심입니다. 이는 선으로 악을 이기는 힘이며, 십자가의 자기희생을 통해 완성된 사랑입니다. 사랑의 전복(subversion)입니다.

예수의 '꼴찌되기' 신학은 오늘의 신앙 공동체에 도전을 던집니다. 21세기의 교회는 다시금 예수의 원초적 열망을 회복하여, 권력 추구 대신 '자기 비움'과 섬김, 동고동락의 공동체로 나아가야 합니다. 한국교회는 스스로 꼴찌 되기를 자원하고, 사랑과 위로를 나누는 열린 공동체로 성장해야 합니다. 그럴 때 예수는 동고주(同苦主)로서 함께하시며, 악순환의 역사를 끊고 평화와 정의의 새로운 세기를 열 수 있다는 희망을 제시합니다.

예수 따르미들은 예수님의 운동에 더욱 헌신해야 합니다. 예수 사랑의 전복(subversion)의 길을 따라 걸어야 합니다.

—

4

—

한국교회를 향한 마지막 고언

새길교회 설립에 나서다

새길교회는 1987년 평신도 공동체로 출발합니다. 새길공동체의 탄생 배경과 그 취지를 이해하는 것, 특히 그 공동체의 신앙고백을 이해하는 것은 한국에서 바람직한 평신도 교회 운동, 또는 바람직한 열린 교회 공동체 운동을 촉진하는데 하나의 길잡이가 될 수 있습니다.

새길공동체 탄생의 배경

새길교회 창립의 배경은 크게 두 차원으로 나눌 수 있습니다. 하나는 사회·정치적 배경입니다. 또 다른 하나는 1987년 당시 한국교회의 상황이었습니다.

사회·정치 상황

1987년은 한국 사회 민주화 운동이 절정에 이른 해였습니다. 개헌운동과 6월 시민항쟁, 6.29민주화선언, 대통령 직선제 실시 등 큰 격변 속에서 새길공동체가 탄생하는 계기가 마련되었습니다. 1987년은 불안한 정치 상황 속에서도 새로운 신앙 공동체의 필요성이 강하게 대두되는 시기였습니다.

이런 상황에서 아직도 봄이 온 것 같지 않은 추운 3월 초에 새길공동체가 탄생했습니다. 1987년 4월 13일 '4.13호헌조치'가 발표되었습니다. 6월에는 시민항쟁이 치열했고, 마침내 6.29민주화선언이 나왔습니다. 그리고 그해 12월에는 국민이 그토록 열망했던 대통령 선거가 있었으나 민주 세력의 분열로 그 결과는 실망스러웠습니다. 한마디로, 역사의 거친 격변 속에서 하나님 나라의 모습이 아직도 희미한 상황 가운데 새길공동체는 탄생되었습니다.

새길교회 탄생의 역사적 배경을 좀 더 면밀히 살피기 위해서 한국교회 역사를 간략하게 살펴보는 것이 필요합니다. 한국교회 역사는 크게 세 단계로 나눌 수 있습니다.

1884~1919년의 초기 교회는 친민중·친민족·친민주의 성격을 지니며 억압받는 민중과 함께했고, 민족자주와 민주주의 정신을 고양시켰습니다. 이런 의미로 예수의 복음은 민족과 민중에게 희망이 되었습니다.

1920~1945년의 일제 문화통치와 민족말살통치기를 거치는 동안 3.1운동 좌절 이후 교회는 근본주의와 율법주의 신앙으로 흐르고, 신앙의 개인화·피안화가 강화됩니다. 현실 참여 대신 기복적·내세적 신앙에 치중하게 되는 모습을 보입니다.

1945~1990년대 이후의 분단과 냉전 교회의 모습을 살펴봅니다. 해방과 함께 분단이 찾아왔고, 교회는 분열을 거듭하며 정치적 억압과 인권 침해 앞에서 침묵합니다. 냉전 이데올로기에 안주하며 성장 일변도로 나가기 시작했습니다. 그러나 한국기독교교회협의회(NCCK)를 중심으로 일부 교회는 군사독재를 비판하며 예언자적 전통을 회복하려 했고, 여기서 민중신학이 태동하기도 합니다. 이는 기복신앙·근본주의·제사장적 신앙에 대한 비판과 더불어, 정의와 평화를 위한 투쟁

에서 나온 신학이었습니다.

그러나 결국 1987년 당시 한국교회는 역사 속에서 친민중·친민족·친민주적 전통을 잃어버리고, 기복주의와 분열, 권력 순응적 태도에 갇히고 말았습니다. 따라서 새로운 시대에는 이러한 한계를 극복할 대안적 신앙 공동체가 요청되었던 시기라고 말할 수 있습니다.

한국교회 상황

또 다른 한편으로 새길교회의 창립은 한국교회가 보여준 문제들과 연관됩니다. 새길공동체는 여기에 대한 대안으로써 차입되기 때문입니다. 당시 그리고 지금도 한국교회가 보여주고 있는 문제들을 요약해 보면 다음과 같습니다.

개교회주의(個教會主義)입니다. 교회는 빛과 소금으로서 교회 밖의 어두운 역사를 밝히고, 교회 밖의 부패를 방지할 수 있어야 하는데 '내 교회'만 가꾸고 키우는 데 온 힘을 쏟는 나머지 상황과 시대에 대해 무관심하다면, '남을 위한 존재'의 예수는 개교회 중심교회에는 설자리가 없을 것입니다.

개교파주의(個教派主義)입니다. 자신의 교파 안에만 구원이 있는 것처럼 생각하면서 다른 교파에 대해 무관심하거나 회의의 눈초리로 보기까지 하는 모습입니다. 교파지상주의자들은 끊임없이 새로운 교파를 만들어 내며 분열을 거듭해 왔습니다.

대교회주의(大教會主義)입니다. 대교회주의는 교회의 양적 성장에 치우친 나머지 교회가 거대한 관료 조직체로 변질되었습니다. 참된 공동체, 예수의 몸으로서의 공동체로 나아가는 데에 실패했습니다. 교회의 규모가 커지면서 조직 자체를 지켜나가야 하는 일, 곧 그 조직의 기득 이권을 보존해 나가는 일이 시급해지면서, 교회의 본래 사명에 둔감해졌습니다.

대교회로 나가는 교회일수록 예언자적 사명은 소홀히 하면서 교회를 물량적으로 성장시켜 왔습니다. 교회 밖에서 인권이 훼손되고 파괴되는 소리가 들려와도, 평화를 훼손시키는 소음이 들려와도, 정의가 파괴되는 절규가 들려와도 교회 주역들은 그 소리에 귀를 막고 있었습니다. 모세를 신음소리 가득한 이집트로 보내면서 모세에게 명하신 하나님의 음성에 대해(출 3장) 한국교회는 귀를 틀어막고 있었습니다.

이 같은 한국의 정치 사회 상황과 한국교회의 특수상황 속에서 새로운 교회공동체를 갈망했던 분들이 뜻을 모았습니다. 1987년 1월, 서울대 한완상 교수는 대안적(對案的) 신앙 공동체의 뜻을 품고, 서강대의 길희성 교수와 한신대 김창락 박사, 그리고 숭실대 이삼열 박사와 함께 만나 논의에 들어갑니다.

이들 네 사람은 새로운 공동체의 비전을 담아낼 창립 취지문과 신앙고백문을 함께 작성한 이후 새로운 공동체를 새길공동체라 부르기로 합니다. 이들 네 분은 말씀 증거자로 봉사했으며, 그간 공동체의 목회적 요구를 충족시키기 위해 감리교신학대학의 서창원 박사와 문전섭 목사도 말씀 증거자로 참가하기도 했습니다. 후일 말씀 증거자로 민영진 박사도 참여합니다.

새길공동체는 장로, 집사 직분이 없으며, 운영위원회가 교회관리 문제를 담당하면서 수직적 관리체제가 아니라 수평적 협력체제로 공동체가 운영하고 있습니다.

새길교회의 창립 취지는 교회를 하나님의 사랑과 진리와 평화를 역사 속에서 실현하는 공동체로 세우려는 데 있었습니다. 복음은 개인의 구원만이 아니라 사회와 역사를 변혁시키는 힘이며, 예수께서 가난하고 억눌린 자들에게 선포한 해방이 그 핵심이라는 점을 강조하였습니다.

이와 달리 오늘날 한국교회는 개인주의적·기복적 신앙, 저세상 도피주의, 경직된 율법주의, 허황된 물량주의에 빠져 예언자적 사명과 사회적 책임을 저버리고 있다는 비판을 받고 있다는 상황을 염두에 두고 이에 대한 대안으로 새길교회는 다음과 같은 특성을 앞세우면서 새로운 예수 공동체를 지향할 것을 천명하고 출발했습니다. 지향점은 다음과 같았습니다.

- 섬김받는 교회에서 섬기는 교회로
- 교역자 중심에서 평신도 중심의 공동체 교회로
- 제도와 율법주의 교회에서 은총과 자유의 교회로
- 닫힌 교회에서 열린 교회로
- 받는 교회에서 주는 교회로
- 쌓아 올리는 교회에서 나누어 주는 교회로 나아가고자 한다.

또한 새길교회는 예수의 십자가 고난과 부활의 영광을 기억하며, 종말론적 희망과 결단 속에서 하나님 나라를 향한 여정을 이어가는 공동체로 자신을 세울 것을 강조하면서 자신들이 고유한 신앙고백서를 작성하면서 창립되었습니다.*

---

* 1987년 3월 8일 새길공동체의 신앙고백은 다음과 같다.
"우리는 세상을 창조하시고 언제나 새롭게 변혁하시는 하나님을 믿으며, 어둠의 역사 속에서도 새날이 밝아옴을 선포합니다. 우리는 모든 죄악으로부터 우리를 해방하여 새사람으로 일으켜주신 예

열린 평신도 교회의 문제점과 미래

새길교회는 근본주의 신앙이 갖는 폐쇄성과 배타성을 극복한 열린 공동체입니다. 또한 그것은 기복적 신앙이 갖기 쉬운 값싼 축복을 거부하는 신앙공동체이기도 합니다. 그뿐 아니라 새길교회는 피안적, 탈 역사적 신앙을 극복하려는 실천의 공동체를 지향합니다. 지난날부터 오늘날까지 한국교회가 알게 모르게 저질렀던 잘못들을 반복하는 일에서 벗어나려고 몸부림쳐온 공동체 중 하나가 바로 새길교회라고 할 수 있습니다. 그렇기에 그것은 또한 외롭고, 괴로운 짐을 질 수밖에 없는 새로운 길이었습니다. 그럼에도 오늘의 새길공동체에 대한 몇 가지 아쉬움도 있다는 것을 고백하지 않을 수 없습니다.*

수 그리스도를 믿으며, 인간의 생명과 존엄을 해치는 모든 악의 세력을 거부합니다. 우리는 고난과 역경 속에서도 우리에게 언제나 새로운 위로와 용기를 주시는 성령을 믿으며, 어떠한 절망 속에서도 희망의 복음을 선포합니다. 우리는 교회가 예수 그리스도의 십자가 고난과 부활의 승리에 동참하도록 부름 받은 신앙 공동체임을 믿으며, 사랑으로 서로 사귀고 고통당하는 사람들의 이웃이 되어 하나님 나라의 복음을 증거하는 일에 헌신하기로 결단합니다."

위의 신앙고백은 1994년 여름에 새롭게 다듬어졌다. "우리는 세상을 창조하시고 언제나 새롭게 변혁하시는 하나님을 믿으며, 창조의 보전과 완성을 위해 우리의 삶을 바칩니다. 우리는 모든 죄악으로부터 우리를 해방하여 새사람으로 일으켜 주신 예수 그리스도를 믿으며, 인간의 생명과 존엄을 지키기 위해 우리의 삶을 바칩니다. 우리는 고난과 절망 속에서도 우리에게 언제나 새로운 희망과 능력을 주시는 성령을 믿으며, 하나님의 정의와 평화의 실현을 위해 우리의 삶을 바칩니다. 우리는 교회가 예수 그리스도의 십자가와 부활에 동참하는 신앙 공동체임을 믿으며, 사랑으로 서로 사귀고 고통당하는 사람들의 이웃이 되어 하나님 나라의 복음을 위해 헌신하기로 결단합니다."

2025년 오늘의 새길교회 신앙고백: "우리는 우주 만물을 창조하시고 역사를 주관하시며 품어 인도하시는 하나님을 믿습니다. 우리는 모든 악으로부터 우리를 해방하여 새 사람으로 일으켜 주시는 예수 그리스도를 믿습니다. 우리는 모든 생명이 서로 소통하도록 이끌며, 고난과 절망 속에서도 우리에게 언제나 새로운 희망과 능력을 주시는 성령을 믿습니다. 우리는 교회가 예수 그리스도의 십자가와 부활에 동참하고 자매형제들이 사랑의 교제를 나누는 신앙 공동체임을 믿으며, 창조의 보전과 완성을 위해, 인간의 생명과 존엄을 지키기 위해, 하나님의 정의와 평화의 실현을 위해 우리의 삶을 바칩니다. 우리는 자신을 비우고 고통받는 모든 생명의 이웃이 되어 하나님 나라 복음을 위해 헌신하기로 다짐합니다."

* 첫째, 새길교회는 사제의 축복을 받지 못하는 아쉬움이 있다. 값싼 축복이라도 확실하게 보장해주는 "흐뭇함"이 없다. 그리고 목회자의 목회적 보살핌을 받지 못하는 아쉬움이 있다. 둘째, 조직적 위계질서가 주는 안정감이 부족하다. 장로, 집사 등의 직책이 주는 조직력이 없다. 게다가 교파가 주는 종교적 안정감이 없다. 소속 교단의 보호를 받는다는 느낌도 없다. 셋째, 독립건물이 주는 안

몇 가지 아쉬운 문제들이 있지만, 열린 교회와 평신도 교회의 정체성(Identity)을 지켜오면서 함께 체험해 온 흐뭇함이 있습니다. 새길교회 자매 형제들은 십자가의 은총과 그것에 따른 자유를 누리고 있으며 자발적 헌신으로 기쁨을 나누고 있습니다.

하나님과 개인 실존 간에 개입되는 인위적인 장애를 가능한 한 제거하여 실존이 십자가의 예수 그리스도를 통해서만 하나님과 직접 만날 수 있는 기쁨을 공유하고자 노력하는 공동체입니다. 조직적 질서, 안정, 소속감의 방패는 없으나, 질서와 안정이 주는 것보다 더 소중한 열린 공동체의 자유로움이 있다는 사실은 매우 중요합니다.

바울은 더 많은 사람을 열린 복음의 세계로 인도하기 위해 놀라운 상황적 융통성을 발휘했습니다. 그는 여러 사람에게 여러 모양의 다른 역할의 모습으로 다가갔고 마침내 그들을 새로운 열린 공동체로, 복음 공동체로 인도하였습니다. 과연 새길교회가 바울의 이 같은 열린 집념을 갖고 있는가, 바울의 놀라운 상황적 융통성을 지니면서도 그 융통성 밑바닥에 흐르는 끈질긴 공동체 확장의 의지를 갖고 있었는 가의 물음을 우리는 진지하게 스스로에게 물어야 할 것입니다. 좀 더 많은 사람을 열린 신앙공동체, 복음공동체로 인도하기 위해 스스로 그 자유를 포기하고 종처럼 행동했던 그 바울의 숭고한 '부자유의 융통성'과 '종의 열성'을 우리는 갖고 있는가?

정감이 없다. 교회를 살아있는 코이노니아로 믿으나, 그 코이노니아의 공간적 마당을 독점적으로 소유하지 못한 아쉬움이 있다. 넷째, 사후(死後)의 불안을 덜어주는 묘지가 없다. 나이 많은 교우들의 아쉬움이 있을 것이다.

깊은 신앙, 넓은 신학

한국교회는 과거부터 닫힌 신학을 선호해 왔습니다. 이러한 태도는 교회 내에서 배타적이고 독선적인 율법주의 신앙을 부추겼으며, 결과적으로 한국교회가 양적 성장을 멈추고 질적 퇴보를 겪게 된 원인이 되었습니다. 한국교회의 질적 퇴보는 사이비 종교 행위, 윤리의식의 부재, 불투명한 재정 운영 등으로 나타나기도 했습니다.

이러한 문제의 근본적인 원인은 신학 없는 기복신앙에 있으며, 특히 닫힌 신학의 좁은 틀 안에 탐욕과 성장을 추구하는 기복신앙이 가득 찼기 때문입니다. 그러므로 앞으로 교회가 올바르게 성장하려면 신앙은 더 깊게, 신학은 더 넓게 발전해야 한다는 사실을 깊이 성찰해야 합니다. 이것은 닫힌 신학의 한계를 극복하고, 사회적 책임과 윤리의식을 회복하는 길입니다.

이제 새로운 시대를 맞고 있는 한국교회, 위기에 처해 있는 한국교회는 열린 신학의 큰 그릇에 뜨거운 예수의 영과 그리스도의 능력을 가득 담아내야 합니다. 역사적 예수(부활 이전 예수)에 대한 열린 신학으로 예수의 영성을 더욱 뜨겁게 체험해야 하고, 그리스도에 대한 열린 신학으로 그리스도(부활 이후 예수)의 영적 능력을 온몸과 마음으로 체험해야 합니다. 역사적 예수의 영은 참으로 역사적인 사회책임과 윤리의식을 권면해 줍니다.

앞으로 열린 신학, 곧 예수 신학의 도움을 받지 않는 교회는 스스로 문을 닫게 될지도 모릅니다. 닫힌 신학이나 신학 없음은 한국교회를 더욱 양적으로 위축시키고 질적으로 웃음거리로 전락시킬 것입니다. 역사적 예수(부활 이전의 예수)와 신앙의 그리스도(부활 이후의 예수)를 균형 있게 만나는 것이 중요합니다. 역사적 예수는 교리의 옷을 벗은 본래의 인물로서, 그의 삶과 말씀에서 사회적 책임과 윤리의식을 얻을 수 있습니다.

그러나 예수 닮기의 삶은 고통스럽고 외로운 길이기에, 이를 실천하기 위해 열린 신학을 통해 역사적 예수를 만나야 합니다. 신앙의 그리스도는 시공을 초월해 현존하는 영적 존재입니다. 역사적 예수를 닮는 고단한 여정에서 힘과 영적인 능력을 얻게 해주는 원천입니다.

교리의 두터운 옷을 입은 '그리스도'를 통해 간접으로 예수에 관해 들을 것이 아니라, 역사의 예수를 직접 만나면서, 그리스도의 영도 새롭게 직접 체험할 수 있어야 합니다. 그리하여 예수께서 이룩하시려고 했던 그 뜻을 오늘 여기 우리의 상황에서 재현해야 합니다. 교회가 중고품 교회가 되지 않기 위해서 열린 예수 신학이 요청되는 것입니다.

1980년대 이르러 미국을 중심으로 일군의 성서학자들이 역사적 예수를 진지하게, 투명하게, 정직하게, 용기 있게 찾기 시작했습니다. 그것은 개인적으로 탐구하는데 끝나지 않고 공동체적으로 체계 있게 탐구하고 있습니다. 이른바 예수 세미나(Jesus seminar)의 학자들이, 지난 2천 년간 두터운 교리의 옷을 입고 있던 '그리스도'에만 익숙해진 기독교 신자들로 하여금 교리의 옷을 벗고 있는 역사의 인물 예수를 만나게 해주고 있습니다.

그들의 연구가 정직한 만큼 또한 충격적이기도 합니다. 왜냐하면 복음서에 나타난 예수 말씀의 태반이 역사적 인물 예수께서 직접 하신 말씀이 아니라, 초대교회가 체험했던 부활의 예수, 곧 그리스도의 말씀임을 밝히고 있기 때문입니다. 이것은 닫힌 신학을 숭상하는 이들에게는 하나의 충격이 됩니다. 그러나 여기서 이와 더불어 우리는 초대 교회의 체험을 존중해야 합니다. 그들이 부활하신 예수의 현존을 체험했기에 그 체험의 빛 아래서 예수의 말씀과 삶을 새롭게 창작하기도 하고 해석하기도 했습니다. 비록 그 해석된 말씀이 역사적 예수의 말씀이 아니라 하더라도 그것은 개인과 사회, 인간과 역사를 크게 변혁시키는 힘으로 작용했기 때문입니다.

그렇다고 하더라도 역시 역사적 예수의 말씀과 삶을 찾아낼 수 있다면, 그것은 엄청난 감동의 원천이 될 것입니다. 부활 이전의 예수께서 하신 행적이나 말씀은 그것대로 인간과 역사, 개인과 사회 구조를 가장 바람직한 방향으로 변화시킬 힘이 될 것임은 틀림없다 하겠습니다. 예수의 메시지가 제시했던 올곧은 삶의 길은 '대안적 새길' 이었기에, 사람들이 많이 밟지 않은 길이기도 합니다. 그만큼, 그 길은 어렵고 외롭고, 괴로운 길이기도 합니다. 십자가를 지고 가는 길이기도 합니다. 그러나 그 길을 걸어가면서 공중의 나는 새를 보든지, 길옆의 백합화를 볼 때마다 하나님을 가깝게 느끼며 체험할 수 있습니다. 하나님을 직접 체험하는 기쁨, 그것이 곧 복음이지요. 하나님 나라의 특권입니다.

교리의 베일, 교권의 베일을 벗고 그리스도를 직접 쳐다보면서 그의 영광스러운 모습을 닮아 가는 것은 한 단계의 기쁨에서 다음 단계의 기쁨으로 향상하는 영적 삶입니다. 한 단계 한 단계 올라갈 때마다 새로운 예수, 새로운 그리스도를 만나게 됩니다. 그리하여 만날 때마다 그리스도는 마치 처음 만나는 애인처럼 신선한 느낌을 줍니다. 신학자 보그(Borg)가 고백했듯이 예수를 다시 만나면서도 처음 만나는 것으로 느끼게 됩니다.

이런 의미에서 새길공동체의 특징은 “깊은 신앙, 넓은 신학”에 있습니다. 역사적 예수를 만나게 해주는 신학, 곧 열린 예수 신학에 대해서 우리 공동체는 활짝 문을 열어야 할 것입니다. 열린 예수 신학의 튼튼한 그릇에 우리의 뜨거운 신앙을 담아내야 합니다. 그래야만 새길공동체는 새천년을 견딜 수 있고 겨자씨 나물처럼 자랄 수 있고, 누룩처럼 천천히, 그러나 아름답고 착실하게 개인과 구조를 변화시킬 수 있을 것입니다.

역사적 예수의 말씀과 삶에 대한 열린 신학적 이해는 우리를 예수에게 더 끌리게 할 것이며, 그리스도의 영성을 체험하는 것은 우리의 신앙을 더욱 깊게 해 줄 것입니다. 여기서 신학과 신앙은 서로 도와주면서 개인도 공동체도 함께 자라게 할 것입니다. 예수 닮기 여행에서 그리스도를 닮아 가는 것은 소망 중에 즐거워하는 일이요, 사랑의 나눔으로 공동체를 아름답게 자라게 하는 일입니다. ‘신학은 더 넓게, 신앙은 더 깊게’라는 고백이 ‘새길’을 비롯한 새로운 대안적 교회 공동체를 추구하는 모든 교회와 기독교인들의 화두가 되어야 할 까닭이 여기에 있다고 하겠습니다.

예수 따르미 공동체 – 온전한 사람 되기

새길교회는 본질적 차원에서 정체성의 추구를 계속했습니다. 그리고 그것을 ‘예수의 삶을 닮고 따르는 것’으로 생각하였습니다. 그것이야말로 열린 평신도 공동체가 추구해야 할 가장 소중한 가치라고 믿었기 때문입니다. 예수 닮기와 예수 따르기가 과연 우리 삶 속에서 어떻게 나타나야 하며, 우리 삶은 어떻게 변화되어야 하는가에 대해 진지하게 고민하게 되었습니다.

이런 맥락에서 역사적 예수의 말씀과 행적에 대해 새로운 관심을 쏟기 시작했고, 부활의 그리스도를 통해 예수 따르기가 요구하는 희생과 헌신을 감당해 낼 영적 힘을 얻고자 했습니다. 역사적 예수 탐구는 열린 마음, 창발적 발상, 정직한 용기를 요청합니다. 그러기에 열린 경건성, 열린 실천성을 강조하는 것이었습니다. 결국 '예수 따르미'의 삶이 새길교회의 핵심적인 정체성이라는 결론에 이르게 되었습니다.

이런 의미에서 '예수 따르미'의 삶은 피곤하고, 외롭고, 괴로운 삶일 수 있기에 그리스도의 능력을 더 사모하게 되는 것입니다. 예수 따르미의 삶을 살기 위해서 예수의 경이적인 선교적 행적에 주목해야 했습니다. 복음서의 기록을 통하여 우리는 예수님의 말씀과 행적에 접근하였고 또한 이를 통해 역사적 예수의 전복적(subversive)이고 대안적(alternative)인 삶에 더욱 가까이 다가갈 수 있었습니다.

요한복음 4장의 이야기를 통하여 성전 밖의 암울한 현장 가운데 하나였던 베데스다 연못을 찾아가서 병을 치료하셨던 예수님을 발견했습니다. 하나님의 마음은 성전 밖 북쪽에 위치했던 베데스다 연못가에 있었습니다. 그러기에 예수님은 그곳으로 발길을 옮겼습니다. 그곳에는 몸이 아픈 사람들(disease에 걸린 사람들)과 마음이 아픈 사람들(illness를 앓고 있는 사람들)이 모여 있었습니다. 그리고 가장 처참한 경쟁이 때때로 광풍처럼 휘몰아치면서 그 경쟁에서 패배한 처절한 인간들이 우글거리고 있었습니다. 힘없고 절망한 군상들의 찌든 모습으로 가득 찬 연못이었습니다. 그곳은 하나님 사랑의 기적이 일어나야 하는 곳이었습니다. 그곳으로 예수는 발걸음을 옮기셨습니다.

과연 오늘의 교회로 예수께서 발길을 옮기시겠습니까? 우리는 이 질문을 진지하게 우리 자신을 향해 던져야 합니다. 과연 오늘의 한국교회가 가장 절망적이고 힘없는 사람들을 향해 그 문을 활짝 열고 있는지를, 그리고 가장 절망한 사람들에게 희망의 불씨를 살려내고 있는지를 물어야 합니다. 그것은 아름다운 대안공동체의 참모습을 우리는 여기서 쉽게 알아낼 수 있기 때문입니다.

오늘의 교회들은 어떠합니까? 말로는 하늘을 쳐다보는 듯하지만 실제로는 이 땅에 어떻게 하면 더 큰 교회, 더 많은 교회, 더 부유한 교회를 세울까 염려하고 있거나 그것을 탐하지 않습니까? 그래서 우리는 '일어나 하늘을 우러러보는 대안 교회'를 세우려고 했습니다.

예수는 인간 존재를 수단으로 전락시키는 온갖 물적 토대로부터 인간을 해방시켜 사람다운 사람, 온전한 사람, 사람 냄새나는 인격적 존재로 우뚝 서게 하십니다. 과연 한국교회가 제도의 틀이라는 침상에서 벗어날 수 있습니까? 교회를 지탱시켜 준 제도와 금력, 그리고 이데올로기로서의 교리로부터 자유로울 수가 있습니까? 공동체 구성원 하나하나 모든 제도의 주인으로 인식하고 주인으로 행동할 때 비로소 아름다운 대안공동체가 될 수 있습니다. 그것이 새길교회의 역사적 선교과제입니다. 이 세상 여기저기에 있는 베데스다 연못가로 가서 그 절망과 고통의 땅을 희망과 기쁨의 마당으로 전환시켜야 합니다. 과연 한국교회는 그렇게 걸어가는 교회인가를 스스로 물어야 합니다. 과연 북한의 어린이를 향해 걸어가고 있습니까? 오늘 한국교회를 보면, 당당히 직립하기보다는 교주에게 계속 엎드려 있기를 즐기는 교회가 아닙니까? 또 엎드려 있으라고 강요하는 교주와 성직자의 교회가 아닙니까?

오늘 한국교회가 나라 안팎에 널려있는 오늘의 베데스다 연못을 향해 문을 활짝 열 뿐만 아니라 그곳을 향해 걸어 나가고 있는지 물어야 합니다. 걷기는커녕 오히려 제자리에 앉아 더 높은 바벨탑을 쌓고 있는 것은 아닙니까? 교회 울타리를 더 높이면서 교리의 담장도 더 두텁게 하지 않습니까? 바로 이 같은 물음으로부터 새길공동체는 시작되었고 지금도 새로운 도전을 받고 있어야 합니다. 과연 우리가 억울한 고통을 당하는 비인간화된 사람들을 위한 공동체는 될 수 있지만, 그들의 공동체를 만들 수 있는가를 정직하게 스스로에게 물어야 합니다.

새길공동체가 절망한 인간들을 위한 교회(church for the hopelessness)는 될 수 있지만, 그들의 교회(church of the hopelessness)가 될 수 있는지를 진지하고 정직하게 물어야 합니다. 새길공동체는 베데스다 연못을 향해 나아가는 그들을 위한 공동체가 되어야 합니다. 그러나 이제 우리는 '약한 이들을 위한 교회'를 넘어서 '약한 이들의 교회'가 되어야 합니다. 이것이 우리가 새삼 확인해야 할 우리의 정체성일 것입니다. '사람 냄새나는 공동체', '온전한 인간을 위한 공동체' 그리고 '인간의 공동체'가 되어야 합니다.

하나님 체험의 새길공동체

우리가 냉철하게 반성해야 할 교회가 맞고 있는 위기는 현상적 위기와 그에 따른 양적 쇠락이 아닙니다. 그것은 보다 본질적 위기입니다. 전통적 교리와 기독교 제도로부터 유배당한 현대 및 탈현대(post-modern) 상황에서 불가피하게 겪게 되는 질적 위기입니다.

전통적 유신론의 개념과 그 준거틀(frame of reference)이 먹혀들지 않는 상황에서 기독교와 교회가 겪게 되는 위기입니다. 참으로 양심적이고 용기 있는 성공회 감독 스퐁(Spong) 박사는 이 같은 질적 위기를 직시하고, 이것을 극복하기 위해서 기독교와 교회는 근본적으로 변화되어야 한다고 외치고 있습니다.

낯선 유배지에서, 그 뿌리 뽑힌 처절한 이방인의 땅에서, 그것도 전통적 유대 부족신의 무력함을 온몸으로 겪고 있는 상태에서 어찌 즐겁고 신나게 이스라엘 수호신의 노래를 부를 수 있겠습니까? 유대인들의 신, 곧 그들의 부족신(tribal God)의 죽음을 뼈저리게 체험했던 유배지 사람들은 불가피하게 새로운 방식으로 그들 생존의 새 길을 모색하지 않을 수 없었습니다. 이것이 유배지 체험의 한 원형이 되겠습니다.

그렇다면 근대와 현대에 와서 우리가 겪게 되는 유배지 상황은 어떠한 것입니까? 다시 말해, 성서의 세계관과 그 준거틀에서 끈질기게 우리를 추방시켜 온 근대적 경험은 어떤 것입니까? 성서에서 표현되는 하나님은 외부에 존재하는 막강한, 전지전능하신 분으로서, 밖으로부터 우리 속으로 개입하시는 신입니다(God as an external power and invasive deity). 침묵하는 외부신·초월신·초자연적 신을 넘어서는 일은 가능합니까?

여기서 우리는 성서 기자들이 비록 당시의 유신론적 관점에서 그들의 하나님 체험을 유신론적 언어로 표현했다고 하더라도, 그 하나님 체험 자체는 참으로 소중한 것임을 잊지 말아야 합니다. 우리는 우리의 상황, 유배지의 상황에서 그들의 하나님 체험을 '추체험(追體驗)' 해야 합니다.

우리의 존재 깊숙한 곳에 이미 와 계신 하나님의 현존을 새롭게 체험해야 합니다. 특히 예수님의 하나님 체험과 바울의 그리스도 체험이 너무나 소중하기에 비록 그 체험에 대한 언어적 표현이 낡은 유신론적 옷을 입고 있다고 하더라도, 오늘의 상황(post-modern)에서 우리는 그 체험을 다시 체험해야 합니다. 무엇보다 먼저 예수님의 하나님 체험의 뜻을 이 시대 우리의 상황에서 다시 한번 되새겨 볼 필요가 있습니다.

예수님은 유대인들의 전통적 부족신을 과감하게 해체하셨습니다. 온갖 부당한 장벽을 쌓아 올리는 유대주의식 하나님을 거부하셨습니다. 예수님에게 하나님은 사랑의 능력이었습니다. 그러기에 종족 간의 벽, 계급 간의 벽, 남녀 간의 벽, 종교 간의 벽을 예수는 허무셨습니다. 예수님의 하나님 체험이 얼마나 새로운 것이며 '과격한' 체험인지를 우리는 항상 새롭게 경탄하면서 깨달아야 합니다. 우리는 자신을 되돌아보면서 새로운 다짐으로 새 길을 더욱 올곧게 걸어가야 할 것입니다.

우리는 오늘 삶의 현장에서 더 정직하고 용기 있게 하나님을 체험해야 합니다. 예수님의 하나님 체험을 추체험해야 합니다. 그런데 왜 정직과 용기가 필요합니까? 그것은 낡은 교리로 무장한 기독교와 교회 제도가 정직과 용기를 끈질기게 방해하고 박해하기 때문입니다. 그리고 계속 벽을 쌓아 올리기 때문입니다.

1987년 새길공동체는 이 벽을 허물기 위해 태어났음을 잊지 말아야 합니다. 로빈슨(Robinson) 감독의 〈하나님에게 솔직히(Honest to God)〉 정신이 더욱 필요합니다. 펑크(Funk) 교수의 〈예수님에게 솔직히(Honest to Jesus)〉도 두려워하지 말아야 합니다.

하나님 체험을 뜨겁게 한다는 것은 하나님께서 우리 존재의 깊은 곳에 이미 와 계심을 뜻합니다. 전통적 유신론의 틀을 벗어날수록 하나님 체험은 더욱 직접적 체험이 됩니다. 하나님과 그리스도를 직접 체험하는 것은 또한 남을 사랑하기 위해 스스로 비우는 빈 공간에 하나님께서 직접 즐겨 찾아오신다는 것을 체험한다는 뜻입니다.

우리 존재의 중심이 사랑으로 비워있을 때, 바로 그 빈 곳에 항상 즐겁게 자리 잡고 계신 분이 우리의 하나님이시고, 예수의 하나님이십니다. 그러기에 하나님은 우리 존재의 근거요, 생명의 원천이십니다. 사랑이 작동할 때 존재와 생명은 더욱 확장되기 마련입니다. 하나님의 현존은 사랑 속에서 더 넓어지고 깊어집니다. 여기서 초월과 내재는 동전의 양면에 불과합니다.

하나님 체험과 그리스도 체험은 시간 속에서 영원을 체험하게 합니다. 그것은 황홀한 체험일 것입니다. 그런데 이 황홀함은 결코 탈-역사적인 환상이 아닙니다. 오히려 그 신비한 영원 체험은 역사 속에 버티고 있는 온갖 구조적, 잘못된 장벽들을 허물어내는 실천적 효과를 가져옵니다. 마치 예수님의 성령이 그렇게 했듯이 말입니다. 즉 하나님 체험은 한편으로 영원으로 잇대어주는 황홀한, 초월적 경험이 되면서 동시에 그것은 역사적 변혁으로 이어집니다. 이것이 열린 평신도 교회로서의 새길교회의 모습이 되어야 합니다.

우리는 시간 속에서 살면서도 영원으로 향해 나아가는 순례자의 길을 더욱 올곧게 걸어가야 합니다. 그러기 위해서 낡은 교리와 제도의 틀을 깨고, 직접 하나님과 예수님을 체험하고 그리스도의 부활을 체험해야 합니다. 이 체험을 통해 부당하게 갈라져서 병든 인간들과 집단들이 온전케 되어 하나님 나라의 삶이, 곧 존재와 생명이 사랑으로 확장되는 공동체의 삶이 이뤄질 것입니다.

우리가 새 길을 걸어가려면 바로 직접 하나님을 체험하고, 예수의 하나님 체험을 끊임없이 추체험해야 합니다. '예수 따르미'의 삶이란 다름 아니라 바로 이러한 삶이 아니겠습니까! 이런 삶을 산다면 낡은 유신론의 개념과 틀, 그리고 그것이 근거한 교리는 무의미해지고 말 것입니다.

그러한 삶은 하나님의 초월과 내재를 동시에 체험하게 하며 영원과 시간을 잇대어 살게 하며, 나아가 기도와 사랑, 실천을 항상 연결시키게 할 것입니다. 이것이 오늘의 유배지 같은 험악한 현실의 삶에서 더 아름답게, 더 보람 있게 사는 기독교인의 삶일 것입니다. 새길교회는 그러한 대안적 교회로서 한국교회에 이정표로 작동하고자 합니다.

한국교회의 나갈 길

왜 한국교회는 버림받고 있나

최근 한국개신교 신자들에 대한 여론 조사를 보면 한국개신교 신자들에 대한 세상의 인식과 평가가 대체로 부정적입니다. 개신교 신자들이 비 개신교 신자들보다 더 정직하다고 믿는 사람도 26%에 불과합니다. 다수의 국민들이 크리스천의 정직성에 대해 회의적입니다. 도대체 한국개신교에 관한 소금과 빛의 역할은 이미 증발되어 없어진 듯하며 한국 크리스천의 윤리성도 실종된 듯합니다. 한국개신교가 자기 나라에서는 불신과 모멸과 비판의 대상으로 전락하고 있다는 뜻이기도 하여 우리를 서글프게 만들고 있습니다.

'믿사오니'의 열정에 있어서 세계 둘째가라면 서러워할 한국 크리스천들이 예수의 삶을 '따름'에 있어서는 자국민들로부터 경멸을 받고 있는 것 같아 우리를 답답하게 합니다. 안타깝게 합니다. 어떻게 이 지경에 이르렀는지를 우리는 깊이깊이 자성해보아야 합니다.

“누구든지 나를 따라오려거든, 자기를 부인하고 자기 십자가를 지고 나를 따라오라”(마 16:24)는 이 명령은 모든 크리스천이 반드시 경청해야 하고, 실천해야 할 지엄한 말씀입니다. 그뿐만 아니라 이 명령은 크리스천의 정체성을 뚜렷하게 밝혀준 영원한 주님의 지침입니다. 예수 따르미들이 반드시 걸어가야 할 길을 제시한 예수의 확고한 지침입니다. 개신교든 천주교든, 서구 교회든 동방 교회든, 예수를 주님으로 고백하는 사람들은 반드시 이 말씀을 따라야 합니다. 그래야 비로소 진정한 크리스천이 될 수 있습니다.

이 명령이 지난 천 수백 년 간의 기독교 역사 속에서 조직적으로 왜곡되어 왔다는데 문제가 있습니다. 이 왜곡으로 인해 이른바 기독교인들은 크게 양산되었으나 진정한 예수 따르미들은 오히려 줄어들거나 심지어 때로 핍박을 받아온 것 같습니다. ‘믿사오니’를 외치는 예수 신자, 곧 예수 ‘믿으미’는 많아졌으나, 이 명령을 올곧게 따르는 예수 ‘따르미’는 적어진 듯합니다. 최근에 와서 예수 ‘믿으미’와 ‘따르미’ 간의 간격이 더욱 커진 듯하여 우리를 더욱 곤혹스럽게 하며 슬프게 해 줍니다.

이 같은 왜곡은 기독교가 제도화되면서 생겨난 것입니다. 예수 그리스도에 대한 신학화 작업이 진척되어 일정한 교리와 교조의 틀이 굳어지면서 예수 따르기는 힘들게 되었습니다. 예수는, 특히 역사적 예수는 증발되고 만 것 같습니다. 대신 그리스도에 대한 교리는 더 강조되었습니다. 기독교의 신앙은 예수 그리스도의 삶과 가르침을 따르는 실천적 결단이 아니라, 그분에 대한 교리의 절대 수용을 뜻하게 되었습니다.

기독교가 강력한 로마 제국의 국가 종교로 굳어진 뒤, 예수님의 그 명령은 더 변질되었습니다. 십자가를 앞세워 이교도를 박멸하려 했던 저 11세기 십자군 전쟁은 이 같은 왜곡의 극적 표상이라 하겠습니다. 십자군은 예수의 십자가 정신을 짓밟는 행위였음에도 불구하고 기독교 왕국(Christendom)은 그 뒤 십자가의 정신을 더 망각하면서 십자군 정신(Crusade mentality)만은 더 강화되었습니다. 서구의 세속적 제국주의 침략 뒤에도 이 같은 십자군(Crusade)식 발상이 뒷받침했다고 볼 수 있습니다. 비록 세속적 정치 운동이긴 하지만 히틀러의 세계 정복 야욕도 다분히 십자군적 발상에서 나온 것으로 볼 수 있습니다. 실제로 나치의 상징인 스와스티카(Swastika)는 십자가의 변형이었습니다.

이 같은 왜곡을 바로잡고, '예수 따르미'의 본질을 올곧게 확인하기 위해서는 '나를 따르라'는 명령의 의미를 우리의 국내외 상황에서 다시 적절하게 해석해야 합니다. 우리가 정말 말로만 요란하게 '믿사오니'를 외치는 데 그치지 않고 예수를 조용히 그러나 착실히 따르려면, 예수님의 명령의 뜻을 새롭게 그리고 올곧게 되새겨야 합니다. 예수를 따르는 첫째 요건은 자기를 부인하는 결단과 행위입니다.

자기 부인은 곧 자기 비움을 뜻합니다. 자기 비움이란 내 속에 가득차 있는 온갖 탐욕을 비워내는 일입니다. 남을 지배하고 싶은 욕망, 남보다 더 많은 것을 소유하고 싶은 욕구를 먼저 비워내야 합니다. 자기의 비움은 비움 그 자체로 끝나는 것이 아니라, 자기 비움은 남의 채움으로 이어져야 합니다. 자기의 탐욕을 비워내되, 남에게는 좋은 것으로 가득 채워 주는 것, 이것이 자기 비움의 참뜻입니다.

나를 철저히 비워 남을 가득히 좋은 가치로 채워 주는 이 행위는 나에게 뜻밖의 큰 선물을 안겨다 줍니다. 그것은 새로운 나의 발견입니다. 곧 비워진 나 자신이 새로운 자신으로 채워진다는 뜻입니다. 나는 더 아름다운, 새로운 존재로 거듭나는 것입니다. 이른바 '참나'가 나와 남 사이에 생긴 새로운 관계(하나님 나라의 관계) 속에서 나타나게 됩니다.

예수 따르미는 자기 십자가를 지고 가야 합니다. 예수 당시의 십자가 처형은 인간이 고안해 낸 가장 잔인한 처형이었음을 잊지 말아야 합니다. 바로 그 사형틀에 주님께서 달려 돌아가셨습니다. 십자가를 지라는 뜻은 자기를 부인함에 있어 가장 잔인한 육체적·정신적 고통을 겪을 각오를 하라는 뜻입니다. 그러기에 예수 따르기란 정말 여간 어려운 일이 아닙니다.

억울한 고통과 극심한 수치심을 이겨내는 것, 특히 예수로부터 세속적 메시아를 기대했던 많은 사람의 값싼 기대와 소망을 과감하게 좌절시키는 아픔을 이겨내는 것, 이것이 십자가를 지는 뜻입니다. 세상 사람들의 강렬한 값싼 기대를 저버리는 용기는 곧 자기부정의 용기입니다. 십자가를 지고 나를 따르라는 명령에서 우리가 또 주목해야 할 진리는 십자가를 '진다'는 데서 찾을 수 있습니다. 십자가는 지는 것입니다. 그것은 지고 가는 것이지 앞세워 가는 것이 아닙니다.

여기서 예수 따르미들은 십자가 지기와 십자가 앞세우기 간의 차이를 뚜렷하게 깨달아야 합니다. 십자가 앞세우기는 십자가를 이용하여 자기 탐욕을 채우는 일로 나아가는 것입니다. 사사롭게는 십자가를 개인의 부(富)를 가져다주는 종교적 부적으로 남용할 수 있고, 보석으로 만들어 자기 신분의 상승을 과시할 수도 있습니다. 여기에는 십자가를 플러스(+)의 부적으로 보는 생각이 깔려있는 것입니다.

이것은 예수 십자가 지기와는 근본적으로 다른 차원의 행태입니다. 더 정확히 말하자면, 그것은 '예수 십자가 지기'를 오히려 지워버리는 반(反)예수적 행위라 하겠습니다. 오늘 개신교 신자들이 세상으로부터 좋은 평가를 받지 못하거나 심지어 경멸을 받게 되는 데는 그만한 까닭이 있습니다. 그 까닭 중의 하나가 십자가를 지고 가라는 예수의 명령을 개신교도들이 십자가를 앞세워 가라는 명령으로 오해했거나 왜곡시켜 왔기 때문입니다.

골고다의 수치와 고통, 그 억울한 죽음, 그 허무한 패배의 죽음을 이해하지 못하는 '예수 믿으미'들은 진정한 '예수 따르미'가 아니라 '사탄 따르미'가 될 위험성을 안고 있습니다. 주님은 바로 이 점을 깨우쳐 주셨습니다. 광야에서 예수를 유혹했던 사탄은 결단코 십자가를 지지 않습니다. 그것은 십자가를 이용하고 악용하며 남을 비워 자기를 채우는 이기적 존재입니다.

남에게는 절망, 고통, 비겁함으로 가득 채워 주면서 자기에게는 쾌락과 특권으로 가득 채우는 것이 바로 사탄의 특기입니다. 마치 나치가 했듯이 말입니다. 예수님의 고난과 패배의 참뜻을 깨닫지 못하고, 예수께서 극구 승리의 큰길로 내닫기를 원했던 베드로의 얼굴은 광야에서 예수를 유혹했던 사탄의 얼굴이었습니다. 그래서 주님은 '사탄아 물러가라'고 꾸짖으셨던 것입니다.

만일 오늘 한국 개신교도(예수 믿으미)들이 자기들에 대한 세상의 비판을 겸손히 받아들이지 않고, 앞으로 더욱더 '믿사오니'를 소리 높이 외치면서 십자가를 앞세워 자기 집단 확장에만 열을 올린다면, 이제는 영의 귀를 활짝 열어 예수 믿으미에게 벼락처럼 꾸짖는 주님의 육성 곧 "사탄아 물러가라 너희들은 나를 넘어지게 하는 자로다"라는 음성을 들을 수 있어야 합니다. 큰 교회들이 십자가를 앞세워 불투명한 교회 운영에 더욱 열중하고 십자가를 앞세워 자식에게 세습시키면서 예수를 오히려 내쫓는 짓에 더욱 심취하는 듯하여 매우 곤혹스럽습니다.

예수의 첫 이적, '물을 포도주로'가 한국교회에 말하다

예수께서 독자적 메시아 길을 걷기 위해 새롭게 제자들을 얻으시고 모친 마리아와 함께 갈릴리 가나 마을에서 첫 표적을 행하셨습니다. 왜 첫 표적을 보잘것없는 가나 혼인잔치에서 조용하게 일으키셨습니까? 하필이면 포도주를 만드는 표적을 행하셨습니까? 무엇이 그 표적을 가능케 했으며 이 사건이 오늘 우리에게 무슨 의미를 주는 것일까요?

우리는 가나 혼인 잔치 공동체가 직면하고 있는 위기에 주목해야 합니다. 빈곤과 중노동에 시달렸던 당시의 유대인들에게 한 주일 간의 혼인잔치는 생의 최고 순간들이었습니다. 일생에 가장 뜻있는 공동체 형성의 순간입니다. 그런데 이러한 기쁨의 마당에 잔치의 필수품이요, 공동체에 환희를 갖다주는 포도주가 바닥납니다.

혼인잔치의 절정을 눈앞에 두고 반(反) 절정의 위기가 닥칠 것을 누구보다 마리아가 먼저 알아차립니다. 예수의 어머니 마리아는 위기를 가장 먼저 알아차릴 뿐 아니라 그 해결의 열쇠가 예수에게 있음을 확신합니다. 위기에 직면해서 그 위기를 돌파한 아이디어를 생각해 낸 사람은 남자 제자들이 아닌 여성이었습니다. 그녀에게는 결핍과 부족이라는 불리한 조건이 오히려 은총의 계기가 될 수 있는 것으로 보였습니다. 우리는 예수 운동의 초기에서부터 여성의 역할이 컸음을 볼 수 있습니다.

우리는 또한 위기 대처 방식에 주목합니다. 먼저 마리아는 예수에 대한 전폭적인 신앙으로 공동체의 위기를 극복할 수 있다고 믿었습니다. 그래서 이렇게 말합니다. “무슨 말씀을 하시든지 그대로 하라” 예수는 종교적 용도로 물을 담는 항아리가 빈 것을 보시고, 여기에 새롭게 새 물로 채우고 그것을 연회장에게 갖다주라고 권합니다. 새로 차게 된 항아리 물은 이제 종교적 정결예식을 위한 물이 아니었습니다. 그 물은 더 이상 자기들의 종교적 순수성과 고결함을 보여주기 위해 있는 물이 아니었습니다.

그것은 남을 위해 사용되어야 할 물, 아니 포도주로 변할 물이었습니다. 종교적 정결과 순수성을 표현하기 위한 물이 아니라 와해위기에 빠진 공동체를 위한 귀중한 필수품으로 변화됩니다. 오늘도 주님은 덩치 크고 살찐 부잣집 창고 같은 한국교회를 향해 “퍼서 남을 위해 갖다주라” 권고하십니다. 이러한 예수의 권고에 귀 기울일 수 있습니까?

한 가지 더 주목할 것은 마리아의 믿음 못지않은 하인들의 아름다운 믿음이었습니다. 그들은 위험부담을 안고서 예수와 마리아의 권고에 귀 기울이고 순종했습니다. 이들의 행위가 없었다면 물이 포도주로 변화되는 질적 변화의 기적은 불가능했을 것입니다. 한국교회는 이러한 하인들의 믿음의 행위를 계속해 나갈 수 있습니까?

이 기적을 통하여 우리는 예수 공동체의 본질에 주목해야 할 것입니다. 이 잔치 공동체에서 물이 포도주로 변한 것의 뜻은 싱겁고 맹숭맹숭한 것이 뜨거운 사랑과 기쁨의 관계로 변화된다는 뜻이 아니겠습니까. 자신과 주위 환경을 질적 그리고 근본적으로 변화시킨다는 의미가 아니겠습니까. 예수 공동체는 세상 공동체와 달리 처음에는 좋은 것으로 미끼 삼아 흘렸다가 나중에 나쁜 것으로 대하는 것이 아니라, 갈수록 더 큰 기쁨과 더 큰 평화와 더 큰 정의로 채워주는 공동체입니다.

오늘의 대교회주의자들과 달리 하찮은 가나 동네 혼인잔치에서 조용히 표적을 보여 주시면서 공동체의 참모습을 보여 주신 예수는 오늘도 한국교회를 향해 '새 길과 새 공동체를 주 안에서 이룩하기 위해서'는 '너희들 자신을 위한 항아리 물을 비우고, 새로운 물로 채우라. 그리고 그것을 사랑과 믿음으로 변화시켜 남을 위해 퍼 주라. 너 자신과 너희 공동체와 너의 역사를 함께 참 평화와 정의를 위해서 변화시키라'고 권고하고 계십니다.

과연 한국교회는 이러한 예수의 권고에 귀 기울이고 순종하며 실천할 수 있겠습니까? 여기에 한국교회 위기 극복의 참 열쇠가 있음을 기억해야 합니다.

예수 따르미의 길

고통을 함께 나누며 달리기(동고주[同苦走])

우리는 적어도 일주일에 한 번은 교회 공동체에 나와 예배드리면서 그간의 어리석음과 잘못된 것과 부족함을 고백하여 왔습니다. 예수 그리스도를 통한 하나님의 은총으로 용서함을 받았다고 믿으면서도 세상에서는 예전과 별 다름이 없는 비슷한 양태의 삶을 살아왔습니다.

기독교인으로서 마치 다람쥐 쳇바퀴 돌 듯하는 제자리걸음의 신앙생활을 해왔다고 말해도 큰 무리는 아닐 것입니다.

왜 이렇게 되었을까요? 여러 가지 이유가 있겠습니다만, 우리들의 통상적 신앙이 근본적으로 잘못된 우리의 교리적 인식에 근거하고 있기 때문인지, 아닌지를 한 번 깊이 반성해 볼 필요가 있습니다.

우리 개신교도들이 그토록 자랑스럽게 여기고 있는 '은총만으로'와 '믿음만으로' 구원 얻는다는 교리에 대한 우리의 안일한 인식을 구도자적 노력, 또는 구도자적 실천의 문제와 연결시켜 성찰해 보아야 한다고 강조하고 싶습니다. 일주일 내내 세상에서 다른 사람들과 마찬가지로, 탐욕·독선·이기심·경쟁·출세·안일의 삶을 추구하다가 일주일에 하루 교회에 나와 십자가 보혈의 은총으로 죄 사함 받게 된다는 믿음, 바로 그것이 신앙의 제자리걸음을 하게 하는 한 가지 이유가 아닌지 생각합니다.

과연 십자가의 '피 공로'로 구원받았다는 확신만으로, '예수 따르미'들에게 저절로 성숙한 신앙의 삶이 보장되는 것일까요?

한국 기독교인들의 신앙은 대체로 독실하고 뜨겁다고 알려졌습니다. 이런 특성 때문에 한국교회가 세계에서 가장 급속히 성장하게 되었다고 합니다. 그런데 한국 기독교인들은 그 신앙이 영적인 뜨거움을 지니고 있지만, 그들의 구체적 삶은 세상의 빛이나 세상의 소금 역할을 제대로 해내지 못한 것도 사실입니다. 대형 교회일수록 교회 운영은 불투명하고 비민주적일 가능성이 더 큰 것 같습니다. 방언, 치유, 축사(귀신 쫓는 일)에는 열성인데 사랑 실천(자기 비움)과 평화 구현에는 왜 그렇게 냉담한 모습을 보이는 것일까요? 이런 현상, 곧 신앙과 삶 사이의 분리 때문에 한국 기독교는 새로운 위기 국면으로 들어가고 있는 것 같습니다.

최초의 예수 그리스도 따르미들 가운데 가장 출중한 예수 따르미는 바로 사도 바울일 것입니다. 그는 제도 기독교를 창시한 장본인이기도 합니다. 그의 삶과 말씀은 오늘 우리의 상황에서 우리에게 적절한 지침을 제공하고 있습니다. 먼저 그 삶의 궤적을 잠시 살펴볼 필요가 있습니다. 바울의 초기 삶은 '예수 따르미 죽이기'의 삶이었습니다. 어느 날 그는 다메섹 지역의 예수 따르미들을 체포하러 가는 도중에 부활한 예수를 만납니다. 그리고 그 사건으로 인하여 그는 새 사람으로 거듭납니다. 그의 사고방식은 근본적인 변화를 겪게 되었고, 행동도 완전히 달라졌습니다. 그가 그토록 경멸하고 증오했던 예수를 이제는 구세주로, 메시아로 높이 받들게 되었고, 그의 부활을 도무지 이해할 수 없었던 그리스·로마 세계 속에서 그 부활의 깊은 뜻을 용기 있게 해석하고 증언하는 일에 앞장섰습니다. 그래서 당시 지식인들이나 권력자들은 그의 그러한 행동을 미친 짓으로 여겼습니다(행 26:24).*

그의 새로운 행동과 실천은 그로 하여금 말할 수 없는 고통스러운 삶이었습니다. 그 자신의 증언에 따르면 정말 보통 사람으로서는 견디기 어려운 고난의 삶을 직접 겪었습니다(고후 11:23~27). 사도 바울의 고난은 한마디로 그의 새로운 신앙의 결단에서 비롯된 것입니다. 예수와 만남은 그의 삶을 완전히 변화시켰습니다. 그리고 그 변화는 구체적 삶의 변화로 이어지면서 한 단계 한 단계 향상하는 삶으로 나아가게 되었습니다. 사도 바울의 고난에 찬 구도자적 삶, 곧 수행의 삶이 시작

---

* 사도행전 26장 24절: "바울이 이렇게 변명하니, 베스도가 큰소리로 '바울아, 네가 미쳤구나. 네 많은 학문이 너를 미치게 하였구나' 하고 말하였다."

되었습니다. 그는 자신의 삶을, 곧 모든 예수 따르미의 삶을 푯대를 향해 열심히 달리는 자의 삶으로 비유했습니다.

바울처럼 '예수 따르미'의 삶은 경주자의 삶입니다. 경주자의 삶은 겸손함과 비우는 삶을 요구합니다. 종교적 교만과 독선은 구도자로서 그리고 경주자로서 '예수 따르미'가 결코 빠져서는 안 될 함정입니다. 오늘 한국교회는 과연 '예수 따르미'로서 종교적 교만과 독선에 빠지지 않으면서 경주자로서의 삶을 보여주고 있는지 묻지 않을 수 없습니다.

경주로서 '예수 따르미'의 삶을 살아가는 사람은 주체적 신앙으로 살아가야 합니다. 하나님과 그리고 예수님과 만남의 체험을 자기 것으로 만들어야 합니다. 믿는 이들은 예수님에 의해 체포당했던 체험(apprehended)을 자기 것으로 만들기 위해 그것을 자기가 잡아야(apprehend) 합니다. 이것이 바로 구도자의 자세입니다. 이것이 바로 신앙 경주자의 올바른 주체적 모습입니다.

오늘 한국교회는 주체적 신앙의 모습으로 한국 역사의 현장에서 예수 따르미로서의 삶을 살아가고 있는지를 진지하게 물어야 합니다. 서양의 선교 신학, 특히 미국의 패권주의적 선교의 모습을 답습하면서 한국 민주주의 역사 현장과는 동떨어진 신앙의 모습을 보이고 있는 것은 아닌가 진지하게 돌아봐야 합니다.

신학도 마찬가지입니다. 서구 신학을 반복하면서 그리고 서구 신학자들에 대하여 언급하면서 정작 한반도의 중요한 종교적 전통에 관해서는 관심도 기울이지 않는 모습은 참으로 개탄스럽지 않을 수 없습니다. 그러한 비주체적인 신앙과 신학은 한국기독교가 점차 민족 역사의 현장과 민중 삶의 현장으로부터 외면당하게 만들 것입니다.

한국교회는 한국 역사와 사회와 민중 사이에서 '예수 따르미'의 구체적인 모습을 어떻게 보여 줄 것입니까? 이것이 위기에 처해 있는 한국교회가 감당해야 할 역사적 그리고 선교 목회적 과제입니다.

경주자로서의 '예수 따르미'는 꾸준히 달려야 합니다. 세속적 달리기 또는 운동경기에서 달리기는 '빠르게 달리기(속주[速走])'가 제일 중요합니다. 구도자로서의 '예수 따르미'에게 속주가 오히려 심각한 장애나 유혹이 된다는 진실을 잊어서는 안 됩니다. '빠르게 달리기' 신앙은 값싼 출세주의를 잉태하게 됩니다. 예수 그리스도를 푯대 삼아 달려가는 경주자에게는 이 같은 속도 숭배가 오히려 유혹이 될 뿐입니다. 구도자로서 달리는 자는 달리는 길 곳곳에서 탈락되어 신음하는 사람들을 만나게 되면 그들을 돌보면서 앞으로 나아가야 합니다. 그래서 '빠르게 달리기'를 해서는 안 됩니다.

사실 달리면서도 남을 나보다 더 낫게 여긴다면 특히 예수를 바라보며 달릴 때 그러하다면, 과연 우리가 예수 따르미로서 남들보다 중단 없이 앞서 뛸 수 있겠습니까. 예수 따르미의 달리기가 세속 경주와 본질적으로 다른 것은 그것이 속주나 독주(獨走)의 논리를 따르는 것이 아니라, 다른 사람들의 길벗이 되어 함께 뛰는 동주(同走)의 정신 또는 함께 아파하며 희망과 용기를 주면서 뛰는 동고주(同苦走)의 정신을 따르는 것이 아니겠습니까! 바로 이 동고주가 예수 따르미의 경주 모형 곧 모범적 경주의 아름다운 모습이 아니겠습니까!

오늘 한국교회는 한국 민중들의 눈에 어떤 모습으로 비쳐지고 있는 것일까요? 영생을 얻기 위해서 천국에 들어가기 위해 '빨리 달리는' 속주의 모습으로? 혹은 혼자 달리는 독주의 모습으로? 오늘 한국교회는 신앙 달리기가 예수와 '더불어' 예수를 '향해' 달려가는 구도자의 삶임을 새삼 깨닫는 달리기, 공통을 함께 하며 달리는, 아니 걸어 가는 동고주(同苦走)임을 깊이 성찰해야 합니다.

그래서 길 되시고 진리 되시고 생명 되시는 우리 주 예수를 바라보며 우리의 길벗 되시는 주님과 함께 진리의 길을 달려가는 교회의 모습을 보여야 합니다. 예수는 구도자에게 올곧은 길 곧 진리의 길도 되시지만 그 길을 힘겹게 우리가 달려가다가 도중에 기진하여 쓰러질 때 바로 우리 곁에 계셔서 우리의 손을 잡고 '함께 달리'(동주[同走])시며 '고통을 함께하며 달리는'(동고주[同苦走]) 우리의 길벗임을 감사하며 그 모습을 세상을 향해 보여줘야 할 것입니다.

예수 따르미의 믿음은 계속 자라야 합니다. 그 자람은 선한 사마리아 사람 같은 구도자의 주체적 달림에서만 가능합니다. 그 달림에서 우리 예수 따르미들은 결코 속주의 유혹에 빠져서는 안 됩니다. 지극히 작은 자들과 함께 아파하면서 천천히 달리는 동고주의 모범을 보여줄 때 비로소 한국교회는 신뢰를 회복하는 출발점에 서게 될 것입니다. 한국교회에 간곡하게 호소합니다. 동고주의 예수 따르미가 됩시다.

제대로 아는 신앙의 길

성서 속에서 주님을 만나면 언제나 그곳에는 감동의 향기를 맡을 수 있고, 감동의 파장을 느끼게 됩니다. 그곳에서 제자들의 모습을 보게 되면, 우리의 어리석고 못난 모습을 보게 되어 또한 깨닫는 바가 큽니다.

예수는 죽음이 임박했는데, 미몽 상태에 있는 제자들을 깨우쳐야 하는 외로운 상황에 처해 있었습니다. 그러던 어느 날 제자 중 가장 가까운 두 제자의 당당하고 오만하기까지 한 질문 공세를 받게 되었습니다. 제자들은 "예수가 집권에 성공하여 영광을 받게 되면 가장 높은 두 자리를 자기들에게 달라"고 합니다. 이런 요청을 받으신 주님께서는 그들의 천박함을 나무라지 아니하시고 예수님답게 차분하게 대답하십니다.

"너희는 너희가 구하는 것이 무엇인지 모른다"고 답하십니다. 그것은 제자들의 무식함 또는 지식의 양이 적음을 지적하신 것이 아닙니다. 문제의 핵심을 보지 못함을 깨우치신 것입니다. 메시아는 고난과 죽음을 향해가면서 마침내 부활 승리하는 분이지, 당장 권력을 잡는 그러한 지도자가 아님을 깨우치신 것입니다. 메시아에게서 정치적·사회적 영광과 특권을 바랐던 제자들을 깨닫게 하신 것입니다. 우리는 어떻습니까? 종교에서 신앙에서 무엇을 바랍니까? 예수를 믿는 것을 통해서 도대체 우리는 무엇을 바라고 있습니까?

제자들은 결국 예수가 체포될 때 모두 달아났습니다. 어리석은 야고보와 요한의 행동에서 우리 자신을 발견합니다. 현대인들은 모두 지식에 있어 남 못지않습니다. 특히 한국 교인들은 모두 지식인으로서 교리에도 박식하고 신앙과 관련된 서적도 많이 읽어 유식합니다.

그런데 우리가 과연 복음의 핵심을 바로 알고 있습니까? 우리가 잘못 알고 있는 복음의 지식은 무엇입니까? 어쩌면 이 부분에 있어서 한국교회의 가르침이 실패하고 있는 것은 아닌가 하는 강한 의문을 갖게 됩니다. 한국교회는 과연 복음의 핵심적인 내용을 확실하게 가르치고 또 그것의 실천을 독려하고 있는 것일까요?

‘하면 된다’의 복음과 흉음

한국교회의 잘못된 가르침 가운데 가장 핵심적인 것은 복음을 ‘적극적 사고’로 도치시켰다는 것입니다. 한국 근대사의 표현으로 하면, ‘하면 된다’로 묘사될 수 있습니다. ‘하면 된다’는 참으로 천박하고 탐욕스러운 적극적 사고입니다. 그로부터 발생하는 행동이 얼마나 한국 근대사를 어둡고 힘들게 했습니까?

1970년대 유신시대의 ‘하면 된다’는 구호는 숱한 백성들을 감옥으로 보내기도 했고, 겉으로 보기에는 화려한 건설사업을 이룩했으나 그 내실이 얼마나 허술했던가를 그 후 발생한 여러 참사를 통해 우리는 확실하게 볼 수 있었습니다.

오래전 지존파 두목 김기환이 했던 넋두리가 우리를 슬프게 합니다. 그는 “하면 된다는 식의 정치 철학을 바탕으로 정권을 불법 탈취한 전직 대통령은 무죄인데, 같은 신념으로 몇 사람을 죽게 한 나는 왜 유죄냐?”는 식의 항변을 내뱉었습니다. 이러한 상황에서 성서는 우리에게 어떤 메시지를 주고 있습니까?

물론 성서는 공익을 위해서는 적극적 사고와 행동을 항상 권고하고 있습니다. 남에게 희망을 주는 일에는 쉼 없이 적극 나서야 합니다. 믿음은 희망의 실상(히 11장)입니다. 참된 믿음은 모든 사람이 올곧게 바라는 바를 구현시키는 힘입니다. 특히 절망한 사람들에게 희망의 구현을 안겨다 주는 힘입니다. 적극적 생각, 과감한 행동이 필요합니다.

나는 남아프리카의 만델라 대통령 취임식에 참석했던 경험이 있습니다. 만델라가 27년간 옥고를 견디면서 온 국민과 인류가 바라던 꿈을 구체화시키는 감동의 장면을 지켜보면서, 저것이 바로 믿음의 현주소임을 몸으로 느꼈습니다. 그의 적극적 믿음의 열매를 본 것입니다.

또한 성서는 억울하게 무거운 짐을 지고 있는 사람들의 짐을 덜어 주도록 적극적으로 행동할 것을 권고합니다. 적극적으로 짐을 진 사람들의 그 아픔을 나누어 갖도록 권장합니다. 함께 아파하고(compassion) 함께 떡을 나누고(companion) 함께 힘을 나누는 일(comfort)에 적극적으로 나서도록 주님은 격려하십니다. 선한 사마리아인처럼 "너희도 그렇게 하라"고 적극 명령하십니다. 이같이 나누는 일에 적극적으로 행동하라고 권합니다.

그뿐만 아닙니다. 성서는 이기적 자아를 억제하는 일에 적극적으로 나서도록 권고합니다. 십자가를 진다는 것은 자기를 부인하고 이겨낸다는 뜻입니다. 십자가에 달아야 하는 일차 대상은 자기의 탐욕·위선·독선·교만입니다. 이 일에 적극 나서야 합니다. 우리가 만일 자랑할 것이 있다면, 자기를 남들 앞에 내세울 일이 있다면, 그것도 적극적으로 내세울 일이 있다면 그것은 자기의 약함을, 못났음을 자랑해야 할 것입니다(고후 12:7~10). 이렇게 성서는 적극적으로 하면 되는 일, '하면 된다'의 적극적 사고방식을 가르쳐 주고 있기도 합니다.

그럼에도 우리는 '하면 된다'의 적극적 사고방식이 주는 흉측한 소리(흉음[凶音])의 위험성에 더 주목해야 합니다. 잘못된 적극적 사고와 행동은 부당한 권력과 재력을 가진 자들의 자기 합리화에서 나온 것임을 잊지 말아야 합니다. 그들의 편법적 행위와 범죄적 결정은 모두 '하면 된다'의 이기적 미신(迷信)에서 나온 것입니다. 오늘의 거대한 문화유적으로 남아 있는 피라미드, 만리장성 등의 큰 공사도 따지고 보면 민초들의 땀과 피를 짜서 얻어낸 '하면 된다'의 결과이기도 합니다. 이 공사들로 억울하게 죽은 백성들의 한소리를 우리는 잊지 말아야 합니다. 대체로 이기적 탐욕에서 오는 '하면 된다'는 가치관은 나쁜 일도 철저하게 하면 된다는 잘못된 신념에 불과합니다. 반란도 철저히 진행시켜 성공시키면 된다는 식으로 발전하게 됩니다.

우리는 '하면 된다'의 흉측한 소리(흉음[凶音])에 대한 예수님의 단호한 'No'를 배워야 합니다. '하면 된다'의 유혹을 과감하게 물리치신 주님을 바라보아야 합니다. 돌을 떡으로 만들어 민족의 지도자가 될 수 있다는 꼬임, 마귀에 순종하여 천하 대권을 손에 넣을 수 있다는 유혹, 마귀에 순복하여 불사(不死)하는 카리스마 존재가 될 수 있다는 유혹에 대해 주님은 단호하게 '안 돼'를 선포하셨습니다. 주님은 골고다의 험한 길을 선택하신 것입니다.

주님께서는 하면 된다는 신념을 분명하게 심어 주셨습니다. 본문에 부자는 그 재산을 공익사업을 위해 내어놓을 수가 있습니다. 가난한 사람들, 억울하고 가난하게 살 수밖에 없는 민초들을 위해, 부자는 자기의 소유를 처분하는 일에 '하면 된다'는 신념을 작동시킬 수 있습니다. 그런데도 이 부자는 그것을 할 수 없다고 믿어 근심에 찬 얼굴로 돌아갔습니다.

이기적인 사람들이 할 수 없다는 것을 이타적(利他的)인 존재는 할 수 있음을 주님은 깨우쳐 주신 것입니다. 하나님은 '남을 위한 존재'입니다. 하나님은 낙타가 바늘귀에 들어가게 하실 수 있습니다. '할 수 있다'는 신념의 중심이 이기적일 때는 불가능하나 이타적일 때는 가능합니다.

이것이 복음입니다. 이 복음은 혼자 감당하기 어려운 명령입니다. 믿음·소망·사랑의 공동체는 감당해 낼 수 있습니다. 이 같은 공동체가 필요한 사람이 바로 여기에 있습니다. 진정한, 올바른, 그리고 제대로 아는 '하면 된다'는 복음의 구현을 통해 하나님의 나라가 확장되어야 할 것입니다. 한국교회는 지식의 양을 자랑할 것이 아니라 성서가 가르쳐 주고 있는 올바른 믿음의 내용, 제대로 알고 믿는 믿음의 모습을 보여주어야 합니다. 이것이 한국교회가 나아가야 할 길이고 살길임을 간곡히 호소합니다.

사회적 신앙의 길

누가 나의 자매형제인가?

예수님 선교 행위의 파격성은 당시 지배 세력에게는 하나의 도전으로 인식되었습니다. 그들은 예수님을 정신이상자나 반체제인물처럼 짐짓 부각시켰고 예수님을 마귀대장이나 미친 사람으로 몰아붙이는 유언비어를 널리 퍼뜨리기도 했습니다. 예수님의 가족들은 이 소문을 듣고 걱정이 되어 예수님을 붙잡으려 선교 현장에 찾아옵니다. 가족이 찾아왔다는 전갈을 받으시고 예수님은 놀라운 질문을 던지십니다. "누가 내 어머니이며 내 자매형제인가?"

때때로 가족이라는 혈연 공동체는 피보다 고귀한 원칙을 무시하게 하는 강한 힘이 되기도 합니다. "누가 내 자매형제인가?"라는 질문은 너무나 평범하고 고루한 질문같이 보입니다. 이 질문을 통하여 예수는 모든 사람이 당연하게 맹목적으로 받아들이는 것을 근본적으로 다시 성찰해 보고 그것을 뒤집어 놓으십니다. 특히 상식구조가 억압구조가 되었을 때 더욱 그러하셨습니다.

이 질문을 하신 이후 예수의 말은 더 충격적입니다. "하나님의 뜻을 행하는 사람이 내 형제요 자매요 어머니입니다." 이 선포는 폭탄선언입니다. 여기에서 우리는 혈연, 지연, 이념, 금력에 근거한 공동체가 참다운, 알찬 공동체가 아니라 빈껍데기 공동체일 수 있음을 발견합니다.

예수의 선언을 통하여 예수 공동체는 '피보다 더 진한 것, 땅보다 더 튼튼한 것, 돈보다 더 값진 것, 이념보다 더 감동적인 것 위에 세워진 것'임을 보게 됩니다. 비로소 우리는 예수 공동체가 피의 특수주의, 땅의 특수주의, 돈과 이념의 특수주의를 초월하는 실제적인 열린 섬김의 공동체가 되어야 함을 실감합니다.

그러면 내 이웃이 누구입니까

어느 날, 율법교사가 예수를 찾아와 음흉하고 사특한 동기를 숨기고 신학적이고 종교적인 질문을 던졌습니다. 어떻게 해야 영생을 얻을 수 있느냐고 도전적으로 질문했습니다. 이 도전에 예수님은 정중하게, 설득력 있게 대응했습니다. 예수가 그에게 한 답변은 가장 중요한 것은 해석이 아니라 '실천'임을 깨우쳐 주셨습니다. 신학과 철학이 지금까지는 세상 규범과 현상을 해석하는 일을 중요 임무로 여겼으나, 이제부터는 그런 해석보다 규범과 진리를 몸소 실천하는 것이 가장 중요하다고 깨우쳐 주신 것입니다.

율법교사는 다시 예수에게 도전합니다. "하나님 사랑과 이웃 사랑 실천으로 영생을 얻게 된다면, 도대체 유대인인 내가 사랑할 이웃은 누구냐?" 하는 질문이었습니다. 율법교사는 율법의 핵심이 '하나님 사랑과 이웃 사랑'이라고 알고 있습니다. 문제는 이웃에 대한 규정으로 이웃의 범위가 어디까지인가입니다. "그러면 내 이웃이 누구입니까"라는 도전적 질문을 받으시고, 착한 사마리아 사람의 비유를 드시면서 답변하십니다. 예수는 비유에 나오는 인물들의 행동과 사마리아인의 행동 간의 '다름'을 드러냅니다.

사마리아인의 행동 실천을 극작가 예수는 매우 자상하게 묘사하고, 그의 동고(同苦)적 실천을 자세히 부각시킵니다. 사마리아인이 착한 이유는 이와 같은 '자기 비움' 실천입니다. 그는 강도 만난 사람을 돕기 위해 자신의 원래 일정을 모두 비우고, 그가 가진 것을 총체적 돌봄을 위해 아낌없이 나누었습니다. 사랑은 그러한 나눔과 비움의 실천 때문에 감동의 파장을 불러일으킵니다. 그 파장이 사람과 구조를 아름답게 '변화'시킵니다.

비유를 마친 예수는 율법교사에게 되묻습니다. "이 세 사람 중에, 누가 강도 만난 자의 이웃이 되어 주었습니까?"

율법교사의 질문 중심에는 사사로운 자기 이기심이 자리 잡고 있습니다. 나를 도와줄 나의 이웃이 누구냐를 묻습니다. 반면, 예수는 누가 억울한 고통을 겪는 이에게 동고(同苦)자가 되어 그를 돌보아 주었는가를 묻습니다. 공공적·이타적 실천을 촉구하신 것입니다. 여기서 우리는 예수 복음의 공공성·감동성과 변혁성을 다시 확인하게 됩니다.

예수 복음은 악이 극성부리는 상황에서 내 이웃을 찾는 것이 아니라, 선제적 원수사랑을 통해 악을 근원적으로 극복해 내는 데서 나온다는 진리를 다시금 확인하게 됩니다. 이런 원수사랑으로 평화를 만들어 내는 자들이 바로 하나님의 딸과 아들이 되는 축복을 받게 된다는 소식이 바로 진정한 '복음' 아니겠습니까!

오늘 한국 사회, 광복 80년이 지난 지금의 현실에서 아직도 냉전 근본주의 세력은 한국교회 안과 밖에서 더욱 그들의 갑질을 난폭하게 행사하고 있습니다. 이들은 오늘도 "누가 '그들의 대한민국'의 이웃인가, 누가 이웃이 될 수 없는 불온한 국외자인가?"를 끈질기게 묻고 있습니다. 그들의 배타적 냉전 근본주의에 맞지 않는 시민들을 '종북좌파'로 낙인찍으며 저주를 퍼붓고 있습니다. 가장 슬픈 것은, 이런 공세가 기독교 복음의 이름 아래, 버젓이 터져 나오고 있다는 사실입니다. 그러기에, 예수 따르미들은 예수의 통찰력에서 복음의 공공성·감동성과 변혁성을 새롭게 확인해야 합니다.

한국교회는 개인적 구원의 한계에 갇혀 있지 말고 내 이웃의 범위를 확장해 나가면서 사회적 신앙의 모습을 보여야 합니다. 그래야 위기를 넘어 예수의 복음의 길을 선포하고 확장해 나갈 것입니다.

저 낮은 곳을 향하는 교회

내려오시는 하나님에 대해서는 내가 오래전에 『저 낮은 곳을 향하여』*라는 책을 통하여 언급했습니다. 이 책은 내가 한국으로 돌아와서 낸 책 가운데 당시 기독교 젊은 학생들이 제일 많이 읽었던 책 가

---

* 본 책에는 한완상 박사의 1970년대 기록한 글들을 수록하고 있다. 한 박사는 당시 보수적인 한국교회가 저지르고 있는 잘못들에 대하여 지적하고 있다. 저자가 이 저서에서 지적한 한국교회의 잘못들은 오늘의 시점에서 오히려 더 강화 혹은 심화되어 있다는 것을 발견한다. 차례는 다음과 같다.
  ① 예수에 대한 새로운 조명. 허위의식을 폭로하는 예수. 크리스마스에 우시는 예수. 괴로운 옷을 입고 계신 예수. 인간 교육의 전형 예수. 서민과 함께하신 예수.
  ② 기로에 선 한국 크리스천. 무당이냐, 예수냐? 신앙이냐, 윤리냐? 개인구원이냐, 사회구원이냐? 비판적 지성이냐, 동조적 설교냐? 뜨거운 신앙이냐, 차가운 신학이냐? 새벽기도·헌금·심방, 이대로 좋은가? 한국교회 찬송가, 이대로 좋은가?
  ③ 한국교회의 일그러진 자아상. 비민주적인 한국교회. 공동체가 되지 못한 한국교회. 젊음이 질식되는 한국교회. 여성을 차별하는 한국교회. 신흥종교와 경직된 한국교회. 비인간화된 종교.
  ④ 고난·인권·해방. 쾌락이냐, 고난이냐? 꼭두각시냐, 자유인이냐? 성육신과 인권현실. 여권과 인권. 기독교의 노동윤리. 기독교 경제윤리. 정의를 위한 회개. 해방을 위한 신학교육.
  ⑤ 저 낮은 곳을 향하여. 한국교회가 나아갈 길. 한국의 현실.한국교회 선교의 새로운 방향. 한국교회여, 출애굽하라. 저 낮은 곳을 향하여.
  ⑥ 예수 따르미의 삶. 인간적인, 참으로 인간적인 하나님. 그 중에 으뜸은 사랑이라. 동고주(同苦走), 예수 따르미의 바람직한 삶. 웃기시는 예수, 해학과 저항정신.

운데 하나였습니다. 당시 이 책을 썼을 때 나는 위에서 말한 비유의 말씀에서 많은 영향을 받았습니다.

하나님은 삶의 자리에서 제일 고통을 느끼는 사람들의 고통으로 인한 신음에 귀를 기울이시고, 그 소리를 듣고 내려가셔서 사람들의 고통의 현장을 보고 아십니다. 그것이 성육신의 가장 기본적인 의미가 아니겠습니까? 그리고 하나님은 그 현장으로 모세를 보내십니다. 하나님 자신이 성육신하시면서 자신이 보내는 사람, 모세에게도 성육신을 하도록 하십니다.

나는 초대교회를 가장 위태롭게 했던 이단 중에 가장 위험한 이단이 가현설(Docetism)이라고 생각합니다. 가현설은 "그렇게 보인다"라는 의미입니다. 즉 "~~처럼 보인다"라는 뜻입니다. '하나님은 우리 삶의 현장과 고통에 대해서는 무관심한 것처럼 보인다'라고 말하는 것입니다.

가현설의 예를 들자면 우리가 끓는 물에 손을 넣으면서 뜨거워하면, 하나님은 "나는 하나도 안 뜨거운데!"라고 하면서 우리 손이 화상을 입는 것에 대해서 그 어떤 관심도 보이지 않는 신입니다. 다시 말하면 가현설의 하나님은 우리의 삶에 대해서는 무관심하신 하나님이라는 것입니다. 나는 그것이 그리스 신화의 신이고 신플라토니즘의 하나님이라고 봅니다. 그것은 진정한 의미에서 예수님의 하나님은 아닙니다.

우리의 예수님, 하나님은 저 낮은 곳, 우리 삶의 현장 밑바닥으로 내려오시는 분이십니다. 그런 하나님을 오늘 한국교회가 전하고 있는 것인지, 그리고 그러한 하나님을 우리 삶의 구체적인 실천을 통하여 전하고 있는지를 진지하게 살펴보아야 하겠습니다.

평화 신앙의 길을 걷는 교회

Pax Romana와 Pax Christus를 구별하다

기독교인들은 세상 권세와 국가권력을 어떻게 바라보아야 할 것인지 진지하게 성찰해야 합니다. 지난 2천 년간 "모든 권세에 복종하라"는 로마서 13장의 이 구절은 어떻게 이해되어야 하는 것일까요? 바울의 신학적 의도가 과연 어떤 것인지를 밝혀 볼 필요가 있습니다.

대체로 C.E(common era) 50년 중반에 로마서가 작성된 것 같습니다. 클라우디우스(Claudius, 제위기간 41~54) 황제가 죽고, 10대의 자유분방한 네로(Nero, 제위기간 54~68)가 황제로 등극합니다. 당시 정치·사회적 상황은 혼란스럽고 초대교회들이 박해받기 시작했습니다. 이 같은 상황에서 로마교회뿐만 아니라 로마 제국의 영향아래 있던 디아스포라 교회들은 (여러 문제 중) 로마 당국에 조세와 관세를 바치는 문제에 직면했습니다. 사도 바울도 이 문제에 직면했습니다.

폭군 네로 지배하에서 초대교회가 반세금 운동에 휘말리게 되면 추방이나 순교와 같은 가혹한 징벌을 면키 어려웠습니다. 그래서 사도 바울에게는 예수님의 지혜가 절박하게 필요했던 것입니다. "권세에 복종하라", "조세를 바쳐라"는 표현이 나오게 된 것입니다. 우리는 이런 표현의 껍데기만 볼 것이 아니라 이 표현 뒤에 있는 바울의 신학적 깊은 배려와 속뜻을 우리는 찾아 밝게 드러내야 할 것입니다.

통상적으로 적지 않은 성서 신학자들과 조직 신학자들이 바울은 역사의 예수에 무관심했다고 주장해 왔습니다. 4복음서에는 역사적 예수의 발자취를 찾기가 쉽지 않다고 주장해 왔습니다. 4복음서에 나오는 예수는 역사적 예수의 모습이 아니라는 것입니다. 부활의 그리스도를 만나 변화를 겪게 된 제자들의 예수에 대한 신앙적 고백을 토대로 재구성된 모습이라 했습니다.

복음서의 예수는 실물 예수가 아니라, 부활한 하나님 아들 곧 그리스도일 뿐이기에 복음서의 예수 활동도 그리스도의 활동으로 해석해야 한다는 것입니다. 20세기 최고의 성서 신학자 불트만(Rudolf Karl Bultmann, 1884~1976)의 영향력이 엄청 컸습니다. 심지어 1980년대 중반부터 세계 언론의 주목을 받았던 미국 중심의 예수 세미나 학자들도 기본적으로는 불트만의 제자들이라 할 수 있습니다. 4복음서에서 역사의 예수께서 직접 하신 말씀은 19%도 안 된다고 그들은 주장했습니다. 여하튼 예수와 바울 간에는 건너뛰어넘을 수 없는 큰 간극이 있다고 생각했습니다.

그런데 최근 바울의 복음 메시지 속에 갈릴리 예수의 목소리가 담겨 있음을 지적하는 신학자들이 적지 않습니다. 예수 세미나에서 지도적 역할을 해온 크로산(John Dominic Crossan, 1934~)과 마커스 보그(Marcus J. Borg, 1942~2015)와 한국인으로 세계적으로 인정받는 신학자 김세윤 교수가 있습니다. 어느 날 김세윤 교수와 토론한 적이 있는데 그는 한국 복음주의권에서 바울의 '이신칭의'를 전적으로 왜곡시켰다고 지적하기도 했습니다. 바울 서신에 담겨 있는 예수의 목소리는 다음과 같은 구절에서 찾아볼 수 있습니다.

먼저 바울은 로마서 12장 14절에서 이렇게 로마 교인들에게 권고했습니다. "여러분을 박해하는 사람들을 축복을 하십시오. 축복을 하고 저주를 하지 마십시오"(롬 12:14)라는 바울의 가르침은 예수님의 산상수훈의 "그러나 나는 너희에게 말한다. 너희의 원수를 사랑하고, 너희를 박해하는 사람을 위하여 기도하라"(마 5:44)는 말씀에 견줄 수 있습니다. 여기서 우리는 '원수를 사랑하라'는 예수님의 음성을 듣습니다. 이 음성은 예수의 하나님 나라 운동의 핵심이었습니다. 이것이 당시 로마 제국의 황제 신학(Pax Romana)에 대한 근본적 대안으로써 예수의 하나님 나라 신학입니다.

바울이 로마서 12장 14절의 말씀을 편지에 쓸 때 20여 년 전 갈릴리 호숫가 언덕에서 "그러나 나는 말한다. 원수를 사랑하고 너희를 박해하는 사람을 위하여 기도하라"라는 예수님의 육성을 그의 영의 귀를 활짝 열고서 들었다고 상상할 수 있습니다. 그의 눈앞에서 네로 황제의 폭압적 박해를 느끼면서 말입니다.

바울은 계속해서 말합니다. "아무에게도 악을 악으로 갚지 말고, 모든 사람이 보기에 선한 일을 하려고 애쓰십시오."(롬 12:17) 그리고 바울은 13장 2절에서 권세에 거역한다는 표현을 두 번씩이나 쓰고 있습니다. 예수님은 산 위에서 하나님 나라는 악한 사람에게 악으로 대응해서는 결코 이룰 수 없음을 강조하시면서 "그러므로 나는 너희에게 말한다. 악한 사람에게 맞서지 말라. 누가 네 오른쪽 뺨을 치거든, 왼쪽 뺨마저 돌려 대어라"(마 5:39) 말씀하십니다.

이런 배경에서 우리는 바울의 13장 2절을 "조세와 관세를 요구하는 로마 권세에 대해 군대식 무력 전술로 대항하지 말라"로 풀이해야 될 것 같습니다. 이런 바울의 권고는 "악한 사람에게 맞서지 말라"라는 예수님의 육성을 영적으로 듣고 한 권고라 할 수 있겠습니다.

그러니까 예수님이나 바울은 한결같이 제도권 폭력 또는 폭력적 제도에 폭력으로 대항하는 전술을 거부하라고 명령하십니다. 피를 흘리는 폭력 대응 자체가 이미 악한 세력에 굴복한 것이기 때문입니다. 이렇게 되면 결단코 악을 이겨낼 수 없습니다. 악순환만 거칠게 작동하게 되고 억울한 피흘림은 계속될 뿐입니다. 진실로 악을 이기려면 선함으로만 이겨야 합니다. 곧 사랑의 힘, 질 수밖에 없더라도 그 사랑의 힘으로 마침내 이겨내야 합니다. 여기서 우리는 십자가의 처절한 패배와 부활 승리 사이의 긴장을 이해할 수 있어야 합니다.

예수님의 원수 사랑의 명령이 바울의 로마서 13장 8절에서 10절까지 바울의 어체로 반복되어 나타납니다. "서로 사랑하는 것 외에는 아무에게도 빚을 지지 마십시오. 남을 사랑하는 사람은 율법을 다 이루었습니다." 나는 여기서 바울의 평범한 표현인 '남을 사랑하는 사람'을 좀 더 명백하게 드러내어 이렇게 옮기고 싶습니다. "원수를 사랑하는 사람은 모든 율법의 정신을 완성하는 것입니다."

이렇게 완성되는 평화야말로 바로 하나님의 평화요, Pax Christus의 진실입니다. 여기서 가짜 평화인 Pax Romana와 진정한 평화인 Pax Christus 간의 본질적 차이가 나타납니다. 한마디로 바울의 로마서 서신에서 우리가 역사적 예수의 향기, 그것도 산상수훈의 고결한 향기를 느낄 수 있어야만 바울의 속뜻, 바울의 철저한(radical) 신학의 본질을 제대로 이해할 수 있습니다. 이 향기는 예수의 하나님 나라 운동의 향기요, Pax Romana를 대치할 수 있는 변혁의 향기입니다.

해방 후 오늘까지 우리 역사를 보면 국가권력이 한국교회 지도자들을 청와대나 조찬 기도회로 초청하면, 이들 지도자들은 한결같이 독재 권력을 주님의 이름으로, 성서의 여러 말씀으로 축복해 주었습니다. 특히 로마서 13장의 일부 말씀으로 권력을 정당화시켜 주었습니다. 나는 이 같은 한국교회 현실에 대해 사도 바울께서 지금 살아 계신다면 심히 불쾌하리라 생각합니다.

바울 사도는 반세금 운동이 초대 교인들이 목숨을 걸만한 그렇게 중요한 사안이 아니라고 판단하고, 정말 목숨을 걸 주요한 사안이 따로 있다고 믿었습니다. 그는 복음의 진리를 위해서는 죽음을 두려워하지 않았습니다. 초대교회가 반세금 운동으로 순교당하는 것도 바울에겐 가슴 아픈 일이지만, 그를 더욱더 가슴 아프게 하는 문제가 있었습니다.

초대 교인들이 로마 체제에 대해 군대식 무력 대응을 함으로써 피살되는 아픔도 바울에게는 컸지만, 그를 더 아프게 한 것은 상대방을 살해하는 비극이라 하겠습니다. 이렇게 악을 악으로 대응하게 되면 하나님 나라는 이미 실패하는 것으로 생각했습니다. 보복적 악순환이 거칠게 작동하면서 사랑은 증오로 대치되고, 정의는 보복으로 추악하게 변질되고 맙니다. Pax Christus는 사라지게 되고 Pax Romana는 피비린내 나는 승리주의 깃발아래 더욱 극성을 떨게 될 것입니다. 바울은 이것을 더 걱정했습니다.

십자가의 죽음은 Pax Romana의 죽음을 뜻합니다. 그러나 예수의 부활은 Pax Christus의 승리를 뜻한다는 진실을 우리는 새삼 깨달아야 합니다. 십자가에 달려 괴로워하는 예수님에게 무자비하게 창을 던진 로마의 권력을 예수님께서는 용서하시는 기도를 드렸습니다. 그런데 이 기도의 순간 Pax Romana는 그 뿌리로부터 흔들리게 되고 무너지게 되었습니다. 그리고 마침내 예수의 부활로 Pax Christus는 참 평화의 빛을 세상과 역사 속에 영원히 비추게 됩니다.

사자가 소처럼 풀을 먹는 꿈을 꾸는 교회

나는 여기서 선지자 이사야의 꿈을 생각합니다. 이사야는 자기 삶의 정황이 불신, 대결, 증오의 현실을 안타까워했습니다. 정의는 땅에 떨어지고, 민족 간, 계급 간의 처절한 마찰이 심각했습니다. 이러한 비극적 현실 속에서 그는 정의와 평화가 구현되는 꿈을 꾸었습니다. 그 꿈은 이사야 선지자 개인의 꿈만이 아니라, 그 이스라엘이 지향해야 할 민족의 비전이며, 하나님의 소망이기도 했습니다.

이사야는 '늑대 같은 인간과 어린양 같은 인간이 함께 평화롭게 살지 못하는 현실을 뼈저리게 느꼈기'에 '늑대가 어린양과 함께 사는' 꿈을 꾸었습니다. 그는 "표범이 새끼 염소와 함께 누우며, 송아지가 새끼 사자와 살진 짐승이 함께 풀을 뜯고 … 암소와 곰이 서로 벗이 되며, 그것들의 새끼가 함께 누우며 사자가 소처럼 풀을 먹는"(사 11:6~9) 그러한 꿈을 꾸었습니다.

표범과 새끼 염소는 결코 친구가 될 수 없습니다. 새끼 염소에게는 표범이 맹수일 뿐입니다. 이 둘 간에는 불신과 증오가 항상 끼어있습니다. 초식 동물은 항상 육식 동물을 경계하고 두려워하며 불안에 떨고 있습니다. 들판에서 풀을 먹는 사슴은 조그마한 소리에도 깜짝 놀랍니다. 반면 육식 동물의 눈은 예외 없이 무섭고 잔인합니다. 그러기에 이 둘 사이엔 죽음과 죽임이 있을 뿐, 평화는 없습니다.

지난 반세기 동안 남과 북의 관계가 그러했습니다. 냉전불신, 냉전증오, 냉전대결로 남과 북은 하루도 빠짐없이 그들의 소중한 자원을 소진시켜 왔습니다. 같은 동족인데도 말입니다. 이러한 비극의 상황은 반드시 극복되어야 합니다. 그것도 이사야의 꿈같은 힘, 바로 그 꿈의 힘으로 극복해 내야 합니다.

이사야의 꿈에서 우리는 참 평화를 만들 수 있는 지혜를 발견합니다. "사자가 소처럼 풀을 먹는다"입니다. 이 꿈은 강자인 사자가 약자인 소의 주식(主食)을 먹는다는 뜻입니다. 약자인 초식 동물이 강자인 육식 동물의 주식을 먹는 것이 아니라 그 반대입니다. 곧 강자가 약자의 주식을 먹어야 비로소 둘 사이의 관계가 변할 수 있습니다. 이것은 다른 존재의 피를 흘리게까지 하면서 자기 배를 채우는 강자의 삶을 전적으로 바꿔야 한다는 원리입니다. 이것은 단순한 역지사지(易地思之)나 역지감지(易地感之)의 수준을 뛰어넘어 역지식지(易地食之) 해야 함을 의미합니다. 약자의 주식(主食)을 먹음으로써 강자는 자기의 체질, 자기의 삶, 자기의 관행, 자기의 이기적 가치를 뒤집어야 합니다. 폐기해야 합니다. 이사야의 꿈은 약한 원수를 닮고 사랑하는 꿈이기도 합니다. 약한 상대방의 좋은 점을 수용하여 내 행동과 삶을 고칠 수 있을 때 참 우리는 형성되는 것입니다. 잔인한 육식의 삶을 비워야만, 풀 먹은 존재와 참된 우리, 참된 공동체, 참된 하나를 이룩할 수 있습니다. 이것이 우리가 이룩해야 할 참되고 진정한 그리고 건강한 교회의 모습입니다.

문득 문익환 목사님의 시가 떠오릅니다.

"… 벗들이여!
이런 꿈은 어떻겠소
155마일 휴전선을
해뜨는 동해바다 쪽으로 거슬러 오르다가 오르다가
푸른 바다가 굽어보이는 산정에 다달아
국군의 피로 뒤범벅이 되었던 북녘 땅 한 삽
공산군의 살이 썩은 남녘 땅 한 삽씩 떠서
합장을 지내는 꿈,
그 무덤은 우리 5천만 겨레의 순례지가 되겠지.

그 앞에서 눈물을 글썽이다 보면
사팔뜨기가 된 우리의 눈들이 제대로 돌아
산이 산으로, 내가 내로, 하늘이 하늘로,
나무가 나무로, 새가 새로, 짐승이 짐승으로,
사람이 사람으로 제대로 보이는
어처구니없는 꿈 말이외다.
……
그도 아니면
이런 꿈은 어떻겠소?
그 무덤 앞에서 샘이 솟아
서해바다로 서해바다로 흐르면서
휴전선 원시림이
압록강 두만강을 넘어 만주로 펼쳐지고
한려수도를 건너뛰어 제주도까지 뻗는 꿈,
그리고 우리 모두
짐승이 되어 산과 들을 뛰노는 꿈,
새가 되어 신나게 하늘을 나는 꿈,
물고기가 되어 펄떡펄떡 뛰며 강과 바다를 누비는
어처구니없는 꿈 말이외다."

(문익환 〈꿈을 비는 마음〉 중)

나는 이 시에 이사야의 꿈을 하나 더 보태고 싶었습니다.

"벗들이여! 이런 꿈은 어떻겠소. 사자가 소의 여물을 먹는 어처구니없는 꿈 말이외다."

바로 이러한 꿈의 힘으로 냉전체제 속에서 사팔뜨기가 되어 현실도 제대로 보지 못하고 위선자가 되어 언행일치도 이루지 못하는 우리 기독교 신자들이 거듭나야 합니다. 여태까지 북한 동포를 주적으로 미워하고 북한 체제를 악마화했던 냉전관행이 깨어져야 합니다. 그래야 이 꿈이 명령하는 대로 상대방의 음식을 먹을 수 있을 때 비로소 평화스러운 참 우리가 한반도 조국 땅에 우뚝 세워질 수 있습니다.

예수 따르미들이 사자가 소의 여물을 먹듯 자기 체질을 변화시켜야 합니다. 사자가 소의 여물을 먹는 꿈이 현실이 될 때, 비로소 한반도 남북 간에는 하나님의 샬롬(shalom)이 저 한강물처럼, 저 대동강물처럼 여유 있게 흐르게 될 것이고, 우리라는 참 공동체의 배가 그 위를 자유롭게 드나들 것입니다.

내 속에 수도원을: 참 평화(平和)를 위한 길

오늘의 기독교는 오랫동안 힘에 의한 승리, 그 승리에 의한 평화를 숭배해 왔습니다. 특히 미국이나 한국에서 교회 지도자의 주류가 승리주의 가치를 기독교 본연의 가치로 믿고 있는 것이 오늘 기독교회의 현실입니다. 그렇기에 오늘 힘이 있는 교회, 힘을 통한 승리와 힘에 의한 평화를 강조하는 교회는 역사적 예수 운동의 원래 의도와는 너무나 먼 곳에 있는 것 같습니다. 교회에 열심히 다니는 교인일수록 그만큼 예수의 삶과는 동떨어진 삶을 살아가면서도 마치 그것이 정상적인 기독교인의 정상적인 삶인 것처럼 착각하고 있습니다.

예수님의 대안이 우리에게 지금도 앞으로도 계속 감동을 주는 것은 그는 칼 사용을 단호하게 거부하시면서도 로마의 칼에 의해 조용히 그러나 당당하게 죽는 길을 선택하셨기 때문입니다. 예수는 칼의 세력에 의해 무자비하게 처참하게 당하시면서 게다가 온갖 수치와 모욕을 감수하시면서도 무서우리만치 조용하고 당당하게 처형당하는 길로 나아가셨습니다. 이 같은 예수의 선택, 바로 그 패배의 선택의 깊은 뜻을 그때나 지금이나 제국과 문명의 지도층과 종교 지도자들은 이해하지 못합니다. 특히 오늘 한국교회 지도자들은 이해하려고 하지도 않고 아예 이해하지도 못하고 그들은 오히려 승리주의에 취해있습니다. 승리주의 신앙과 신학으로 교인들을 오도하고 있습니다.

크로산 교수는 그의 최신작『하나님과 제국: 로마에 저항하는 예수, 그때와 지금』(2007)에서 이런 질문을 던집니다. 그는 문명과 제국이 폭력을 가속화시키는 것은 지극히 정상적인 현상이라고 지적하면서, 그렇다면 인간도 본질적으로 "폭력 지향적인가?"라고 묻습니다. 그는 그렇지 않다고 대답합니다.

그는 아일랜드 서쪽 바다에 있는 작은 외딴섬 절벽에 세워진 수도원을 어렵게 찾아가면서 인간 본성 속에 있는 희망의 빛을 봅니다. 문명과 제국의 폭력이 기승을 부릴 때도 인간은 그 문명과 아주 동떨어진 외딴섬이나 사막 한가운데 수도원을 세웠다는 사실에 주목합니다. 그곳에서 인간들은 문명의 폭력이 빚은 온갖 추한 죄악을 회개합니다. 그리고 탐욕과 독선이 만들어낸 온갖 잘못을 깊이 뉘우칩니다. 그러면서 그 문명의 폭력에 대한 근원적인 대안을 모색합니다. 크로산은 이 같은 수도원적인 뉘우침과 대안 모색을 통해 인류는 창조의 원상태로 나아갈 수 있음에 주목합니다. 그곳에서 피흘림 없이 존재하는 아름다운 하나님 나라의 평화가 펼쳐짐을 꿈꿉니다. 사자가 풀을 뜯어 먹으며 암소와 양들과 친구로 지내는 꿈을 꿉니다. 사자가 송아지에게 지려 하고, 송아지는 사자 새끼와 함께 뒹굴며 놀려고 합니다. 서로 지려하면서 함께 평화를 만들어냅니다. 이 모습이야말로 사랑과 정의의 창조주로 하여금 "좋구나, 참으로 좋구나"를 연발하게 했던 평화의 힘이 아니겠습니까!

그런데 하나님을 감탄케 한 바로 그 평화가 우리 주위에는 없습니다. 한반도에는 아직도 없고 교회에도 아예 없습니다. 큰 교회일수록 더욱 없습니다. 서로 기를 쓰고 서로 이기려 하기 때문입니다. 서로 승리주의에 도취해 힘으로라도, 그것이 돈의 힘이든, 권력의 힘이든, 사회 명예의 힘이든, 교인 수의 힘이든, 그 힘으로라도 이기려 하기 때문입니다.

교회란 무엇입니까? 예수 그리스도의 몸이란 뜻이 무엇입니까? 서로 우아하게 지는 것을 보람 있게 생각하고 믿고 실천하는 사람들의 모임이 아닙니까? 그런 사람들이 만들어내는 공동체가 아닙니까? 나는 예수님의 주옥같은 산상수훈에 있는 말씀 중 가장 빛나는 말씀이 팔복에 있는 평화 선언이라고 믿습니다.

"화평케 하는 자는 복이 있나니, 저희가 하나님의 자녀가 될 것이요." 이것을 오늘의 상황에서 풀어보면 이런 뜻이 아니겠습니까. "서로 우아하게 지려는 사람은 복이 있나니 저들이 평화를 만드는 하나님의 자녀들이 될 것이요."

역사적 예수의 운동도 하나님의 평화 만들기 운동이었고 그것은 우아하고 멋지게 지려는 결단으로부터 펼쳐지고 전개되는 운동입니다. 비록 강퍅한 제국의 칼 앞에서는 처절한 패배와 죽음을 겪게 된다 하더라도 마침내 부활의 능력으로 평화를 만들어내는 운동입니다. 지금 우리가 서로에게 당당하게 그리고 멋있게 지려 할 때 비로소 흐뭇한 승리를 함께 맛보면서 참 평화를 만들어낼 수 있다는 놀라운 진리를 서로에게 알려야 합니다. 그런데 그렇게 되지 못할 때, 오히려 그 반대의 길로 나아갈 때 우리는 다시 되돌아오는 용기를 찾아야 합니다.

여기서 우리에게는 반환점이 필요합니다. 되돌아오는 길을 알려주는 곳, 그곳이 바로 우리 속에 있는 수도원이 아니겠습니까. 그곳에서 우리로 하여금 끊임없이 패배자 예수를 만나게 해 줄 뿐만 아니라 승리한 그리스도를 만날 수 있게 해 주는 거룩한 마당, 바로 그것이 우리 속에 있는 수도원이 아니겠습니까. 수도원은 고도의 절벽에만, 적막한 사막 한가운데만 있는 것이 아니라, 평화를 잃어버려 방황하며 삭막해진 우리 실존 속 한가운데도 있음을 깨달아야 할 것입니다.

그곳에서 "너희에게 평화가 있기를 빈다"라는 그리스도의 음성을, 그 축복의 음성을 우리가 모두 듣게 되길 바랍니다. 이 음성을 듣고 폭력을 정상적인 것으로 제도화하는 문명과 제국의 삶을 대체할 새로운 삶의 양식을 우리는 세워나가야 합니다. 그것은 서로 은혜롭게, 우아하게 지려 함으로 함께 승리하며 평화를 만드는 새로운 문화, 곧 예수의 문화일 것입니다. 서로 지려고 애쓰는 아름다운 공동체, 바로 그것이 진정한 교회가 아니겠습니까!

칼과 귀, 치유와 평화: 평화 신학과 신앙을 위하여

예수께서 폭력의 유혹을 어떻게 이겨내셨는지 살펴보아야 합니다. 그 살핌에서 한국적 평화 신학과 평화 신앙의 모멘텀을 찾아야 할 것입니다. 먼저 폭력행사가 왜 그렇게 매력적이고 마력적인지부터 성찰해 볼 필요가 있습니다. 사탄의 쾌락은 그의 '무릎 꿇어'라는 명령에 모두가 당장 무릎을 꿇고 자신에게 순종하는 모습을 보는 기쁨일 것입니다. 폭력을 거침없이 활용하도록 허용하는 권력은 겉으로 보기엔 매우 매력적이고 마력적입니다.

예수를 광야에서 유혹했던 사탄도 바로 이 마력으로 예수를 유혹했습니다. 그 흔한 돌을 소중한 떡으로 대번에 바꿀 수 있는 마력은 많은 사람을, 특히 굶주리는 사람들을 무릎 꿇게 할 것입니다. 천하의 그 영광스러운 로마 제국의 괴력을 한눈에 보여주면서 예수에게 절하기를 강요했던 사탄은 다른 말로 하자면, 예수에게 '무릎 꿇어'라는 폭력적 명령을 내린 셈입니다.

예수는 이런 폭력의 마력을 어떻게 극복했을까요? 한 마디로 예수는 전지전능하신 요술방망이, 폭력적 명령방망이를 아예 갖고 있지 않았습니다. 우리는 그 사실을 복음의 핵심으로 받아들여야 합니다. 그래서 예수가 예루살렘 성전 세력이 칼과 몽둥이를 들고 폭력적으로 예수를 체포하려 했을 때 어떻게 대응했는지를 살펴볼 필요가 있습니다.

칼의 대안의 폭력성을 예수는 행동으로 깨우쳤습니다. 예수는 칼 폭력의 어리석은 역효과를 함께 가르쳐주었습니다. 즉, 비움의 실천, 비움의 감동적 울림으로 스스로 예수답게 죽기로, 스스로 하나님답게 그 힘을 모두 내려놓기로 결심했습니다. 온 존재를 불살라 제자들에게 하나님 지배의 감동적 울림을 드러내고 싶어했습니다. 이 같은 비움의 실천을 통해 로마 권력의 허망함을, 성전 세력의 위선을, 모든 폭력의 매력을 예수답게 해체하기로 작정한 것 같습니다. 그것도 억울한 십자가 고통이 절정에 이르게 될 때 선제적 원수 사랑의 위력을 보여주기로 결심했습니다.

발선(發善)으로 발악(發惡)을 이기는 예수

그렇다면 참다운 대안은 무엇인지, 이제 가늠할 수 있을 것입니다. 그것은 바로 그 칼에 의해 죽는 것을 두려움 없이 선택하면서, 그의 죽음이 큰 칼 사용자를 저주하지 않고 오히려 큰 칼 사용자가 스스로 부끄러워할 수 있는 깨달음으로 인도하는 선택입니다. 악행자로 하여금 스스로 부끄러워하게 하는 선택이란 무엇이겠습니까? 사도 바울은 로마 교인들에게 이렇게 깨우쳤습니다. "네 원수가 주리거든 먹을 것을 주고, 그가 목말라하거든 마실 것을 주어라. 그렇게 하는 것은, 네가 그의 머리 위에다가, 숯불을 쌓는 것이 될 것이다."(롬 12:20~21)

바울은 발악을 더 큰 발악으로 갚는다면 공멸밖에 없으니, 발악자를 발선(發善)으로 중단시켜 함께 살길을 열어가라고 했습니다. 이것이 바로 발선으로 악을 이기는 것입니다. 이렇게 악을 이기는 것이 바로 예수의 뜻이요, 하나님의 뜻입니다. 그 뜻은 발선으로 샬롬을 이룩하는 일입니다. 다르게 말한다면, 발선이란 선제적 사랑으로 원수를 친구로, 자매형제로 전환시키는 평화 결단입니다.

개인의 죄는 용서받고 속량 받을 수 있으나 구조악과 악의 구조는 해체해야 하는 것입니다. 한국교회의 문제점은 개인의 죄 속량에만 십자가 신학을 모두 사용한 나머지 구조악의 해체라는 과제는 그냥 넘어가는 데 있습니다. 죄와 악은 항상 함께 다루고, 함께 해결하고 함께 극복해 나가야 할 문제입니다.

교리와 제도를 넘어

예수 없는 교회와 신앙고백

기독교가 인류 역사 속에서 제도화된 이후, 특히 사도신경이 교회의 중심적 신앙고백으로 정착된 후 기독교인들은 〈사도신경〉이라는 신앙고백을 통해 자기 정체성을 확인해 왔습니다. 그런데 여기서 유의할 것은 이러한 신앙고백서를 중심으로 하는 신앙고백은 자칫하면 예수 없는 신앙고백이 될 수 있다는 것입니다.

더욱이 교회의 조직이 거대화되고 관료제화되면서, 조직의 권한이 막강해지고, 그 영광이 세상 속에서 휘황찬란해지면서 예수와 하나님도 세상에서 군림하는 절대 독재자처럼 숭앙되기에 이르렀습니다. 나사렛 예수의 겸손한 인간의 모습은 찾기 어려워졌습니다. 그 인간적인 부드러움과 때때로 우유부단한 것처럼 보이는 모습, 힘없는 어린양처럼 보이는 모습들은 감춰지고 말았습니다.

이제 교회 조직과 그 신앙고백을 통해 예수를 만나기란 쉽지 않게 되었습니다. 교회의 막강한 전통과 조직, 정교하고 억압적인 교리와 신앙고백이라는 중간 매개체 또는 중개인(broker)을 통해서 겨우 역사의 예수님을 희미하게나마 만날 수 있게 되었습니다.

그러나 이제는 이런 중간 중개인 없이 예수님을 직접 만나고 체험할 수 있어야 합니다. 그 말씀과 행적과 사건이 비록 2,000년 전에 일어났던 것이긴 하나, 오늘 여기에서 추체험(追體驗)하는 일이 참으로 소중합니다. 이와 같은 실존적 만남을 통해 우리는 예수님의 말씀을 오늘에 되살릴 수 있는 감격을, 새 사람 되는 보람과 새 역사를, 새 구조를 만들어 가는 감격을 온몸으로 느낄 수 있을 것입니다. 오늘의 현실은 새로운 종교개혁을 요청합니다. 예수님을 새롭게, 뜨겁게 만날 수 있는 새로운 공동체적 교회조직과 새로운 신앙고백이 요청됩니다.

예수는 제자들을 선교 활동으로 내보내신 후 갈릴리 여러 도시에서 가르치시고, 섬기시고, 낫게 하시는 일로 분주했습니다. 이때 세례 요한은 감옥에 갇혀 있었습니다. 어느 날 그의 제자들이 면회 왔을 때 그들을 예수님께 직접 보내어 이렇게 묻도록 했습니다. "오실 이가 당신입니까? 우리가 다른 이를 기다려야 합니까?"

예수님은 세례 요한이 보낸 그의 제자들에게 답변하십니다. "여러분이 듣고 보는 것을 요한에게 전하십시오." 예수는 단순히 듣기만 할 것이 아니라 직접 본 것을 알려주라고 말씀하셨습니다. 듣고 보는 것은 분명히 객관적 현실입니다. 또한 이것은 역사적 사실이기도 합니다. 비록 성서 기록자가 자기 삶의 자리에서, 자기 공동체(신앙 공동체)의 입장에서 이런 현실을 신학적으로 또는 신앙의 눈으로 해석했다고 하더라도 그들이 해석한 것은 어디까지나 듣고 본 현실에 대한 해석이요, 신앙적 판단일 것입니다. 다시 말하면 역사적 예수의 한 편린을 적어도 이러한 해석적 기록에서 찾아볼 수 있을 것입니다.

이런 의미에서 성서는 예수님의 말씀과 행동을 듣고 본 초대교회 공동체의 신앙적 고백이라고 해야 할 것입니다. 당시 사람들이 직접 듣고 본 것을 초대교회 공동체가 기록한 성서는 사건의 역사성과 실제성을 그 속에 담고 있습니다. 그런데 기독교가 제도화된 이래 그 거대한 조직 속에서 강조되어 온 신앙고백과 교리는 이와 같은 역사적 예수, 예수의 실제성을 약화시켰거나 망각했거나, 심지어 제거해 버렸습니다.

사랑으로 가르치시고, 사랑으로 봉사하시고, 사랑으로 치유하시면서 하나님 나라를 선포하셨던 예수님 모습이 전통적 신앙고백과 교리 속에서는 찾아보기 힘들게 되었습니다. 한국교회가 철저하게 믿고 고백하는 아니 절대적 진리처럼 신봉하는 사도신경의 경우가 그렇습니다.

사도신경의 고백에는 사랑으로 살아 계신 나사렛 예수의 목소리가 들리고 그 모습이 보입니까? 가난한 자들에게 큰 희망 주시고, 언어 장애인으로 하여금 우렁차게 말하게 하시며, 맹인이 눈을 떠서 세상을 둘러보며 감탄케 하시고, 38년간 지체부자유자로 누워있던 자를 벌떡 일어나 자기 자리를 들고 당당히 걸어가게 하신 예수님, 온갖 중한 질병의 질고에서 환자를 낫게 하시면서도 환자의 믿음으로 온전케 됨을 확인시켜 주신 사랑의 예수님, 절망의 땅 갈릴리에서 사랑의 구체적 실천을 통해 희망과 기쁨을 땅의 사람들 가슴속에 뜨겁게 집어넣어주셨던 예수님, 바로 그 당신의 살아 움직이는 모습을 듣고 볼 수 없습니다.

동방교회는 동정녀 마리아로부터 예수께서 탄생하신 것을 그리고 서방교회(로마 가톨릭)는 예수의 부활을 강조하다 보니 그 점을 사도신경에 크게 부각시킵니다. 그래서 동정녀 마리아에게서 나신 예수님은 갈릴리 지역에서 사랑의 선교를 하셨는데 그 역사적 사건들은 모두 제거해 버리고 바로 빌라도에게 고난받고 죽으신 것으로 그의 일생은 끝나고 맙니다. 예수님은 태어나신 것과 죽게 된 것으로만 표현되어 있습니다. 삶의 토막이 없어졌습니다.

왜 그토록 오랫동안 우리가 고백해 온 사도신경이 나사렛의 예수, 갈릴리의 예수에 대해서는 한마디의 언급도 없습니까? 왜 다음과 같이 몇 마디라도 우리 주님의 실제를 표현하지 않았을까요? "동정녀 마리아에게 나시고, 사랑으로 인간을 섬기시며, 가르치시며, 온전케 하시면서 하나님 나라를 선포하시다가 본디오 빌라도에게….”

한마디로 세례 요한의 제자들과 당시 팔레스타인 사람들이 직접 듣고 본 바 있는 예수님의 역사적 행적과 사건들을 철저하게 담아내지 못한 교리와 신앙고백을 우리는 여태껏 신줏단지처럼 모시고 거대한 관료화된 교회에서 살아온 셈입니다. 참으로 어처구니없이 부끄럽습니다. 살아계신 주님께서 지금도 이렇게 탄식하시고 질책하시지 않을까요? “너희들은 성서가 증언하는 나의 행적과 사건을 철저히 듣지 않고 보지 않으려고 하는구나!”

성서기록은 역사적 일지가 아닙니다. 그것은 예수님의 객관적 전기도 아닙니다. 아마도 예수님에 관한 객관적 전기를 재구성하기란 거의 불가능할지도 모릅니다. 많은 신학자가 이 일에 매달렸으나 실패한 듯합니다. 유명한 신학자였던 슈바이처 박사도 이 일에 매달리다가 실망하여 신학을 포기한 뒤 의사가 되어 아프리카에 선교사로 가서 예수님의 사랑을 직접 실천하는 일에 여생을 바쳤습니다.

예수님에 대한 보편타당한 전기(傳記)는 불가능한 것 같습니다. 그러나 예수님께서 나사렛에서 자라시고, 갈릴리에서 가르침과 섬김과 낫게 하심의 선교활동을 하시면서 당시 종교 지도세력과 마찰하셨으며, 그들에 의해 피소되어 마침내 로마 빌라도 총독의 법정에서 사형 선고받고 골고다에서 처형되신 것은 역사적 사실입니다.

성서는 이 사건들에 대한 초대교회 공동체의 신학적 해석일 것입니다. 아무리 해석이라 하더라도 그것은 예수 사건들에 대한 해석임을 잊지 말아야 합니다. 더 정확하게 말한다면 성서는 저자가 속했던 공동체의 해석일 수 있고, 저자가 예수 사건에 대한 기존의 해석 기록들을 편집, 정리하는 과정에서 자기의 주관적 해석이나 그의 공동체의 견해를 준거로 삼을 수도 있겠습니다. 그것을 준거로 첨삭할 수도 있겠습니다.

그럼에도 성서는 예수님 행적과 사건에 대한 신학적 또는 신앙적 해석임은 틀림없습니다. 바로 이 행적과 사건의 중요성에 대한 새로운 인식이 우리의 신앙고백과 교회교리에서 구체화되어야 합니다. 역사적 예수의 모습은 희미해지고 약화되면서 교리와 신앙고백은 더 소리 높여 강조되고 강요되는 듯한 오늘의 교회 현실에서 역사적 예수에 근거한 신앙의 재발견이 절실합니다. 오늘 많은 기독교인은 교리를 통해, 신앙고백을 통해, 또는 거대화된 교회 조직을 통해 희미하게 예수님을 만나고 있습니다. 이제 우리는 갈릴리의 예수를 중개인 없이 직접 만나야 합니다. 예수 사건은 2,000년 전에 한 번 일어났던 지난날의 사건으로 끝나는 것이 아닙니다. 그것은 지금도 우리 속에서 계속 구체적으로 일어나고 있습니다.

우리는 예수 사건 속에 지금도 여기서 추체험해낼 수 있고 또 해내야 합니다. 우리를 사랑으로 온전케 해 주시는 예수 그리스도를 오늘도 '추체험'함으로써 하나님이 우리 가운데 뜨겁게 성육신하심을 경험해야 합니다. 역사의 예수와 신앙의 그리스도는 결코 분리되어서는 안 됩니다.

한국교회는 제도와 교리를 넘어 삶의 현장에서 경험하는 역사적 예수의 가르침과 행적 그리고 부활하신 예수님의 동행하심으로 오늘의 역사에서 살아있는 신앙인으로 '예수 따르미'의 삶을 이어갈 수 있습니다. 이것이 오늘 한국교회가 나갈 길이며 살길임을 강조합니다.

한국교회의 현재와 미래에 대하여

한국교회의 성서를 대하는 모습에 대하여

오늘 한국교회는 극우 현상을 비롯하여 사회로부터 신뢰를 상실하게 되었을 뿐만 아니라 한국 사회를 향하여 더 이상 소금과 빛의 역할을 감당하지 못하고 있는 안타까운 모습을 보입니다. 왜 이러한 모습을 보이는 것일까요?

20세기의 가장 유명한 신학자 중의 한 사람인, 칼 바르트는 하나님 말씀을 제대로 이해하기 위해서는 두 가지 맥락(Context)을 고려해야 한다고 주장하고 있습니다. 하나는 성서적 상황(Biblical Context)이고 또 다른 하나는 성서적 상황을 포함하는 그 말씀의 배경이 되는 시대적 상황, 그중에서도 패권 권력의 상황에 대한 제대로 된 이해입니다.

토마스 라이트(N.T. Wright)나 도미니크 크로산(J. Dominic Crossan)이 부활의 문제를 놓고 논쟁한 적이 있습니다. 논쟁에서 나름대로 합의(물론 완벽한 합의를 본 것은 아니지만)에 이르렀습니다. 특히 두 사람은 부활의 주제에 대해서 말하면서 이와 관련하여 예수님 메시지의 핵심이었던 "하나님 나라"에 대하여 언급합니다. 이들은 하나님 나라의 내용이 지난 2천 년 동안 어떻게 수정과 변형 혹은 진화되어 왔는가에 대해서 각자의 관점을 주장했습니다. 토마스 라이트가 하나님 나라의 주제에 있어서 관심 가져야 할 5가지 단계에 대해서 언급했습니다. 그러자 도미니크 크로산이 이렇게 말합니다. "라이트의 하나님 나라 내용의 5단계가 다 맞는 이야기이기는 하지만 그러나 가장 중요한 핵심이 빠져있다"라고 주장합니다. 그러면서 자기 생각을 이야기해요. 크로산은 "하나님 나라의 가장 중요한 부분, 다시 말하면 복음의 메시지가 현대에서 근본적으로 달라진 게 있다"라고 주장하면서 이렇게 말합니다.

> "2천 년 동안의 기독교 신학은 하나님 나라가 이 땅에 도래하기를 기다리도록 강조했다. 그런데 예수의 메시지는 그보다 한 걸음 더 나아갔다. 이제는 하나님 나라가 이 땅에 돌아오는 것을 사람이 기다리는 단계가 아니고 사람이 하나님 나라를 위해서 적극적으로 행동하는 것을 하나님이 기다린다."

크로산의 이 말은 하나님 나라의 주제와 내용의 패러다임이 변한 것을 지적하는 것입니다. 크로산의 이 말을 듣던 라이트도 감동받았다고 고백하기도 합니다. 다시 말하면 크로산은 라이트에게 이제는 '우리가 종말론을 기다리는 게 아니고 하나님이 우리가 나서기를 기다린다' 하는 메시지를 전했던 것입니다. 후일 라이트는 '하나님은 사람들이 하나님 나라의 도래를 위해 행동하는 것을 기다린다'는 크로산의 주장을 인정하고 그것이 매우 훌륭한 생각이라는 평가를 남기기도 합니다. 우리는 흔히 라이트를 매우 보수적인 신학자의 대표라고 말하기는 하지만(크로산에 비하면 그렇다는 이야기) 라이트의 크로산에 대한 평가와 인정은 오늘 한국의 보수와 진보신학자들이 생각해 보아야 할 훌륭한 소통의 모습이라고 생각합니다.

한국교회의 보수신학과 진보신학

오늘 한국 신학계와 교회는 진보와 보수로 갈라져 있다는 일반적인 평가를 넘어서 오히려 과격하게 말하면, 한국교회에서 진보신학은 매우 소수이며 오히려 보수와 극우로 갈라져 있다고 생각합니다. (한국 정치와 상황도 비슷한 모습입니다.) 이러한 상황에서 한국교회의 진보와 보수신학이 극우 신학을 넘어서 화합하고 대화하면서 한국교회가 나가야 할 미래의 방향을 함께 고민하고 기도하며 성찰할 가능성은 있을까요? 있다면 어떻게 그것을 실행에 옮길 수 있을까요?

사실 한국교회의 지형은 매우 일방적이며 기울어진 운동장이라고 말할 수 있습니다. 진보적인 신학과 신앙이 도저히 자리를 함께 잡을 수 없는 상황이 오늘 한국교회가 맞이하고 있는 현실입니다.

19세기 말부터 20세기 초기에 한국에 도착하여 선교를 시작한 미국 선교사들은 대다수가 근본주의적인 신학을 갖고 있는 보수적인 사람들이었습니다. 따라서 그들에 의해 본격적으로 시작된 한국 선교 역사를 보면 보수적인 신학 혹은 근본주의 신학이 한국교회의 주류 신학으로 자리 잡게 된 역사적 배경을 이해할 수 있습니다. 그럼에도 우리는 오늘 라이트와 크로산의 대화를 보면서 우리의 모습을 돌아보아야 합니다.

특히 우리는 라이트와 크로산의 대화에서 서로의 장점을 인정해 주는 넓은 마음을 볼 수 있습니다. 오늘 우리에게도 이런 마음이 필요한데 미국 신학계에서는 나름대로 보이고 있는데 안타깝게도 한국 신학 지평에서는 거의 나타나지 않고 있습니다. 이러한 시점에서 나는 다시 한번 진부하게 들릴 수도 있지만 바르트의 '한 손에는 성서를, 또한 손에는 신문을 들라'는 말을 되새겨 봅니다. 이 말은 성서, 하나님 말씀은 일방적 혹은 편향적으로 이해하는 것이 아니라 삶의 구체적인 모든 정황으로부터 출발하여 총체적으로 깊고 넓게 읽고 이해해야 한다는 것을 의미합니다.

바르트의 이 말을 나는 나름대로 이렇게 해석하고 있습니다. 한 손에 '성서를 들라'는 성서를 좁은 의미에서 주석학적인 입장에서 읽어보라는 의미라고 이해합니다. 또 다른 한편으로 '다른 손에는 신문을 들라'는 말은 해석학적인 입장에서 성서를 읽고 이해해야 한다는 것으로 받아들입니다. 주석학은 예수님, 다시 말하면 하나님 말씀을 예수 시대 당시에 썼던 언어의 분석 상황으로부터 출발하여 그 의미를 찾아내는 노력이라고 볼 수 있습니다. "그 뜻이 이런 것이었구나!" 하면서… 이것이 주석을 하는 행위가 아니겠습니까? 우리는 주석학을 통해서 하나님이 개별적인 특수 역사 조건에서 어떻게 하나님의 나라가 임하는지를 하나님이 원하는 방식으로 인간에게 영향을 주고 가르쳐 주신 것을 깨닫게 됩니다.

반면, 해석학은 당시의 문화적·정치적 상황에서 외쳐졌던 하나님 뜻을 세계를 지배했던 패권 국가와 문명의 통치 방식의 시각과 그 당시의 정치·문화·사회·경제적 패러다임에서 이해하려는 노력이라고 할 수 있습니다. 바로 이것이 해석학적 행위입니다. 그리고 해석학적 행위를 하려면, 신문을 읽어야 한다는 것입니다. 다시 말하면 오늘의 상황, 역사적·정치적·경제적 그리고 사회·문화적 상황에 대한 이해와 대화가 필수적이라는 것입니다.

〈뉴욕타임스〉도 읽어야 하고 〈워싱턴포스트〉도 읽어야 되고, 〈한겨레〉〈조선〉〈동아〉〈경향〉신문도 읽어야 합니다. 그래서 넓은 시각에서 하나님의 말씀과 가르침이 오늘의 상황에서 어떻게 해석될 수 있는가를 봐야 합니다. 성서를 단순하게 당시 어떤 언어를 사용했는가 등, 언어 분석과 문화 분석 정도만 가지고 읽거나 이해하려고 해서는 안 된다는 말입니다. 이것이 요즘 말하는 해석학과 주석학의 차이입니다. 안타까운 것은 오늘 한국교회에서는 주로 주석을 중심으로 성서를 이해하고자 한다는 현실입니다. 과격하게 이야기하자면 '주석만 하지 해석을 안 합니다.'

성서에서 예를 들어 보겠습니다. 어느 날 예수님이 거라사 지방을 지나십니다. 그리고 거기서 돌을 가지고 자기 가슴을 치면서 자해하는 미친 사람, 상처받기 쉽고 이미 상처를 받는 한 가련한 사람을 만납니다. 그를 보고 하신 예수님의 첫 질문이 "너의 이름이 무엇이냐?"입니다. 그 사람이 대답합니다. "로마 군단입니다."

'내 이름은 로마 군단이다.' 그러니까 그 사람이 자신을 표현하고자 사용한 이름, '로마 군대'라는 말의 의미를 알고자 하면 해석을 해야 합니다. 그러기 위해서 그 당시 로마 제국이라는 존재가 예수님이 태어나고 그 후 예수님이 하나님 나라 운동을 했을 때 예수님을 비롯하여 그 운동에 참여하거나 혹은 당시를 살아갔던 사람들의 상황에서 어떻게 영향을 끼쳤는지를 우리가 알아야 된다는 이야기입니다. 그러기 위해서 우리는 해석 행위를 해야 하는데, 한국교회 안에는 해석학은 없고 주석학만 있습니다. 오늘의 상황에서 바라보고 생각하고 적용하는 해석은 없고 오직 주석 일변도입니다. 이런 면에서 한국교회가 근본주의적이고 보수적인 신학과 신앙 행위에서 벗어나기 위해서 무엇보다도 성서를 읽고자 할 때 해석학과 주석학을 상호 연결해서 봐야 한다는 입장을 취하고 그것을 한국교회에 강력하게 권합니다.

해석학과 주석학의 상호 연결에 대하여

그러면 어떻게 주석학과 해석학이 상호연결 될 수가 있겠습니까? 성서에 대한 주석 행위와 해석 행위가 우리의 삶에서 특별히 교회 목회 현장에 어떻게 구현될 수 있을까를 고민해야 합니다.

성서 해석학이라는 것은 일명 성서에 대하여 비판적 관점, 다시 말하면 성서의 기록과 오늘의 상황 사이에 존재하는 창조적 상호작용이라고 할 수 있습니다. 예수님의 말씀이 선포되었던 당시의 상황을 그 시절 유대 땅의 상황과 역사의 관점에서만 보는 게 아니라 전체적으로 '로마 지배'라고 하는 체제 속에서 바라보면서 그 말씀이 갖는 의미가 무엇인가를 더 깊이 추구해야한다는 의미입니다. 그래야만 당시에 선포되었던 예수님 말씀의 의미를 정확하게 위치시킬 수가 있다는 이야기입니다.

그런데 오늘 한국교회에서는 이런 접근 방법으로 진보신학과 보수신학을 이렇게 같은 선상에서 보려고 하는 노력이 거의 없는 것 같습니다. 각자의 입장에서만 성서를 읽고 주석하려고 하는 것 같습니다. 그런 의미에서 내가 보기에는 한국교회의 성서 읽기에서 가장 부족한 것은 해석학적 읽기가 아닌가 싶습니다.

로마 지배체제하의 역사적 예수: 복음서와 바울의 서신서

복음서, 역사적 예수에 대한 실존적 고백인가?

라틴아메리카 해방신학의 성서 읽기는 삶의 역사적 정황에서 출발합니다. 그런 의미에서 주석을 뛰어넘어 해석학적 읽기에 대한 강조가 핵심이라고 말할 수 있습니다. 그래서 라틴아메리카 민중들의 삶의 현장인 '가난'의 역사적 상황이 성서 읽기의 핵심적 출발점이기도 합니다. 이런 의미에서 해석학적 성서 읽기의 측면으로부터 출발해서 예수의 삶과 말씀을 보다 더 명확하게 이해하기 위해서는 당시 예수가 살고 있던 역사적 상황, 즉 '로마 지배체제'라는 상황을 크게 염두에 두어야 합니다.

내가 이야기하고 읽는 해석학적 성서 읽기는 역사적 예수의 삶과 그분이 살았던 당시의 로마 지배체제라는 정치 현실로부터 출발합니다. 내가 보기에 신약 성서는 크게 복음서와 바울의 편지라는 두 부분으로 나눌 수 있다고 생각합니다. 또 다른 의미에서 신약 성서는 역사적 예수와 역사를 뛰어넘은 예수에 대한 이야기로 구분할 수도 있습니다.

먼저 역사의 예수, 역사의 예수라고 하면 나사렛 예수 혹은 갈릴리의 예수를 말합니다. 유대 땅에서 태어나서 그곳에서 하나님 나라를 위해서 복음을 선포하고 제자를 뽑고 가르치고 그들을 훈련시키고 했던 예수님을 말합니다. 역사적 예수의 이야기, 그분의 역사적 활동을 제대로 이해하려면 무엇보다도 먼저 예수님의 탄생을 비롯한 그분의 생전 활동 전부가 로마 지배하에 있었던 유대 땅에서 발생했다는 사실로부터 출발해야 합니다. 그래야 역사적 예수에 대한 이해가 온전해질 수 있다고 생각합니다.

신약 성서에 기록된 복음서는 크게 두 종류입니다. 하나는 마태·마가·누가가 저자로 되어 있는 복음서 일명 공관복음서와 요한이 저자로 알려져 있는 요한복음입니다. 이 복음서들은 역사적인 예수가 갈릴리에서 "내가 너희를 사람 낚는 어부가 되게 만들겠다"라고 말씀하시면서 직접 선택한 제자들이 예수의 말씀을 어떻게 해석하고 예수님의 삶과 죽음을 어떻게 해석했는지를 보여주고 있습니다. 특히 공관복음서가 그렇습니다. 그런데 문제는 공관복음서 저자들인 마태·마가·누가 아니 요한복음의 저자 요한까지 포함해서 사실상 복음서에는 역사적 예수에 대한 실존적인 고백이 없다는 것입니다.

이 같은 지적은 많은 분께 충격으로 다가올 수도 있을 것입니다. 많은 사람이 복음서 기록을 통하여 역사적 예수에 대하여 접근할 수 있고 이에 대한 많은 정보를 얻을 수 있다고들 생각하고 있습니다. 그런데 나는 복음서 기록에는 의외로 예수에 관한 저자들의 실전적인 고백이 그리 많지 않다는 것을 지적하고 싶습니다.

먼저 복음서의 기록이 어떻게 시작되었는지 관심을 기울여 봅시다. 어떤 복음서는 예수의 삶이 마치 자기하고는 관계없는 것처럼 '선지자의 이야기를 먼저 내걸면서, 들에 외치는 소리가 있었다'라고 시작하기도 합니다. 어떤 복음서 기록은 '예수의 족보'로부터 시작하기도 합니다.

그러한 기록은 자세히 들여다보면 매우 건조한 이야기가 아닙니까? 직접적인 내 삶의 현장, 오늘 내가 치열하게 살아가고 있는 삶의 현장하고는 조금 동떨어져 있는 것 같은 느낌을 주는 매우 건조한 이야기로 들린다는 의미입니다. 그런 의미에서 복음서의 기록이 저자들 삶의 직접적인 현장에서 들리는 실존적인 고백이었느냐 하는 것에 의문을 제기하지 않을 수 없다는 생각입니다.

바울 서신서: 역사적 예수와 사도 바울

이에 비해 바울 서신에는 의외의 기록들이 담겨 있음을 발견하게 됩니다. 복음서 기록 연대가 대략 1세기, 그러니까 70년대를 거쳐 100년대까지 2세기에 걸쳐 있습니다. 이에 반해 신약 성서의 상당 부분을 차지하고 있는 사도 바울의 편지는 기록 연대적으로 복음서보다 상당히 앞서 있습니다. 그러니까 바울의 편지는 1세기 전반부에 기록되었다고 볼 수 있습니다. 사도 바울의 기록이 신약 성서에서 차지하는 분량이 4복음서보다 적을지는 몰라도 오늘까지 기독교 역사 2,000년 동안 우리에게 끼친 영향은 복음서보다 절대적으로 작다고 말할 수 없을 것입니다.

유니온 신학대학 선배이며 내가 존경하는 오랜 친구이며 동지인 민중신학자 문동환 박사는 『예수냐 바울이냐』(삼인, 2015)를 통하여 '해방자 예수'에 대해서 매우 높이 평가하고 있습니다. 그러나 또 다른 한편으로 문 박사는 같은 책에서 사도 바울에 대해서는 매우 부정적인 평가를 하고 있습니다.

1987년 나와 함께 새길교회를 시작했던 김창락 교수가 새길교회에서 몇 주간에 걸쳐서 역사적 예수에 대하여 시리즈 강의를 한 적이 있었습니다. 그때 김창락 교수는 사도 바울이 얼마나 진보적이었냐는 것을 강의하곤 했습니다. 그렇습니다. 사도 바울의 진보적 신학은 주석 차원의 성서 읽기를 통해서는 도무지 알 수가 없습니다. 그래서 그런지 해석학적 성서 읽기보다는 주석적 성서 읽기에 치중하는 한국에서는 상대적으로 바울이 저평가받고 있는 것 같습니다.

그래서 오히려 바울에 대해서 말하면 바울은 예수를 왜곡했다고까지 말하기도 합니다. 문동환 박사도 그런 관점에서 예수는 해방자인데 바울은 죽어서 천당 가는 속죄론을 통해서 교회 권력을 강화하는 이데올로기로 작용한 신학을 만들었다고 생각하는 것입니다.

바울과 누가의 만남

바울이 빌립보 교회와 관계를 맺고 있었던 당시를 잠깐 살펴보면 여러 가지 시대적 상황이 어떠했는가를 알 수 있게 됩니다. 바울이 빌립보 교회를 세우고 돌보고 할 때의 상황은 당시 로마의 황제인 네로가 미쳐서 매우 심각하고 말도 안 되는 만행을 저지르고 있을 때였습니다.

그가 벌인 만행 중에서 가장 참혹했던 것은 자기 스스로가 로마에 불을 질렀던 일입니다. 그래서 로마시가 심하게 불탔습니다. 화재 피해가 어마어마했습니다. 로마 시민 전체가 굉장한 공포 속에 휘몰릴 정도로 사회적 불안이 대단했습니다. 그런데 로마 황제인 네로는 그 일에 대하여 어떤 반성이나 성찰도 하지 않은 채 로마 화재의 주범으로 당시의 초대교회를 화재 주범으로 지목하고 몰아세웁니다. 참으로 흉악한 일을 저질렀습니다.

그때 바울은 어디에 있었습니까? 당시 그는 고린도 교회와 갈라디아 교회를 세우고 그곳에서 목회하면서 동시에 목회 서신을 통해서 복음을 전하고 있었습니다. 이러한 시기에 세계를 지배하고 있는 폭력적 제국의 우두머리 로마 황제 네로가 자신이 저지른 가장 치욕적이고 참혹한 폭행과 죄악을 기독교 초대교회에 전가시켰습니다. 그리고 초대교회의 우두머리인 바울이 서신을 통하여 그리스도께서 교회를 다스리고 있다고 강조했습니다.

그러니 바울과 기독교인들이 로마를 비롯한 여러 도시에 세운 디아스포라 교회가 잘 되겠습니까? 잘 안됩니다. 황제가 폭력으로 그렇게 위협하니까 모두가 겁이 나서 교회를 떠났는데, 그 소식을 사도행전과 누가복음을 썼던 저자 누가가 듣습니다. 물론 누가도 바울의 편지를 읽었던 경험이 있습니다. 여기서 〈그리스도의 사도〉라는 바울에 관한 영화 이야기를 하겠습니다.

누가는 자기 자신이 역사적 예수의 역사적 제자이기는 하지만 바울의 편지를 읽은 후에 그 편지를 통하여 받은 감동이 대단하다는 걸 느꼈습니다. 그래서 누가는 모든 사람이 겁이 나서 로마와 그 지역에 세워졌던 초대교회, 디아스포라 교회를 떠나는 그 시기에 오히려 로마로 향합니다. 그리고 로마의 감옥에 갇혀 있는 바울을 찾아가서 만납니다.

그때는 이미 역사적인 예수는 처형되고 나서 상당히 시간이 흘러갔을 때였습니다. 누가는 로마 감옥에서 바울을 만나서 상당히 오랜 기간 동안 대화를 나눕니다. 그 후 누가복음과 특히 사도행전을 기록합니다. 누가가 사도행전의 기록자라는 것입니다. 그런데 사도행전의 주인공은 예수가 아니고 사도 바울입니다. 누가는 감옥에 갇혀 있는 바울을 만나 그와 대화하면서 많은 감동을 받습니다. 바울의 입장에서도 감동이었습니다.

바울을 만나서 누가는 아마도 이렇게 말하지 않았을까요? "선생님, 저희는 예수님이 살아 계셨을 때(역사적인 예수) 그분이 우리에게 직접 말씀하시는 것을 들었습니다. 그런데 선생님도 예수에 대하여 들은 것이 있을 터이고 또 이에 대하여 선생님이 어떻게 듣고 해석했는지 알고 싶습니다. 제가 복음서를 썼던 사람으로서 바울 선생님의 말씀을 듣고 싶어 이렇게 찾아왔습니다." 아마 누가로부터 이런 이야기를 듣고 바울도 감동하지 않았겠습니까.

영화에서는 누가와 바울의 대화 장면이 현실감 있게 묘사되곤 합니다. 예를 들면 바울이 고린도전서 13장에 기록된 사랑의 정의에 관해서 이야기하면서 "사랑은 오래 참고 온유하며"라고 말하는 장면에서 듣고 있던 누가가 "아, 정말 멋있는 말씀이네요"라는 반응을 보이자 바울이 "잘 들어 두었다가 사람들에게 잘 전달해 주세요"라고 말합니다.

이러한 장면들을 통하여 감독은 바울과 누가의 만남을 생생하게 기록할 뿐만 아니라 누가를 통하여 사도 바울이 예수의 말씀과 가르침을 전달하면서 주석학과 해석학을 적절하게 통합해 전하는 사람임을 보여주기도 합니다.

바울의 역사적 예수에 대한 이야기

바울의 증언, 삶의 현장에서 나오는 예수 따르기에 관한 살아 있는 이야기. 어찌 보면 복음서보다는 사도 바울의 서신을 통하여 예수의 삶과 가르침을 우리의 삶의 현장에서 더 실존적 혹은 역사적으로 읽을 수 있다는 가능성도 다분히 있습니다. 특히 다음과 같은 가르침을 통하여 우리의 삶의 현장과 직접적으로 그리고 실존적으로 연결되고 있다고 말씀드리고 싶습니다. 이에 대하여 나는 수년 전 발간된 『터닝 포인트』라는 책에 이렇게 말한 적이 있습니다.

> “예수님이 펼치신 하나님 나라 운동을 바울은 계승할 뿐 아니라 힘써 실천했다. 어떻게 사도 바울의 메시지를 관념적인 이신칭의 개념으로만 이해할 수 있을까? 이렇게 노예해방을 확실하게 설득시키는 모습이 있는데 말이다. 대단한 분이다. 일부 신학계에서 바울을 예수님의 하나님 나라 운동과 무관한 사람으로, 심지어 왜곡한 사람으로 묘사하는 것은 잘못됐다고 본다. 반대로 바울 메시지를 오로지 개인 구원 차원으로만 이해하는 것도 큰 잘못이다.”

변혁적 이야기: 원수를 사랑하라

그런 의미에서 복음서를 넘어서 사도 바울이 서신을 통하여 전하고 있는 예수의 가르침과 말씀은 오히려 복음서보다 더 살아있는 실존적인 이야기로 우리에게 다가오고 있다고 볼 수 있습니다. 그런데 바울의 여러 말씀과 가르침 가운데 요즘 내 마음을 가장 사로잡는 이야기가 로마서 12장에 기록된 말씀입니다.

로마서는 사도 바울의 서신 가운데 가장 신학적인 무게가 있는 서한 아닙니까? 로마서에서 사도 바울이 뭐라고 이야기합니까? “너희들은 할 수 있는 대로 모든 사람과 화목하게 지내라.” 이 말은 결국 ‘원수를 사랑하라’는 말이 아니겠습니까? ‘이웃을 사랑하라’는 이야기가 아닙니다. 사실 ‘이웃 사랑’은 다른 종교에도 다 있습니다. 사실 이웃을 사랑하는 것은 상대적으로 쉽습니다. 사랑의 대상이 나의 이웃, 나와 친한 사람, 내가 사랑하는 사람, 그리고 나와 늘 잘 통하는 사람이니까요.

이웃이란 개념을 조금 더 확대해서 구체화하면 다음과 같이 말할 수 있습니다. 내가 대구 경북고등학교를 졸업했습니다. 그런 의미에서 경북고등학교를 나온 사람들은 나의 동창생이고 나의 이웃입니다. 내가 서울대학교를 졸업했어요. 그런 의미에서 서울대 출신들은 다 내 이웃이고 또 이후 제가 미국 에모리 대학을 나왔으니까 에모리 출신들도 다 나의 이웃입니다. 경북고, 서울대, 에모리 대학이라는 소리만 들어도 다 반갑고 기쁩니다. 그곳 출신 사람들하고는 '같이 밥 한번 먹고 싶은 마음'이 듭니다. '이웃' 개념이나 '이웃 사랑하는 마음'이 그런 마음이 아니겠습니까? 그게 바로 세상에서 이루어지고 통용되는 원리이고 법칙입니다.

그런데 바울은 이러한 통상적인 가르침에서 한 걸음 더 나아갑니다. 로마 제국의 상황에서 '이웃 사랑'을 주석하고 해석하여 누가에게 전합니다. '이웃 사랑'을 '원수 사랑'으로 확대합니다. 그리고 '원수 사랑'의 구체적 행위로써 '원수가 주리거든 먹을 것을 주고 목말라하면 마실 것을 주는 것'으로 제시합니다.

바울은 당시 이러한 이야기를 듣는 청중들이 마땅히 물어야 할 질문을 자신의 머릿속에서 반추합니다. 구체적 삶의 현장에서 이런 이야기가 어떻게 구체적으로 그리고 실존적으로 해석되고 실천되어야 하는 가를 생각하는 것입니다. 당연히 청중들은 질문할 것입니다.

"그러면 어떻게 원수를 사랑합니까? 원수는 나를 폭력으로 죽이려고 했고 죽이고 그러고 나를 감옥에 가두고 매를 때리고 십자가에 못 박고 하는데, 어떻게 그런 원수를 사랑할 수 있습니까?"

사도 바울은 이렇게 구체적이고 실전적 삶의 현장에서 청중들이 할 수 있는 질문과 반문을 생각하면서 누가에게 말하고 교우들에게 편지를 씁니다. 그런데 이런 사도 바울의 말은 조금 더 해석학적으로 더 나아가야 하는 말씀입니다. 로마서에 나오는 가르침이 겉으로는 '원수를 사랑하라' 이지만 사도 바울은 이러한 논리를 뛰어넘어 "복수는 전지전능하신 하나님만 할 수 있습니다. 그러니까 복수는 하나님께 맡기고 여러분은 단순히 원수가 주리면 먹을 것을 주십시오. 그것이 여러분이 해야 할 몫입니다"라고 말합니다.

이렇게 사도 바울은 "네 이웃을 네 몸처럼 사랑하라"는 역사적 예수님의 가르침과 말씀을 가지고 와서 주석할 뿐만 아니라 로마 제국의 정치적·경제적·사회적 폭정 아래에서 살고 있는 디아스포라 교인들에게 실존적 해석을 해 줍니다.

사실상 로마 제국 권력이 시퍼렇게 살아 있는 상황에서 로마 제국이라는 원수에게 당시 사람들이 어떻게 복수할 수 있겠습니까? 그것은 불가능한 일입니다. 사람이 할 수 있는 것이 아닙니다. 그런 의미에서 복수는 역사의 하나님, 전지전능하신 하나님만이 할 수 있는 일입니다. 사도 바울의 말씀은 좀 더 쉽게 이야기하자면 로마 제국 치하라는 역사적·실존적인 제한 조건 상황에서 살아갈 수밖에 없는 사람들과 역사 안에 내재하시면서 동시에 역사를 초월하시는 하나님, 조건에 제한받지 않으시는 전지전능하신 하나님과 서로 역할을 분담하는 것이라고 볼 수 있습니다.

그런 의미에서 사도 바울의 가르침은 주석과 해석이 통합된 가르침이라고 간주할 수 있습니다. 그런데 오늘 한국교회는 이러한 주석과 해석의 균형과 통합 작업을 하지 않고 있습니다.

한국교회의 바울 해석에 관한 문제 제기

사실 사도 바울은 혁명적인 이야기들을 많이 했습니다. 그런데 지금까지 한국교회 안에는 사도 바울은 체제 순응적이고 또 다른 한편으로 오히려 혁명적인 예수님의 가르침을 왜곡시키고 있다는 이해들이 지배적이라고 볼 수 있습니다. 여기에 관해서 도미니크 크로산의 해석으로부터 생각을 출발하고 싶습니다. 크로산에 의하면 기독교회가 바울에 대하여 갖고 있는 가장 큰 오해가 바울을 반 변혁적이며 혁명적인 예수의 가르침을 왜곡한 사람으로 이해하고 있다는 것입니다. 이런 면에서 크로산은 로마서 해석을 이렇게 합니다.

간단하게 말하자면, 크로산은 사도 바울은 로마서를 통하여 당시 로마 제국의 박해 아래에서 목숨의 위협을 강하게 받으면서 살아가고 있던 디아스포라 교인들에게 다른 형태의 메시지를 전하고 있다는 것입니다.

바울은 당시에 '하나님을 믿고 하나님 나라를 이 땅에 건설하려고 하는 열정에 사로잡혀 순교도 불사하겠다'는 교인들에게 "그렇게 하지 말라. 나는 너희들이 로마의 권력에 대하여 저항하다가 그렇게 죽는 것이 아깝다. 차라리 어떻게 해서든지 살아서 하나님 나라를 이 땅 위에 이룩하는 일을 위해서 노력을 해야 되는데 왜 그렇게 빨리 죽어야 하느냐"라는 메시지를 로마서를 통하여 전하고자 했다는 것입니다.

그런데 과연 우리가 크로산의 이러한 해석을 이해할 수 있겠습니까? 이러한 해석을 이해하기 위해서는 본회퍼의 삶을 다시 한번 돌아보아야 합니다. 본회퍼가 미국 뉴욕시에서 살다가 다시 독일로 돌아갔습니다. 어느 날 카페에서 모임을 갖고 있었습니다. 카페의 TV에서 히틀러에 대한 보도를 하는데 히틀러의 사진이 나오니까 카페 안에 있던 모든 사람이 일어서서 "하일 히틀러"라고 경의를 표하더라는 겁니다. 그때 본회퍼 목사도 다른 사람들을 따라서 자리에서 일어나 똑같은 자세를 취했는데, 그것을 본 사람들이 본회퍼 목사를 향해 비판의 목소리를 높였습니다.

이에 대해 본회퍼 목사가 이렇게 답했다고 합니다. "이런저런 것 때문에, 그리고 이런 것 저런 것 비판하다가 죽을 필요가 없다. 비본질적인 것을 가지고, 비판하면서 신앙이 있느냐 없느냐를 판단하지 말아야 한다. 비본질적인 차이를 통해서 연대를 약화시키고 서로의 기를 죽이는 일을 하지 말자"라고 했다는 것입니다. 나는 본회퍼 목사의 말을 이렇게 해석합니다. "끝까지 살아남아서 독일의 잘못되고 반인류적인 행위에 저항하고 그것을 저지하라. 독일의 변화를 이끌어내라. 그렇게 하려면 힘을 길러야 되는데 왜 그렇게 쉽게(?) 낭만적으로 죽으려고 하느냐?" 크로산은 본회퍼 목사의 삶을 언급하면서 로마서를 바울의 순교와 관련된 당시의 분위기에 대한 하나의 경계의 가르침으로 이해하려고 합니다. 크로산은 사도 바울의 '위에 있는 권세에 복종하라'라는 말의 의미를 '사람들로 너무 쉽게(?) 순교 당해서 하나님 나라를 땅 위에 이룩하는 일을 불가능하게 만드는 것을 막기 위한 고육지책'으로 이해하려고 합니다. 나는 크로산의 이 같은 해석이 일면 옳다고 생각합니다.

영웅주의와 Homo Sociologicus

어떻게 보면 이런 생각을 오늘의 말로 표현하자면 값싼(?) 영웅주의에 빠지지 말라는 이야기로 들릴 수도 있겠습니다. 이러한 해석을 오늘의 한국 사회에서 특히 민주화 운동이 왕성했던 시절, 청년 학생, 노동자들의 민주화를 위한 투쟁 과정에서 발생한 희생과 연관해서 생각해 볼 수 있습니다.

군사독재 정권 시절 소위 운동권 학생들이 죽어가고 억압당하고 감옥에 갇히고 하는 일련의 희생에 대한, 특히 젊은이들의 죽음에 대한 고민과 연관됩니다. 나는 서울대 교수로서 내 제자들이 그렇게 죽어가는 모습을 보면서 깊은 고민에 빠졌습니다.

당시 나는 대학에서 사회학을 가르치고 있었습니다. 한 번은 학생들에게 사회학적 인간론(Homo Sociologicus)에 대하여 글을 쓰도록 과제를 요구했습니다. 사회학적인 인간은 무대 위에서 꼭두각시처럼 시나리오에 따라서 행동하는 인간입니다. 시나리오는 사회규범, 다시 말하면 법이라고 하는 규범입니다. 이 시나리오를 중심으로 규범대로 행동하는 것이 모범적인 시민이고 모범적인 학생입니다. 모범적인 사람이 되기 위하여 모범적인 연기를 하는 것이 사회학적 인간입니다.

이러한 인간론, 사회학적 인간론을 강의하면서 "예수님은 사회학적 인간을 어떻게 봤을까?"라는 생각을 하곤 했습니다. 과연 예수님은 사회학적 인간에 대하여 어떤 말씀을 하셨을까요? 강의를 통해서 예수님의 처방에 대하여 이렇게 말했어요.

> "너희들은 무엇보다 하나님 뜻을 이룩하는 일을 위해서 살아라. 그러기 위해서는 사회학적 인간론이 요구하는 역할을 따라서 그대로 행동하는 꼭두각시가 되기보다는 새로운 규범을 만들어라. 그것을 만들다가 맞아 죽으면 그것이 하나님 뜻에 합당한 것이다."

사회학적 인간, 호모 소시올로지쿠스(Homo Sociologicus)는 사회가 기대하는 역할과 기대대로 행동하는 인간입니다. 그 당시에 나는 이러한 사회학적 인간, 사회학적 인간의 연기를 신랄하게 비판하면서 사회학을 가르쳤습니다. 그 강의를 하면서 호모 소시올로지쿠스는 출세하는 사람, 테크노크라시적 인간의 모범이긴 하지만, 그러한 인간형을 복음서가 가르치지는 않았다고 말했습니다. 그리고 이러한 내용의 호모 소설로지쿠스를 가르치고 나서 이에 대한 비판적인 글을 써서 제출할 것을 학생들에게 과제로 요구했습니다.

즉 과제는 학생들로 하여금 "호모 소시올로지쿠스라고 하는 것을 한번 반성하는 글을 쓰게 하는 것이었습니다. 그리고 이 과제는 사회학 강의 시간에 듣고 배운 지식의 내용을 얼마나 이해하고 있느냐 하는 것을 테스트하는 게 아니고 각자의 상상력을 촉발시켜서 사회학적 인간의 측면에서 자신을 비판적으로 성찰해 본 것을 글로 쓰라고 하는 과제였습니다.

그때 문리대 국문학과의 박 아무개라는 학생이 남긴 정말 뛰어난 글이 있었습니다. 나는 학생들의 과제 중에서 잘 쓴 글을 다음 수업에서 전체 학생들에게 들려주곤 했습니다. 그런데 그 수업에 글을 잘 쓴 박 아무개 학생이 오지 않았습니다. 나중에 신문 기사를 보고 알았는데, 그날 그 학생이 한강에서 투신자살을 했습니다. 투신자살하면서 유서와 같은 마지막 글에서 "나의 부모님(엄마)은 늘 내가 학교 갈 때마다 '오늘 데모하지 말아라' 하십니다. 이 엄마는 작은 '호모 소시올로지쿠스의 엄마'입니다. 나는 '더 큰 부모'를 위해서, '더 큰 엄마와 아빠'의 명을 따라 내 삶을 결정하겠습니다"라고 썼습니다.

박 아무개 학생은 한강에 투신하면서 "더 큰 엄마를 위해서, 늘 데모하지 말라고 하던 작은 엄마보다 더 큰 엄마, 그 엄마의 기대를 위해서. 그리고 작은 엄마가 나에게 기대하는 그 인간적인 롤 모델로서의 인간(호모 소시올로지쿠스)을 거부한다"를 외쳤던 것입니다.

바로 이것입니다. 내가 교수로 늘 강의해 왔지만 이 사건을 보면서 물론 가슴 아프고 안타까운 심정은 말로 표현할 수 없었지만 내 마음속에 '아, 내가 참으로 훌륭한 아이들을 가르쳤구나. 내가 할 말을 했구나. 이 시대에 필요한 여행자적인 이야기를 했구나' 하는 생각을 했던 적이 있었습니다. 예수님은 오늘 우리가 말하는 규범적인 '호모 소시올로지쿠스'를 가르치지 않았습니다. 그 당시 바리새인과 세리관들과 이런 사람들이 가르치는 바람직한 교회상과 인간상에 대하여 예수님이 화를 내셨습니다. 그러면서 말씀하십니다.

"이 성전을 허물라. 그러면 내가 사흘 만에 다시 세우겠다."

그렇게 비유로 말씀하십니다. 내가 이 이야기를 하는 이유는 오늘 우리가 살고 있는 이 사회에 사회학적 인간들이 너무 많고 또 이들이 판치고 있다는 현실을 향한 안타까움 때문입니다. "어느 유명한 대학 출신이다. 유명 법대를 나왔다"고 하면서 권력을 잡고 그것을 누리고 휘두릅니다. 윤석열 같은 경우가 '호모 소시올로지쿠스'의 전형적인 상징입니다. 이런 현실 앞에서 오늘 한국교회는 대안적인 '호모 소시올로지쿠스'를 제시하여야 합니다.

예수, Homo Sociologicus를 뒤집다

한국 기독교의 선포 내용 핵심에 일면 번영신학이라고 불리는 성공적 인간에 대한 이야기들이 있습니다. 교회가 선포하는 복음이 '호모 소시올로지쿠스'를 향하고 있는 것이 아니겠습니까? 그런데 우리는 예수님의 가르침과 그분의 행위를 '호모 소시올로지쿠스'와 연관하여 어떻게 해석할 수 있겠습니까?

예수님의 하나님 나라에 관한 비유를 살펴보면 이에 대한 가르침의 내용을 엿볼 수 있습니다. 예수님의 비유에 나오는 일꾼들의 이야기, 즉 하나님 나라를 위해서 충성으로 일하는 일꾼들에 대한 묘사를 통해 살펴보면 이 사람들은 전부 '호모 소시올로지쿠스'의 표상을 뒤집는 사람들입니다.

이를테면, 노동시장에서 품팔이하는 사람들에 대한 품삯 지불의 비유를 들어봅시다. 일용노동자, 즉 품팔이 일꾼들에게 주인은 그 일꾼들이 노동현장에 투입된 시간을 따지지 않고 모두에게 동일한 액수의 삯을 지불합니다. 예수님의 이 행위는 '호모 소시올로지쿠스'의 공식하고는 정반대입니다. 나는 처음에 예수님의 비유를 이해하기 힘들었습니다. 우리 모두가 같은 입장일 것입니다. 어떻게 서로 다른 시간을 노동했는데 똑같은 임금을 지불할 수 있을까? 과연 그것이 공정한 행위냐는 의문을 가질 수밖에 없을 것입니다.

노동이 끝나가는 오후 6시 혹은 7시에 노동 현장에 들어온 사람과 오전 이른 시간부터 노동 현장에 투입되어서 땀 흘려 열심히 일한 사람을 똑같이 취급하면서 더욱이 동일한 임금을 지급할 수 있겠습니까? 만일 이것이 하나님 나라의 뜻이라고 한다면 그것을 공정하게 받아들일 사람이 어디에 있겠습니까? 오전 이른 시간부터, 말하자면 일찌감치 노동 시장에 투입돼서 (선택받아서) 일감을 얻은 사람은 (자기 능력의 뛰어남 등을 자신하면서) 신나게 일했을 것입니다. 이 사람은 속으로 이렇게 생각했을 수도 있습니다.

"아, 이제는 가장으로서 아내와 자식 등, 온 가족에게 얼굴이 설 수 있구나!" 아마 그는 자식들한테도 자신이 아버지로서 역할을 한다는, 즉 위에서 언급한 것처럼 '호모 소시올로지쿠스'의 역할을 한다는 뿌듯한 마음에 보람을 느끼고 좋았을 것입니다. 반면에 오후 6시, 노동 시장이 끝나는 마지막 시간에 겨우 일감을 얻은 사람은 오전 이른 시간부터 그때까지 얼마나 초조하게 노심초사하면서 괴로운 하루를 보냈겠습니까.

예수님의 이 비유는 마지막 시간에 일감을 얻은 약하고 약한 사람, 즉 이 사회가 요구하는 '호모 소시올로지쿠스'의 형상에 전혀 미치지 못하고 동떨어져 있는 가난한 사람의 아픔과 고통을 이해하고 그 고통에 함께하시면서 거기로부터 출발하는 하나님과 하나님 나라를 보여주고자 하는 비유입니다.

이 비유는 '출애굽기'에 기록되어 있는 '백성이 이집트에서 바로 왕의 학정과 착취에 억눌려 너무 힘들어서 내는 신음소리를 듣고, 고통당하는 모습을 눈으로 직접 보고 고난의 삶의 현장으로 내려가는 하나님' 다시 말하면 성육신하시는 하나님을 보여주고 있습니다. 인간의 역사 속에 가장 낮은 곳으로 내려오는 하나님, 이것이 성육신 본래의 뜻이 아니겠습니까.

사랑, Homo Sociologicus를 뒤집는 진정한 힘

이런 의미로 오늘 한국교회가 절실하게 생각해야 할 것은 가현설의 하나님을 어떻게 뛰어넘어 성육신하는 하나님을 우리 삶의 현장에서 어떻게 경험하며 또 그러한 하나님의 모습을 우리의 실천적인 행위를 통하여 실천하는 일이 아닐까 합니다. 그것이 오늘 한국교회가 가장 잘못하고 있는 모습이 아닐까요. 저 높은 곳만을 바라보면서 저 낮은 땅의 삶을 향하지 않고 있는 모습 말입니다. 영화 〈그리스도의 사도, 바울〉을 다시 언급합니다.

로마의 방화 괴수로 몰려서 지하 감옥에서 고생하는 바울을 찾아온 누가가 바울에게 이렇게 말합니다. "예수님이 '원수가 주리거든. 먹을 것을 주고 목마르거든 마실 것을 주라'고 하셨는데 너무 어려운 말씀 아닙니까? 그렇습니다. 정말 어려운 말입니다. 너무 어렵잖아요! 어떻게 실천할 수 있습니까? '눈에는 눈, 이에는 이'로 보복하고 싶습니다. 그것이 훨씬 쉽지 않겠습니까. 정말 어려운 일은 '이를 때리는 사람에게 이를 때리지 않고, 눈을 치는 사람에게, 눈을 치지 않고 오히려 나를 때리고 모욕한 사람이 필요로 하는 것을 먼저 베푸는 일'입니다. 그것이 복음의 핵심입니다. 그것이 사랑이란 말입니다."

사도 바울이 말합니다. "믿음, 소망 그리고 사랑은 항상 있을 것이다. 그중에 제일은 사랑이다." 나는 바울의 말을 "사랑과 소망 그리고 믿음은 항상 같이 가야 한다. 서로 배제되는 것이 아니다. 그러나 그 모든 행위의 출발점과 기반은 사랑이다"라고 이해하고 해석합니다. 믿음과 소망과 사랑이 서로 순위가 있는 것이 아닙니다. 사랑으로부터 출발하는 믿음과 소망이 결국 하나님 나라를 이루는 것입니다.

진짜 사랑의 힘은 소망이 못하는 것을 하도록 만듭니다. 사랑의 힘은 믿음이 하지 못하는 것을 하도록 만듭니다. 생각해 봅시다. 믿음이 지나치게 철저하면 오히려 사람을 죽입니다. 이데올로기화된 신념(믿음)은 나치들로 하여금 하루에도 수천 명을 가스실로 보내 죽게 만듭니다. 나치 독일에서 유대인들이 그렇게 죽어간 것은 나치들의 믿음 때문이 아니었습니까? 나치들은 자신의 확고한 믿음 때문에 유대인들을 그렇게 참혹하게 죽인 것입니다.

어떻게 '호모 소시올로지쿠스'를 넘어 하나님 나라의 인간상을 이루어 나갈 수 있겠습니까? 이웃을 사랑하는 것은 할 수 있을지 몰라도 원수에게 복수하지 말고 원수를 대접하라는 것을 어떻게 이행할 수 있겠습니까? 오직 사랑의 힘만이 우리로 그것을 가능하게 할 것입니다. 사랑은 믿음과 희망이 자기 확신과 자기를 중심으로 하는 유토피아가 아닌 진정한 하나님 나라, 평화와 정의의 하나님 나라를 향할 수 있도록 해주는 유일한 힘입니다.

성서, 사랑의 힘의 원천

내가 유신 독재 시절 남산에 붙잡혀 가서 조사받을 때의 일입니다. 아주 흉악하게 생긴 특별한 조사관이 나를 취조하러 왔습니다. 당시 중앙정보부에서 네 사람이 왔었는데 내 기억으로는 모두 울퉁불퉁하게 험하게 그리고 무섭게 생겼습니다. 그 사람들이 오더니, 나를 쳐다보지도 않고 둘러서서 마치 자기들끼리 이야기하듯이 그러나 나보고 들으라는 듯이 크게 대화를 나눴습니다. "이 한완상 XX는 인간도 아니야. 인간관도 없고 국가관도 없는 놈이야. 애국심도 없고 인간애도 없는 놈이야. 왜 전라도 놈을 대통령으로 옹립하려고 하는지, 이상하고 미친놈이야."

당시 그 장소에 붙잡혀 와 있는 나의 존재가 있는데도 전혀 무시하고 나를 둘러싸고 자기들끼리 대화를 합니다. 이런 모습은 나를 철저히 비인간화하는 모습입니다. 존재하지만 마치 존재하지 않는 것처럼 철저하게 무시하고 무관심한 것은 인간존재를 철저하게 비인간화하는 작업입니다.

이들은 어쩌다 나를 쳐다보고 욕을 하기도 합니다. 그리고 자기들이 내 눈을 쳐다보고 있다가 나보고 "왜 빤히 쳐다보느냐?"면서 구타합니다. 당시 잡혀 와 있는 사람들은 대부분 그런 상황에서 말할 수 없는 구타를 당하곤 했습니다. 나는 그리 많이 맞은 기억은 없는데 그 외의 사람들은 상당한 구타를 경험해야 했습니다. 당시 내가 있던 옆방에서 조사받고 있었던 한승헌 변호사나 또 이해동 목사님 같은 분들의 고통에 겨워 내는 신음 소리들을 똑똑히 듣곤 하였습니다. 그 신음 소리를 듣는 것은 참으로 고통스러운 일이었습니다. 내가 있는 바로 옆방에서 퍽퍽 때리는 소리가 나고 또 신음 소리를 내면서 소리 지르고 고통을 당하는 이 목사님의 소리를 듣고 너무 힘들고 괴로웠습니다. 그리고, 혼자 속으로 생각했습니다. "아, 목사님이 어떻게 저 고통과 아픔을 이길 수 있을까? 내가 도와줄 방법이 뭐가 있겠나?" 하면서 절망감에 빠져들곤 했습니다.

그런데 그때 나는 남산에 잡혀 오면서 작은 성서 한 권을 손에 들고 왔었습니다. 당시 나를 감시하고 통제하던 네 사람은 조금은 어진 마음(?)이 있어서 그랬는지는 모르겠지만 내가 성서를 읽는 것을 금지하지는 않았습니다. 이유는 무엇인지 모르겠지만 성서 읽기를 허락해 주었습니다. 그 어려운 상황에서도 나는 이들의 작은 배려로 성서를 읽으면서 고통을 이겨나가고 있는데 이 목사님에게 이 성서를 주어서 성서 읽기를 통하여 아픔과 고통을 조금이라도 이겨나가게 하면 어떨까 하는 생각을 하게 되었습니다.

그런데 막상 성서 책을 이 목사님께 드리려고 하니까 아까운 생각이 들더군요.(웃음) 당시 내가 남산에 갖고 들어온 성서는 종로서적에서 구입한 영어와 한국어로 되어 있는 손바닥보다 조금 작은 책이었습니다. 망설이게 되더라고요. 그런데 계속해서 옆 방에서 들려오는 이 목사님의 처절한 신음 소리, 구타당하는 소리가 나를 더 이상 견딜 수 없게 만들었습니다. 그것뿐 아닙니다. 새벽 4~5시경에는 당시 시위를 하다가 잡혀 온 학생들이 맞으면서 내는 신음 소리까지 들려오는 것입니다. 젊은 학생들은 너무 큰 고통에 겨워 "아, 엄마 왜 나를 낳았어요"라고 하면서 괴로워했습니다.

이런 괴로운 소리가 들려오는 환경 속에서 계속 지내다 보니까 옆방의 이 목사님의 고통이 내 마음 깊은 곳에 깊게 저며 들어왔습니다. 그래서 나름대로 생각해 낸 묘안이 내가 갖고 있는 성경책을 통째로 드릴 수는 없으니, 책을 찢어서 일부분만 드려야겠다고 생각했습니다. 그렇게 해서라도 이 목사님이 성서 읽기를 통하여 이 고통의 시간을 이겨 나갈 수 있을 것이라는 생각을 하게 되었습니다. 그러나 또 막상 성경을 찢으려고 하니 아깝기도 하고 불경스러운 마음이 들기도 했습니다.

당시까지 매우 보수적인 성경교육 과정을 받고 자라 온 나는 성서를 찢는다는 것은 상상할 수도 없었습니다. 그러나 일단 성서를 통째로 다 드릴 수는 없고 해서 찢기로 결심했습니다. 그래서 '나는 평신도니까 사도행전 이후의 성서를 갖고 있고 예수님의 말씀이라고 하는 복음서는 목회자이신 목사님한테 드려야겠다'는 결정을 했습니다.

그리고 성서를 찢었는데 지금도 생생하게 기억나지만, 당시 성서를 찢는 소리가 아주 아름답게 들리더라고요. 그리고 복음서까지는 이 목사님께 드리고 사도행전부터 바울의 서신 그리고 기타 서신들 부분은 내가 갖게 되었습니다. 후일, 이 목사님과 내가 남산 중앙정보부 지하 2층에서 서대문 형무소로 이관될 때 이 목사님께서 내가 드렸던 '찢어진 성서 책'을 나한테 돌려주더라고요. 그 찢어진 성서 책을 갖고 있어야 되는데 지금 그 책이 어디에 있는지 찾을 수가 없어서 무척 아쉽습니다. 그런데 흥미로운 것은 이 목사님에게 찢어진 성경을 전달하고 나서부터는 옆방에서 고통에 겨운 신음 소리보다는 오히려 '기도하는 소리와 찬송 소리'가 들려오는 것이었습니다.

옛 서대문 형무소에 내가 갇혀 있던 방이 있습니다. 그 감옥 방 시멘트 바닥에 제 발자국이 찍혀 있습니다. 할리우드의 배우들은 손바닥을 찍잖아요. 우리는 시멘트 바닥에 발바닥을 찍었습니다. 아마 험한 데를 밟고 다니면서 하나님 나라를 전하는 복음의 천사들의 발바닥이라는 의미가 아닐까 생각합니다.

예언자, Homo Sociologicus를 넘어서는 사람

위에서 언급한 '호모 소시올로지쿠스'(사회학적 인간) 개념이 한국교회의 '번영신학'하고 연결이 되는 것 같습니다. '좋은 신앙인'이라는 개념이랄까요? 규범대로 살고 모범적인 인간으로 살아서 성공하고 출세하는, 그래서 '정상에서 만납시다'를 외치는 번영신학과 연결되지 않나 하는 생각입니다. 그런데 그것이 교회가 추구해야 할 인간상이 될 수 있겠습니까. 오늘 한국교회는 이런 번영의 인간, '호모 소시올로지쿠스'를 뛰어넘는 삶을 제시해야 하지 않겠습니까?

그것이 예언자적인 삶입니다. 예언자는 다름 아닌 이러한 하나님 나라 삶의 모습을 그의 삶의 행위를 통해서 동시대의 사람들에게 몸소 보여주는 사람들이라고 할 수 있습니다. 하나님 나라에서 예언자들의 위치는 매우 독특합니다. 성서에 나온 예언자들의 생애는 하나같이 다 외롭고 추운 삶을 살았습니다. 내 자서전의 제목이 『사자가 여물을 먹고』입니다. 이 제목은 우리 집 거실벽에 걸려 있는 그림에서 비롯되었습니다. 저기 보이는 거실벽에 걸려 있는 그림은 '이사야의 꿈'을 그림으로 표현한 작품입니다.

이사야의 꿈이 무엇입니까? 이사야 11장에 보면 "그 때는 이리가 어린 양과 함께 살며, 표범이 새끼 염소와 함께 누우며, 송아지와 새끼 사자와 살진 짐승이 함께 풀을 뜯고, 어린 아이가 그것들을 이끌고 다닌다. 암소와 곰이 서로 벗이 되며, 그것들의 새끼가 함께 누우며, 사자가 소처럼 풀을 먹는다. 젖먹는 아이가 독사의 구멍 곁에서 장난하고, 젖뗀 아이가 살무사의 굴에 손을 넣는다"(6~8절)는 말씀이 있습니다.

그렇습니다. '사자'라고 하는 가장 성공한 '호모 소시올로지쿠스'는 늘 '소'를 자신의 먹거리(음식)로 생각하고 '소'를 죽이고 아무렇지도 않게 '소'를 맛있게 먹습니다. 이런 사자가 더 이상 소를 먹이로 삼지 않고 소처럼 풀을 먹는 세상을 예언자 이사야가 꿈꿨던 것입니다. 그리고 이러한 예언자들의 종말론적 꿈, 로마 제국을 비롯한 역사에 나타났던 많은 제국들에게 시달려 온 이스라엘의 아픔을 하나님께 호소하면서, 제국의 통치가 끝나고 하나님의 통치가 이루어지기를 간절히 바라는 이사야의 꿈이 예수님까지 연결됩니다. 나는 젊었을 때부터 종말론적인 완성을 향한 예언자 이사야의 꿈에 크게 매료되었고 늘 나의 가슴을 뛰게 만들었습니다.

사실 사자로 상징되는 엘리트이며 권력자(오늘 한국의 정치적인 상황에서 윤석열과 같은 학벌도 제일 좋고 잘 나가는 사람이라고 할 수 있습니다.)가 하나님 나라의 주인공은 아닙니다. 하나님 나라의 주인공이 되는 기쁨은 이런 특권층이나 엘리트가 아니라 사회학적으로 말하자면 사회의 밑바닥에서 돌처럼 밟히는 하층계층에 속해 있는 사람이 누릴 수 있는 것 같습니다. 그것이 예수님이 자신의 생애를 통하여 우리에게 가르쳐 주시고 몸소 보여주신 것이 아니겠습니까.

그래서 예수님이 태어나실 때(하나님의 성육신) 가장 낮고 천한 모습으로 그 장소를 택하신 것이 아니겠습니까? 그분은 사람(호모 소시올로지쿠스)의 침대에서 태어나지 않고 냄새나고 형편없는 말의 밥통에서 태어납니다. 이런 의미에서 성육신에 대한 이해는 단순히 주석적인 차원에서 신이 인간의 몸을 입었다는 것을 뛰어넘어 해석학적인 차원으로 넘어가야 합니다. 해석학적 차원에서 이해를 시도해야 합니다. 여기서 해석학적 차원의 이해라는 것은 예수님이 탄생하실 때의 사회·정치·경제적인 상황과 조건을 염두에 두어야 한다는 의미입니다.

이러한 상황적 그리고 시대적 조건에 대한 인식이 없이 성서 읽기가 단순한 주석행위에만 그치게 될 때 우리는 예수님의 성육신의 의미를 오늘 우리의 상황에서 정확하게 해석할 수 없을 것입니다.

어떻게 Homo Sociologicus를 넘어설 수 있는가?

내가 '호모 소시올로지쿠스'의 개념에 대해 많이 언급을 했는데 어찌 보면 내 자신이 '호모 소시올로지쿠스'에 속해 있지 않습니까? 고등학교(경북고등학교) 대학교(서울대학교)를 거쳐 미국의 사회학 박사(에모리 대학교) 등을 거친, 오늘 한국 사회의 '호모 소시올로지쿠스'라고 할 수 있을 것입니다. 또 다른 측면에서 나도 '호모 소시올로지쿠스'처럼 성공한 삶을 살아왔다는 이야기를 듣고 있습니다. 그렇다면 내 삶의 여정에서 사회학적 인간형을 어떻게 넘어설 수 있을까라는 의문도 늘 내면에서 발생하고 있었습니다.

언젠가 내가 새길교회에서 하나님 말씀을 증거하면서 어떻게 그것을 깨트리겠다는 생각을 갖게 되었는가에 대해서 말한 적이 있습니다. 그것은 한마디로 말하면 하나님 나라의 특징을 제대로 깨닫고 이에 따라 자신의 정체성과 주체성을 확립하는 것으로부터 출발한다고 말씀드릴 수 있습니다.

예수님이 가르쳐 주신 하나님 나라의 특징은 전에 '예수님의 포도원 일꾼 고용과 동일한 품삯 지급' 비유에서 언급한 것처럼 "제일 늦게 고용이 되었으나 제일 먼저 고용된 사람하고 동등한 대접을 받게 하는" 하나님의 뜻을 이해하는 것입니다. 그것은 가장 많은 고통을 겪은 사람, 고용 시장의 파장 시간인 6시가 가까이 되었는데도 아직도 아무도 자신을 고용하지 않는 처절한 상황, 따라서 '오늘도 자식들을 굶기겠구나' 하는 노동자의 아픔을 하나님이 느끼셨다는 그 '하나님의 공감능력'을 이해하는 것입니다. '하나님도 아프시다' 하는 마음을 품는 것입니다. 그것이 기독교 복음의 핵심입니다.

두 번째로 핵심적인 것은 주체성과 정체성 확립과 관련된 내용입니다. 거라사 지방에서 귀신 들린 사람을 치유한 사건을 기억해 봅시다. 예수님은 귀신 들린 사람을 만나 그 사람의 이름을 묻습니다. 예수님이 이름을 물었다는 것은 병자를 괴롭게 하고 있는 악의 정체성(identity)을 밝히기 위해서입니다. 여기에 덧붙여서 우리가 생각할 것은 주체성 확립입니다. 30년 이상 혈루증으로 고생했던 여성을 치유한 사건에서 예수님은 "누가 내 옷자락을 만졌느냐?"라고 묻습니다. 옷자락을 만진 여인이 나타납니다. 아마 마음속으로 엄청 두려워하지 않았겠습니까. 예수님이 묻습니다. "지금 상태가 어떻습니까?" "다 나았습니다. 주님이 낫게 해 주셨습니다." "아닙니다. 내가 당신을 낫게 한 것이 아닙니다. 당신의 믿음이 낫게 했습니다." 이것이 복음의 힘입니다. 자신의 주체성을 깨닫게 하는 것이 복음의 힘이 아니겠습니까.

반면, 우리는 늘 "그리스도 예수의 이름으로 기도합니다"라고 말합니다. 여기서 예수의 이름은 단순한 주술적인 의미가 아닙니다. 예수의 이름으로 기도한다는 것은 "예수의 마음, 즉 내가 당신을 낫게 한 것이 아닙니다. 당신을 질병에서 해방시킨 것은 당신 자신의 믿음입니다"를 깨닫고 있다는 것을 의미합니다. 이것이 주체성의 확립입니다.

사도 바울도 마찬가지로 역사적인 예수의 부름을 받지 못했습니다. 그는 부활의 예수로부터 부름을 받습니다. 부활의 예수와 만났을 때의 예수와 바울의 대화를 상기해 봅시다. 어떤 대화를 합니까? "당신은 누구십니까?" "나는 당신이 핍박하는 예수입니다." 정체성과 주체성에 관한 대화였습니다. 예수 믿고 예수의 사람이 된다는 것은 이러한 급진적인 정체성과 주체성(radical trasnformation of identity)의 변화를 경험한다는 의미입니다.

이런 맥락에서 보면 회심은 사회학적 사람(homo sociologicua)의 정체성을 거부하고 예수의 사람(homo christus)의 정체성으로의 변화를 의미합니다. 이러한 변화가 결국 사회학적 인간의 굴레를 넘어서 예수의 사람으로 나갈 수 있게 만들 수 있습니다.

여러 가지 이야기

한국교회에서 사라진 진정한 보수적 신앙인의 모습

나의 부모님의 신앙은 매우 보수적이었습니다. 두 분은 성결교회 교인으로서 존 웨슬리의 성화의 신앙을 갖고 계셨습니다. 두 분은 말로만 하는 신앙이 아니라 생활을 통한 실천을 강조하셨습니다. 그리고 두 분은 무엇보다도 강한 속죄론적인 신앙의 소유자로서 회개의 눈물을 많이 흘리셨던 것으로 기억합니다.

그런데 무엇보다도 나에게 가장 강력한 기억으로 남아 있는 두 분의 신앙 모습은 '신앙이 교회 안에 머물지 않고 삶의 현장에서 실천으로 이어지는 모습'이었습니다. 이에 대한 경험 하나를 나누겠습니다.

나는 아버지가 김천의 한 중학교 교감으로 발령받아 대구에서 살다가 김천으로 이사했습니다. 그래서 김천에서 6.25전쟁과 1.4후퇴를 경험했습니다. 1.4후퇴 때 많은 피난민이 기차 위에 올라서서 추위에 오들오들 떨면서 이불을 뒤집어쓰고 온 가족이 부산까지 내려가는 피난 행렬 기차가 김천, 구미, 왜관 그리고 대구를 통해서 부산으로 갔습니다. 그 피난 행렬 기차가 당시 우리 가족이 살고 있던 김천역을 지나갔습니다.

당시 아버지는 김천 남산성결교회를 다니셨는데 교회 담임목사가 연세대학 신학교를 나온 젊은 목사였습니다. 폐병으로 일찍 사망했지만, 그의 설교는 심오했습니다. 어느 주일날 교회 갔다 오시더니 아버지 어머니가 담임목사의 설교를 언급하면서 우리 형제들을 불러서 말씀하십니다. "너희들, 지금 당장 김천역으로 가라. 서울에서 내려오는 피난 열차 중의 열차 꼭대기에서 떨면서 고생하는 동포들이 많은데 그 가운데 너희들이 볼 때 가장 어렵고 불쌍한 사람 한 가족을 집으로 데려오너라."

그래서 나와 형제들은 김천역으로 갔습니다. 가보니까 열차 꼭대기에서 콜록콜록 기침하는 병에 걸린 사람이 이불을 쓰고 있었습니다. 나이가 30대 후반에서 40대 초반 정도의 사람인데 부인과 함께 쫄망쫄망한 아이들이 셋이었습니다. 큰 아이는 초등학교 2학년, 작은 아이는 유치원 다닐 정도로 보였고, 막내는 젖먹이였습니다. 그 가족에게 "우리 집에 가서 며칠 쉬고 가실래요"라고 했습니다. 그리고 아이 셋을 데리고 가는 젊은 부부 가족, 모두 다섯 명을 집으로 모셔 왔습니다.

그때 아버지가 김천중앙국민학교 교감이셔서, 우리 가족은 학교 관사에서 살고 있었습니다. 관사는 흙벽돌집이었는데 한 5평 되는 방, 3평 되는 방, 그리고 4평 정도 되는 방 등 모두 세 개의 방이 있었습니다. 그런데 우리 형제자매는 모두 아홉 명이었습니다.

아버지는 우리 형제들이 모여서 자는 4평 방에 그분들을 모셨고, 우리 형제들은 모두 마루에서 추위를 참아가며 자야만 했습니다. 그런데 이들은 며칠이 아니라 몇 달을 머물다가 부산으로 갔습니다. 당시 부모님을 굉장히 원망하기도 했습니다.

당시 어머니는 권사였고 아버지는 장로이셨는데, 나의 부모님이 그런 순수한 보수적인 예수의 사랑을 직접 몸으로 실천하는 성결교회 교인이었습니다. 요즘 그런 보수 교회나 교인이 없습니다.

그런 의미에서 오늘 한국교회가 진정한 의미에서 보수적 교회인지를 묻고 싶습니다. 오늘 한국교회는 더 이상 보수적 교회가 아닙니다. 대다수 한국교회는 선교 초기의 보수적 신학과 보수적 신앙의 본질과 정신을 잃어버렸습니다. 아니 오히려 열렬한 기독교인이 되면 될수록 더 세상과 타협하고 권력을 추구하는 등 예수의 복음으로부터 멀어져 가게 되는 이중적이고 모순적인 삶을 살고 있지 않습니까?

한국교회는 더 이상 보수가 아니라 이미 극우화되었습니다. 오늘 종교적 지도가 변화되는 현실에서 한국교회는 스스로에게 진지한 질문을 던져야 합니다. 무엇이 오늘 우리로 한국 사회에서 진정한 예수의 사람으로 살아가게 만드는 것인가라는 질문을 던져야 합니다.

아버지의 보수적인 신앙

아버지의 신앙에 관한 이야기를 조금 더 해보겠습니다. 내가 박정희 독재정권 시절 '내란모의' 혐의로 검거되었을 때입니다. 남산 중정 취조실에서 조사받고 있었는데 마지막 조사를 마쳐가는 시점이었습니다. 당시 형이 아버님을 모시고 면목동에서 살고 있었습니다. 나에 대한 취조 마지막 단계에서 내 형을 조사하고 나에 대한 모든 조사를 종결하려고 했습니다.

당시 나를 조사하던 수사관 하고 몇 달 동안 같이 지내다보니까 나름 친구같이 되어 있었습니다. 그래서 그들에게 아버지에게 편지를 쓰게 해달라고 말했습니다. 나는 "아버지가 지금 70이 넘었는데 내가 자식으로서 불효자입니다. 언제 뵐지 모르니 편지라도 좀 쓰게 해 주세요"라고 부탁을 했습니다. 그러나 내가 국사범이라는 이유로 거절당하고 말았습니다.

그런 일이 있고 나서 얼마 안 지나서 조사관들이 나에게 글씨가 쓰인 종이 한 장을 던졌습니다. 나는 직감으로 아버지가 나한테 뭔가를 쓰신 것이구나 하고 느꼈습니다. 그래서 읽어 보니까 순복음교회에서 늘 말하는 '3박자 축복'의 성서 구절이 마치 개인적인 편지같이 쓰여 있었습니다. 나중에 알아보니, 나의 아버님도 "내 아들이 고생하는데 아들한테 편지 한쪽 쓰게 해 달라"고 부탁하셨던 것입니다.

그런데 조사관들이 "한 박사는 국사범이기 때문에 안 됩니다"라고 불허했습니다. 아버지는 계속해서 "그러면 성경 말씀을 쓰도록 해 주십시오"라고 해서 결국 허락받고 편지를 나에게 보낼 수 있었습니다. 아버지는 요한3서의 말씀을 써서 보냈습니다.

> "장로인 나는 사랑하는 가이오에게 이 글을 씁니다. 나는 그대를 진정으로 사랑합니다. 사랑하는 이여, 나는 그대의 영혼이 평안함과 같이, 그대에게 모든 일이 잘 되고, 그대가 건강하기를 빕니다. 친구들이 와서, 그대가 진리 안에서 살아가는 모습 그대로 그대의 진실성을 증언해 주었을 때에, 나는 매우 기뻤습니다. 내 자녀들이 진리 안에서 살아가고 있다는 소식을 듣는 것보다 더 기쁜 일이 나에게는 없습니다." (요삼 1:1-4)

그런데 이 글을 읽으면서 2천 년 전의 그 편지가 나에게는 마치 오늘 쓴 것처럼 읽혔습니다. 마치 1976년도에 아버지가 나에게 쓴 개인적인 편지 같았습니다.

이 편지를 읽으면서 눈물이 주르륵 흐르더라고요. 이것이 분명히 2천 년 전에 기록된 성경 말씀인 것이 틀림없지만, 당시에는 아버지가 오늘 나한테 하는 개인적인 말로 들렸습니다. 마치 바로 앞에 있는 사람에게 "사랑하는 이여, 나는 그대의 영혼이 평안함과 같이, 그대에게 모든 일이 잘 되고, 그대가 건강하기를 빕니다"라고 말하는 것 같았습니다. 조용기 목사의 추상적인 성경 말씀 인용이 아니라 실질적인 의미로 다가오는 것이었습니다. 당시 아버지의 편지가 나에게 대단히 큰 힘이 되었습니다.

사실 이것이 복음의 핵심이 아니겠습니까. 진리 안에서 살아가는 것이 기쁘고 중요한 것입니다. 영혼이 잘 되고, 범사에 잘 되고, 병이 낫는 삼박자가 중요한 게 아닙니다. 그러면 진리가 무엇입니까? 진리는 악에 의해서도 굴복당하지 않는 그로 인하여 영혼의 기쁨을 맛보는 것입니다.

보수 교회 장로와 권사이셨던 아버지 어머니를 보면서 오늘 한국 교회의 보수성을 생각합니다. 어머니는 기도하실 때마다 늘 우셨습니다. 어머니는 예수 보혈의 공로로 '죄 사함'을 받은 것에 대해서 감사하면서 울면서 기도하셨습니다. 어머니가 자주 부르던 찬송가가 "내 영혼이 은총이 중한 죄 짐 벗고 보니 슬픔 많은 이 세상도 천국으로 변하도다"(새 찬송가 438장)입니다. 어머니에게 천국은 '주님과 함께 가는 곳'이었습니다. 그런 어머니와 아버지의 신앙이 나에게 힘이 되었습니다.

그런데 요즘 왜 보수적 교회에 이런 장로, 권사가 없는지 의문입니다. 아들 같은 젊은 목사의 설교를 듣고 자기 아들들을 역으로 보내서 피난민 중의 어려운 가족을 데려와서 자기 아들들 방을 빼앗고 몇 달 동안 먹이고 재우고 하는 장로와 권사가 없다는 것입니다. 왜 한국교회에 이 같은 따뜻한 보수가 사라졌느냐는 질문입니다. 하나님의 사랑을 실천하는 따뜻한 보수의 존재가 있어야 합니다.

K-culture and K-church

우리는 '상부상조'라는 전통이 있습니다. 유럽 사람들이 부러워하는 전통입니다. 유럽 사람들이 한국 사람이 위대하다고 하는 걸 깨닫는 부분이 바로 여기에서 발견됩니다. 다시 말하면 한국이 전통적으로 기독교 국가는 아니지만, 품앗이 같은 전통을 통해서 '벼도 같이 심고, 한 동네에서 어려운 사람이 있으면 같이 먹을 것도 나누는 것'을 잘합니다.

세계 사람들이 그것을 보고 한국적인 문화, 일명 K-culture라고 말합니다. 그러니까 지금 우리에게 K-culture가 있는데, 이제 K-church도 있어야 하지 않겠습니까.

그리고 가장 중요한 것은 K-church는 예수의 이름으로부터 출발하는 진정한 의미의 십자가의 힘을 기반으로 해야 한다는 것입니다. 예수 그리스도의 이름으로 우리의 삶을 성찰하고 행동해야 합니다. 결국 예수 그리스도의 이름은 자기를 비워내서 남을 살려주기 위하여 스스로 십자가에 달리는 힘입니다. 그래서 나는 기독교인들을 기독교 신자라고 부르지 않고 "예수 따르미"라고 부릅니다.

예수 그리스도의 이름은 해방하는 힘을 의미합니다. 교회가 그 힘을 제대로 그리고 용감하게 가르쳐야 합니다. 내가 제일 좋아하는 찬송가 중의 하나가 481장 〈때 저물어서 날이어두니〉입니다.* 이 찬송의 가사가 아주 좋습니다. 이 찬송은 무슬림 종교 사회에서도 국가 행사 시에 부르기도 합니다. 상당히 보편성이 있는 찬송이라고 할 수 있습니다. 이 찬송 가사 중에서도 나를 가장 그래도 겸손하게 하는 게 4절입니다.

"이 육신 쇠해 눈을 감을 때 십자가 밝히 보여주소서"입니다. 십자가를 보여 달라는 것은 우리 믿음의 핵심이 십자가에서 극명하게 드러난다는 의미가 아니겠습니까.

예수의 이름과 왜곡된 십자가의 위험에 대하여

십자가에 대해서 몇 가지 덧붙일 말이 있습니다. 십자가의 형태를 살펴보면 십자가가 얼마나 손쉽게 왜곡될 수 있는지를 보게 됩니다.

수직으로 되어 있는 십자가의 꼭대기를 왼쪽으로 꺾고 수직 십자가 아래를 오른쪽으로 꺾습니다. 그리고 수평으로 되어 있는 십자가의 왼쪽 끝을 아래로 꺾고 동시에 오른쪽을 위로 꺾

* 찬송가 481장의 가사는 다음과 같다.
1. 때저물어서 날이어두니 구주여나와 함께하소서 내친구나를 위로못할때 날돕는주여 함께하소서
2. 내사는날이 속히지나고 이세상영광 빨리지나네 이천지만물 모두변하나 변찮는주여 함께하소서
3. 주홀로마귀 물리치시니 언제나나와 함께하소서 주같이누가 보호하리까 사랑의주여 함께하소서
4. 이육신쇠해 눈을감을때 십자가밝히 보여주소서 내모든슬픔 위로하시고 생명의주여 함께하소서
아멘

으면 왜곡된 십자가가 나타납니다.

그것이 독일 나치스의 하켄크로이츠(Hakenkreuz)입니다. 왜곡된 십자가로 변형됩니다. 왜곡된 십자가를 만들어 낸 나치스의 독일이 아우슈비츠 같은 비극을 만들었습니다.

한국기독교와 십자가 정신

십자가를 왜곡시킨다는 것은 이처럼 커다란 비극을 만들어 낼 수 있다는 역사적 그리고 신학적 교훈을 받을 수 있습니다. 십자가 왜곡 사건은 악도 십자가를 이용, 즉 악용할 수 있다는 것입니다. 십자가를 악용해서 악의 상징, 사탄의 상징으로 만드는 것은 십자가를 왜곡 하는 것입니다. 그런데 오늘 한국교회의 상황을 살펴보면 이런 십자가 왜곡 현상을 발생시키고 있는 것은 아닌가 하는 우려를 낳게 합니다. 혹시 한국교회가 십자가를 사방으로 왜곡시키고 있는 것은 아닌가 하는 우려 말입니다.

한국교회가 신뢰를 회복하려면 왜곡된 십자가를 다시금 정상적인 십자가로 회복하는 것입니다. 그러기 위해서 무엇보다도 오늘 한국교회의 십자가 왜곡 현상에 대한 철저한 반성과 성찰이 요구됩니다.

기독교는 예수의 십자가 정신을 망각해서는 안 됩니다. 십자가의 정신은 특히 바울의 서신 로마서 12장에 명백하게 표현되어 있다고 봅니다. “이웃 사랑을 넘어 원수를 사랑하라”는 말에 나타나 있습니다. 배고파하는 원수에게 먹을 것을 주고 목말라하는 원수에게 마실 것을 주라고 하는 명령에 나타나 있습니다.

나는 이 명령을 ‘발선(發善), 발선(發善)의 예수님의 메시지’라고 부릅니다. '발악(發惡)'을 하지 말라는 것입니다. '발악(發惡)'은 복수를 하는 것인데 '눈에는 눈 이에는 이'라는 발상입니다. 그것이 발악(發惡)입니다. 이것이 복수입니다. 그런데 기독교의 복음은 발악(發惡)이 아니고 발선(發善)입니다.

미국 개신교의 아시아 선교 열풍과 식민주의

1855년 미국 감리회 선교사 아펜젤러*와 미국 장로교 선교사 언더우드가 조선반도에 도착해서 정동교회†와 새문안교회‡를 세웁니다. 이들은 교회 설립 등 선교사역을 통하여 한국의 개화를 일으키는데 상당히 큰 역할을 합니다. 그 가운데 내가 특별히 강조하고 언급하고 싶은 것이 하나 있습니다. 인사동에 위치하고 있던 승동교회§ 이야기입니다.

---

* 암울했던 구한말 내한하여 헌신한 개신교 선교사 1세대의 대표주자 중 한 사람이다. 배재학당과 정동교회를 설립하는 등 교육과 선교에 힘썼으며 성경 번역에도 크게 기여를 하였다. 그의 아들 헨리 다지 아펜젤러는 아버지를 이어 배재학당에 교장으로 취임해 교육에 헌신했고, 딸 엘리스 레베카 아펜젤러 역시 이화학당을 발전시키는 데 큰 업적을 남겼다.(https://namu.wiki)

† 1885년 미국 감리회 목사 헨리 아펜젤러가 설립한 개신교 교회. 소래교회와 더불어 한반도에 세워진 최초의 교회로 한국의 어머니 교회로도 불린다. 특히 1897년에 건축된 현 정동제일교회의 벧엘 예배당은 한국 개신교 최초의 서양식 예배당으로, 1977년 사적 제256호로 지정되었다. 일제강점기 시절 유관순을 비롯한 여러 독립운동가가 출석했던 교회로 유명하며, 기미독립선언서가 이 교회 예배당 지하에서 대량으로 복사되어 배포되기도 했다.(https://namu.wiki)

‡ 1887년 9월, 미국 북장로회 선교사 호러스 그랜트 언더우드(Horace Grant Underwood)에 의해 설립되었다. 그는 1885년 4월 5일, 감리교 선교사 헨리 아펜젤러(Henry Appenzeller)와 함께 제물포항을 통해 입국하며 한국에 개신교 복음을 처음 전한 인물 중 하나였다. 언더우드는 입국 2년 후인 1887년 9월 27일, 한국인 세례교인 14명과 함께 교회의 조직을 갖추고 2인을 장로로 세워 당회를 구성함으로써 한국 최초의 조직 교회로서 새문안교회를 창립하였다.(https://namu.wiki)

§ 서울특별시 종로구 인사동에 위치한 대한예수교장로회(합동) 소속 교회이다. 새문안교회, 연동교회 등과 더불어 한국교회의 모교회로 일컬어지고 있다. 1893년 6월 설립된 교회는 '곤당골교회'라고 불렸는데 승동교회의 모체가 된다. 설립 초기 당시 유교적인 사회 분위기에서 상당히 파격적인 일들이 많이 일어났는데, 당시 계급사회에서 천민으로 하대당했던 백정도 양반 계급의 성도들과 함께 예배드렸다는 것이다. 당연히 양반들의 반발이 극심했고, 백정들과 예배를 못 드리겠다며 교회를 떠났던 교인들도 상당수 있었다고 한다.

현재 한국 장로교회는 가장 보수적인 '태극기 부대' 교인들이 많은 교회가 되었지만 선교 초기의 한국교회는 가장 진보적이었으며 일제에 항거하는 운동을 펼친 매우 개혁적이며 저항적인 모습을 보였습니다. 이러한 상황에서 민족지도자 몽양 여운형 선생은 20대 초반에 인사동에 있는 승동교회에 출석했습니다. 당시 승동교회에는 이동녕·노백린 등 우국지사들이 출석하며 교회 활동을 했습니다. 그는 1908부터 1913년까지 승동교회의 조사(組師)로 시무하기도 했습니다. 조사는 요즘 말로 이명 평신도 설교자입니다. 이처럼 몽양 선생은 조사 직위를 가지고 승동교회에서 선교사와 함께 교회 일을 했습니다. 그런데 그때 몽양 선생이 교회와 선교 일을 하면서 한계를 느끼고 경험합니다.

당시 미국 선교사와 자주 충돌하는 일이 발생했는데, 그 이유는 다름 아닌 선교사들의 생각 깊은 곳에 자리 잡고 있는 패권주의였습니다. 몽양 여운형 선생이 선교사들과 함께 교회 일을 하면서 미국의 보수적인 선교사들의 마음 깊은 곳에는 패권주의적이고 식민주의 정책과 연관된 선교 정책, 즉 와스피(WASP) 백인 앵글로색슨 중심의 식민주의가 은근히 깔려 있다는 것을 체험하게 됩니다.

히틀러의 등장과 역사적 예수의 부활

1930년대 히틀러가 나치당을 만들어서 결국 독일을 완전히 전체주의 국가로 변질시킵니다. 이때 당시 독일의 많은 기독교인을 핍박하기도 했습니다. 히틀러는 아리안 민족의 순수성(아리안 민족은 순전한 백인 민족이라 말합니다)을 믿었습니다. 히틀러는 아리안 민족이야말로 그 혈액 속에 비백인의 피가 전혀 안 섞인 완전한 혈통을 가진 순수한 민족이라고 믿었습니다. 그는 완전한 민족의 혈통을 바탕으로 순수 백인이 지배하는 전 세계 정복을 꿈꾸며 세계 최대 백인 강국을 구축하려고 했습니다. 히틀러의 유대인을 비롯한 타인종을 향한 무차별적 학살이 이러한 생각을 바탕으로 발생한 것입니다.

이처럼 순수 백인에 의한 세계 지배가 히틀러의 꿈인데 이 꿈은 복음서가 이야기하는 예수의 꿈과는 전혀 다릅니다. 히틀러와 달리 예수는 과부와 나그네를 돌보라고 하셨습니다. 나그네는 누구입니까? 나그네라는 표현에는 서로 다른 인종과 민족들이 포함되어 있습니다. 이방인과 유대인, 백인과 흑인 그리고 유색인, 모두가 포함됩니다. 이런 면에서 히틀러의 꿈은 철저히 복음으로부터 분리되어 있습니다. 복음과는 전혀 다른 꿈을 꾸는 히틀러가 집권하고 독일을 전체주의 국가로 만드는 과정에서 불트만은 아무런 반응을 하지 않았습니다. 그 어떤 언급도 하지 않았습니다. 이런 스승의 모습을 바라보고 있던 불트만의 제자들이 의문을 제기하기 시작합니다.

"왜 선생님은 히틀러의 나치의 패악질에 대해서 아무런 항의를 하지 않는가? 왜 아무런 말도 하지 않고 그 어떤 반응도 보이지 않는가?"라는 의문을 제기하면서 불트만의 신학에 대하여 항거합니다.

그들은 히틀러와 나치 독일의 역사적 패악질 앞에서 아무런 반응과 항의하지 않는 자신들의 스승 불트만의 신학에 큰 의문을 제기하면서 신학적 반성을 하기 시작합니다. 거기서 출발하는 것이 역사적 예수에 대한 회복(Rediscovery) 운동입니다. 그 시기에 눈을 뜬 사람이 나하고 나이가 비슷한 가톨릭 신부 크로산 같은 사람들이었습니다. 이들은 히틀러의 나치 같은 극우가 등장하게 되면 세계 역사가 완전히 왜곡되고 변절될 뿐만 아니라 이들이 하나님 나라를 변질시키고 기독교를 오염시키고 기독교를 악마화하는 잘못을 범할 수 있는 가능성과 실질적인 상황에 주목했습니다.

이러한 상황 앞에서 이들은 이러한 어처구니없는 기독교 복음의 왜곡과 변질을 막기 위해서는 역사적 예수에 대한 연구와 공부가 회복되어야 함을 깨닫고 역사적 예수 연구의 회복 운동을 시작합니다. 케제만과 보른캄 등 결국 불트만의 제자들을 중심으로 역사적인 예수의 재발견(rediscovery) 운동이 시작되었던 것입니다.

내 경우도 비슷합니다. 내가 역사적 예수에 대한 관심을 갖고 이에 대하여 연구하기 시작한 동기와 불트만의 제자들이 역사적 예수의 재발견 운동을 시작한 동기가 유사합니다. 불트만의 제자들이 자신들 스승의 신학에 대하여 항거하면서 절박한 심정으로 역사적 예수 재발견 운동을 시작했던 것처럼, 나의 경우는 유신시대의 상황에서 불의한 역사적 상황에 대하여 저항하고 항거하는 심정으로 역사적 예수 연구에 몰입했던 것입니다. 절박한 심정으로….

나의 질문은 참혹한 유신 정권 하에서 "왜 기독교 신자들이 이렇게 변질되었는가?"로부터 시작되었습니다. 지금의 상황에서 표현하자면 "왜 기독교 신자들이 태극기를 흔들면서 윤석열 같은 저런 반민주적이고 포악한 사람을 지지하느냐?"입니다. 내가 그런 의문을 가진 시절에는 박정희를 따르는 아류들, 특히 민주당 내에서 이철승 계파의 사람들과 유진산 계파의 사람들을 향한 의문도 포함되어 있었습니다.

당시 유신 정권 사람들은 수시로 전화해서 협박하고 또 깡패를 동원해서 시도 때도 없이 우리 집을 찾아와서 위협하곤 했습니다. 그들은 나를 찾아와서 "한 박사, 우리나라를 만든 사람이 이승만 박사인데 해방 전에는 반일 투쟁에 나섰고 해방 이후에는 이승만 박사 중심으로 반공을 하는데 당신이 뭔데 비판하고 그러느냐?"라고 위협을 가하곤 했습니다.

당시 내가 〈조선일보〉에 칼럼 하나를 썼는데 그것을 가지고 시비를 걸면서 그 칼럼의 내용에 대하여 6대 일간 신문에 5단짜리 사과 광고를 하라고 협박하기도 했습니다. 당시 5단짜리를 게재하려면 비용이 수백만 원이 넘게 되는데 당시 서울대학교 교수로 재직하면서 박봉으로 경제생활을 영위해 가던 나로서는 감당할 수 없는 액수였습니다. 그런 협박을 받으니까 은근히 겁도 나더군요. 그뿐 아니었습니다. 밤 12시가 되면 전화로 "당신 딸이 어느 초등학교 다니는 거 다 알고 있다"라고 하면서 마치 납치할 것처럼 공갈하기도 했습니다. 참 어려운 시절이었습니다.

이제 다시 본론으로 돌아가서 당시 한국의 기독교 세력이 어떻게 분파가 생겼는가에 대해서입니다. 한국의 기독교, 즉 개신교는 점차 세속적인 권력과 결탁하면서 하나님의 뜻과는 전혀 다른 세속적인 자본주의의 부하 노릇을 하면서 패악질을 일삼는 못된 패권주의적인 왕국 건설을 하나님 나라로 왜곡하는 미국식 WASP(백인 앵글로색슨 개신교)의 선교에 나서기 시작합니다. 국내 선교를 넘어 세계 선교에 본격적으로 나서기 시작합니다. 이런 과정에서 한국의 개신교는 기독교 전래 초기부터 시작해서 당시에는 세련된 모습으로 미국 개신교와 밀접하게 연결됩니다.

따라서 한국 개신교는 미국 정부에 대해서도 반대하거나 저항하는 일은 할 수 없는 지경까지 이르게 됩니다. 지금은 미국의 외교 정책 등에 대해서 우리 국민들이 많이 알고 깨닫고 있지만 당시만 해도 한국 백성들이 한반도에 대한 미국의 외교 정책 내용에 대하여 알기도 어려웠고 또 그 정책에 반대하는 것은 더욱 힘든 일이었습니다. 특히 개신교 신자들의 경우에는 더 어려웠습니다. 당시 한국 개신교의 주류 세력이었던 감리교와 장로교 중요 지도자들이 모두 WASP의 패권주의에 은근히 동조하고 그로부터 지원을 받고 있었기에 미국으로부터 독립하고 자유롭게 기독교 운동을 하고자 했던 나를 비롯한 몇몇 사람들은 나름 외로웠습니다.

이건 매우 사적인 이야기이기는 한데, 현 이재명 대통령이 경기도지사 시절 나한테 점심을 사면서 이렇게 말했습니다. "선생님은 DJ를 대통령으로 당선시키는 데 공헌하셨고 YS의 경우도 그랬고 또 노무현 대통령과 문재인 대통령에게도 많은 도움을 주셨습니다. 그러니 저를 좀 도와주십시오."

그때 내가 대답했습니다. "이 지사님 지금 나한테 도와달라고 하시는데 지사님에게 질문을 하나 하고 싶은데 대답해 주실 수 있겠습니까?" 나는 계속해서 말했습니다. "이 지사님이 대통령 되고 싶으면 대통령 후보로 나서겠다는 것을 공개적으로 선포하는 기자회견에서 이렇게 말할 수 있겠습니까?"

"앞으로 중국과 미국 사이에서 대한민국 대통령이 선택할 길이 참 어렵다. 중국도 강대국이고, 지금 사실상 제2의 강대국이니까 그 사이에서 어떤 국가를 선택하기 어렵습니다. 또 우리는 지정학적으로 러시아와 중국하고 가까운 사이가 될 수밖에 없는데 우리나라가 아직 미국에 예속되어 있는 상황에서 여러 강대국과의 관계 설정이 매우 어렵습니다. 그런데, 이 지사님, 기자회견에서 이렇게 말할 수 있겠습니까?

'나는 미국 편도 안 들고 중국 편도 안 들고 러시아 편도 안 들고 다만 우리 민중의 인간적 열망인 정의 평화, 이것만을 좇아서 대통령이 되겠다'라고 말할 수 있겠습니까? 어렵지 않겠습니까?"

나는 계속해서 "이 지사님, 지금 대한민국은 촛불 혁명을 하면서 하루에 100만 명 이상이 모이면서도 질서 정연하게 시위합니다. 거기에 무슨 쓰레기 하나도 남기지 않고 해산합니다. 이런 모습을 보면서 세계가 감탄하고 있습니다. 이런 것을 통하여 우리나라가 지금은 선진국, 정치 선진국만 아니라 문화 선진국과 사회 선진국이 되어가는 것을 온 세계가 목격하고 있습니다. 그리고 언젠가는 세계가 한국이 하는 것을 보고 따라올 때가 있을 것입니다. 그런 의미에서 이 지사님은 행복한 시대를 맞이하고 있음은 분명합니다. 그런데 말입니다. 이런 행복한 상황에서 대한민국이 이념적인 어려움을 이길 용기만 있으면 됩니다. 우리 시민사회가 이토록 성숙됐으니까 시민사회를 기반으로 이 지사님이 그냥 겁먹지 말고, 영세 중립국으로 나가는 선포를 하십시오"라고 말했습니다.

이 지사가 당황한 듯이 답변하더라고요. "아이고, 그러다가 빨갱이로 몰리겠습니다." 그러면서 '자기는 기반이 별로 없고 소위 좋은 대학을 나온 것도 아니고, 김대중 대통령처럼 지역 기반도 약하다'면서 답변을 흐립니다. 어쩌면 파격적인 나의 제안에 당황했을지도 모릅니다. 결국 영세 중립국에 대한 질문에 대해서는 직접적인 답변을 하지 않았습니다.

그때 나는 생각했습니다. 그래, 대답 못 하겠구나. 그러면 여기까지다. 더 이상 내 도움은 필요 없다. 내가 바라는 대통령은 국민들 앞에서 당당하게, 민중·국민들의 언어로 거칠게 말하자면, '미국 놈, 소련 놈 이야기 듣는 게 아니고, 그리고 일본 놈 이야기, 프랑스 놈 이야기, 독일 놈 이야기 듣는 게 아니고 우리 민중의 한을 풀어주는 그런 대통령' 입니다.

나는 '민중이 존경하는 대통령', 그런 대통령이 좀 나왔으면 좋겠습니다. 당시 이재명 지사는 내 말에 대해서 논리적으로는 거부를 안 한 것 같아요. 왜냐하면, 이재명 지사도 당시 그런 생각을 하는 것 같았습니다. 그러나 정치적 현실과 실제적 여건 조성이 안 되어서 그런 선언을 공개적으로 공언할 수가 없었을 것입니다.

그래서 덧붙였습니다. "내가 이 지사님을 더 어렵게, 실존적으로 어려움을 주고 싶은 생각은 없고 다만 내 생각과 뜻이 그런 것임을 말한 것뿐입니다. 대통령 출마해서 대통령 되고 싶은 사람은 이 지사님입니다. 나는 전혀 대통령 될 생각이 없습니다. 나는 단지 하나님 나라의 자랑스러운 멤버가 되고 싶을 뿐입니다." 그 만남과 대화로 이재명 대통령과의 공식적인 회동은 마지막이었습니다.

그래도 오늘 한국 사회의 정치적 상황에서 이재명만한 사람이 없습니다. 지금까지 두각을 나타내는 인물 중에서 제일 낫다고 생각합니다. 그를 돕기는 하겠지만 나는 그가 '가장 좀 배짱 있는 대통령'이 되었으면 좋겠습니다. 이재명 대통령 다음에는 그런 대통령이 배출되겠지요.

엘리트 교육과 한국 사회

한국 사회와 교회의 다양한 문제 배경에는 미국 대학교와 연관된 교육 문제가 있습니다. 최근 이준석이라는 사람의 행동을 보면 더욱 그런 생각을 갖게 됩니다. 미국 하버드 대학교 출신이라는 이준석이 하는 행동을 보면, 당시 하버드 대학을 세우고 하나님 나라의 일꾼들을 양성하고자 했으나 세월이 흐르면서 그 정신이 사라지고 자기 출세만을 위해 동분서주하는 작자들이 모여드는 것을 보고 한탄했던 사람들의 심정이 이해됩니다.

처음 하버드 대학교를 설립했던 사람들은 하나님 나라를 이 땅 위에 이루고자 하는 일꾼을 양성하려고 했는데, 그런 사람들은 안 오고 전부 출세에 눈이 멀고 어떻게든지 미국을 세계의 패권 국가로 만들어서 세계의 지배자가 되려고 하는 사람들만 오니 얼마나 한심하고 답답했겠습니까.

그런데 사실 미국에서 아이비리그에 속해 있는 대학교, 하버드 대학교 같은 곳은 대학의 석사·박사학위 과정보다 1학년부터 4학년까지 학부 과정이 중요합니다. 학부 과정에서 인문학을 배우고, 철학과 신학을 그리고 종교학을 배우면서 상상력도 키웁니다. 그런 과정을 통해서 역사적 인물이 만들어지는데, 한국의 경우는 법대 나오고 고등고시 합격하고 판사·검사·변호사가 됩니다. 과정이 없어요. 그러니까 윤석열 같은 인간이 나오는 겁니다. 그런 과정을 거치지 않으니 윤석열 같은 괴물이 되잖아요. 윤석열은 이 시대와 역사에 맞지 않는 생각을 품고 있을 뿐만 아니라 부자 감세 같은 것을 통해서 기득권층만을 위하는 정치를 하고 있지요. 윤석열은 부자를 감세해 주면 부자들이 우대받았던 세금만큼 자기보다 못사는 사람들에게 그 혜택을 나눌 것으로 생각하는데 정말 잘못한 생각입니다. 부자는 자본이 쌓일수록 더 쌓으려고 합니다. 그것도 가장 돈이 되는 땅만 살 생각을 합니다.

여기 강남의 현대아파트는 정주영이 지은 것 아닙니까. 그런데 현대는 지금도 이곳에서 계속 땅을 확장해 나가려고 해요. 자본주의에서는 사람이 돈을 버는 게 아니고 돈이 돈을 법니다. 그렇게 되니까 이 사회에 정의가 들어설 자리가 없어집니다. 문제는 이러한 자본의 메커니즘을 종교 개혁한 사람들과 그들과 함께 출발한 기독교 국가들이 이러한 원리를 제대로 깨닫지 못한다는데 있습니다. 감리교의 경우에도 성화(sanctification)를 가르칩니다. 감리교인들의 품성을 훈련시킵니다. 그런데 그것이 현실적으로 크게 유용하지는 않은 것 같습니다. 우리나라 사업가 가운데 기독교 신자들이 얼마나 많습니까. 삼성부터 시작해서 명목적 기독교 신자들이 얼마나 많이 있습니까. 그런데도 사회는 전혀 변하지 않습니다.

미국은 위대한가? MAGA?

미국의 트럼프 대통령이 하는 짓을 보면 트럼프 외교 정책만 아니라 국내 정책의 기본이 마가(MAGA, Make America Great Again)입니다. 미국이 위대하다(Great)는 게 무슨 뜻입니까? 사실 미국은 한 번도 위대해 본 적이 없습니다. 내가 미국에 대해서 이 이야기를 하고 싶습니다.

미국이 노예 해방을 통해서 국내 내란을 수습하고 남북의 분쟁을 극복하고 통일을 합니다. 미국이 남북 통일한 후에 이들은 캘리포니아까지 서부 개척에 속도를 냅니다. 그런데 서부 개척이 끝나는 시간과 미국이 세계 패권 국가의 야망을 갖기 시작한 시기가 딱 들어맞습니다. 미국은 캘리포니아 정복을 마칩니다. 서부 개척이 끝나자 그들은 점차 경제적·문화적 수준도 높은 삶을 살게 됩니다.

그런데 그들은 캘리포니아를 정복한 이후 동부에서 했던 것처럼 동·서부를 망라한 전 미국 전체를 기독교 왕국, WASP·백인 앵글로색슨 개신교 국가·제국으로 만들고자 합니다. 그리고 캘리포니아에서 그들이 대서양보다 더 훨씬 크고 넓은 바다인 태평양을 만나게 된 것입니다.

여기서 미국은 어떻게 태평양을 미국의 것으로 만들어 세계를 지배할 수 있을까를 생각합니다. 지중해를 점령했던 로마 제국과 가톨릭 교회 그리고 대서양을 지배했던 영국과 같은 패권국가가 되기 위해서는 태평양을 지배해야 한다고 보게 된 것입니다. 그런데 아메리카 대륙의 북쪽은 캐나다가 지배하고 있습니다.

이러한 상황에서 미국은 태평양의 원활한 지배를 위해서 알래스카를 지배하고자 합니다. 그래서 알래스카를 러시아로부터 매우 싼값으로 사들입니다. 그 후 하와이섬을 사고, 이런 방식으로 점차 태평양을 자기 앞마당의 연못처럼 만들려고 생각하는 중에 2차 세계 대전이 발발합니다.

2차 세계 대전 때는 나치라고 하는 괴물과 싸우는 연합군 결성이 가능했습니다. 영국과 프랑스 등 여러 나라, 기본적으로 개신교 기독교의 영향을 받았던 진보적인 나라, 즉 서방 국가들이 자유·정의·평화와 연대라는 정신으로 연합할 수 있었습니다. 결국 나치 독일이 아우슈비츠 같은 강제수용소를 통해서 인간의 생명을 함부로 해치는 야만적인 행위를 벌이자 서방 국가들은 치를 떨면서 이를 용납할 수 없었습니다. 이런 잔인한 나치의 지배에 대한 저항심을 중심으로 연합군을 결성하여 마침내 2차 세계 대전을 승리로 이끌었습니다. 이렇게 2차 세계 대전이 끝나고 본격적으로 미국의 시대가 도래합니다.

미국의 패권주의적 야망과 한국교회

이와 더불어 미국의 태평양 지배 전략에 대해서 조금 더 이야기하겠습니다. 20세기 초 일본이 조선을 자기네 식민지로 만들려고 했습니다. 그 시기에 태평양을 통해 자신들이 태평양 너머로 확장하면서 새로운 패권국가로 등장하는 시도를 했던 미국과 일본이 만납니다. 미국과 일본은 가쓰라-태프트 밀약을 통해서 태평양을 사이에 두고 아시아 지배권을 조정합니다.

가쓰라-태프트 밀약은 1905년 7월 29일 미국 육군장관 태프트와 일본 총리 가쓰라 간에 체결된 비밀 협약으로, 미국의 필리핀 지배와 일본의 대한제국 지배를 상호 인정하는 내용을 담고 있습니다. 결국 이 밀약은 미국은 일본이 한반도에 대한 지배권을 행사하는 것을 묵인하고, 일본은 대한제국에 대한 보호권을 강화하기로 하는 것이었습니다. 또한 미국은 필리핀에 대한 지배권을 유지하고, 일본의 한반도 지배를 인정하는 대신 일본의 추가적인 영토 확장을 막으려 했던 것이었습니다.

당시 우리나라의 권력은 조선조 말기를 지나고 있었고, 대원군의 쇄국정책이 시행되던 시절이었습니다. 미국이 대원군의 쇄국정책을 지지할 수는 없었겠지만 속으로는 조선반도를 미국의 식민지로 삼아 지배하고 싶었습니다. 그러나 결국 미국은 필리핀을 일본은 조선반도를 지배하는 것으로 나눠 먹기식의 협상을 체결했습니다. 조선의 기독교 지식인들은 미국의 이 속셈을 전혀 몰랐고, 눈치조차 채지 못했습니다.

오늘의 현실에서도 이 같은 미국의 한반도에 대한 역사적 배경에 대해서 잘 이해하고 대미 정책을 지혜롭게 수립해야 합니다. 한반도에서 통일과 평화 정책을 수립하는 데도 가쓰라-태프트 밀약의 역사적 내용과 배경을 염두에 두고 있어야 합니다.

한국교회도 이 같은 측면에서 평화와 통일에 관해서 이야기할 수 있어야 합니다. 이러한 미국의 태평양 지배 전략은 오늘의 우리 민족의 평화와 통일 정책 수립에 얼마나 많은 저해를 초래하고 있습니까. 마치 족쇄와 같이 작용하고 있습니다.

이것이 오늘의 한반도가 겪고 있는 고통의 역사적 배경이기도 합니다. 1945년 해방되고 한국은 늘 미국과의 관계에 긴장하고 민감해야만 했습니다. 미국은 민주당과 공화당이 번갈아 통치하는 국가입니다. 민주당은 공화당에 비해 인종차별 문제 등 인권과 관련된 문제에 있어서 상대적으로 진보적인 정책을 구사합니다. 반면에 공화당은 반공주의적 성격이 강한 보수적 정당으로 그 공화당에서 트럼프 같은 괴물이 나왔습니다. 트럼프는 마치 자기가 직접적으로 국제경찰 노릇은 안 하겠지만 그 대신 '우리가 너희들을 위해서, 너희 나라를 지켜주니, 그 대가를 내놓아라. 미군이 주둔하고 있으니 이에 대한 비용을 지불하라'고 요구합니다.

그런데 내 생각으로는 미군이 한국에 주둔하면서 우리나라를 지켜준 것이 없습니다. 안보를 지켜준 적이 없습니다. 솔직히 말해서 지금도 평택기지를 가보면 세계 각 곳에 있는 미군기지 중에서 가장 귀족적으로 만들어져 있습니다. 세계 미군 군사기지 가운데 가장 시설이 좋습니다. 그래서 오히려 미군들은 미군 철수를 반대합니다. 이곳이 너무 좋기 때문입니다.

미군 가족의 아이들은 외국인학교에 다니고 시설도 좋고 살기 좋은 환경입니다. 지금 이런 상황인데도 MAGA를 고집하는 트럼프의 속셈은 결국 우리를 미국 정부의 지배하에 두고 태평양을 지배하는 세계의 패권국가로 더욱 자신들의 권력을 강화하겠다는 데에 있습니다. 이것을 우리가 간파하고 있어야 합니다.

그런 면에서 이 같은 상황은 미국과 밀접한 관계를 맺고 있고 또 미국 개신교에 의해 가장 큰 영향력을 받는 한국 개신교회, 한국 기독교인에게 주는 매우 큰 도전이라고 할 수 있습니다. 이 도전을 우리가 어떻게 극복할지가 우리에게 주어진 매우 중요한 역사적 과제입니다. 미국이 주창하는 MAGA가 '순수 백인 지배를 아시아와 한반도에서 확장하겠다'는 미국의 야욕을 드러냈다고 봅니다. 그래서 나는 우스갯소리로 마가(MAGA)를 '마귀'로 읽습니다.

이런 시점에서 우리는 현 상태를 잘 진단하고 있어야 합니다. 솔직하게 보면 오늘 이 시점에서 '쇠퇴 과정'에 있는 서구 문명권의 과제는 한국인들의 자율성을 높이 평가하고 존경하면서 민주화의 과정에서 성숙해진 한국 시민들의 역량으로부터 무엇을 배울 것인가를 살피는 것이라고 생각합니다.

서구 문명권이 이제는 오히려 우리들로부터 겸손하게 배우면서 서구문명의 살길을 도모해야 되는 이 마당에 와 있는데도 불구하고 미국으로 상징되는 서구 세력이 아직도 우리를 지배하려고 야욕을 명백하게 드러내고 있습니다. 또한 그것을 실질적으로 실행하려는 트럼프 정권의 출현, 즉 참혹한 WASP식, 기독교 왕국을 아시아와 한반도에 실시하려고 하는 생각은 반기독교적인 정치사상이라고 말할 수 있습니다.

지금은 이런 미국의 더러운 탐욕과 야망을 공개적으로 지적하고 비판해야 할 시기라고 생각합니다. 그런 의미에서 이재명 대통령의 당선은 이러한 시대가 도래했음을 보여주고 있고 따라서 점차 미국의 패권주의적인 야욕에 대하여 공개적으로 비판할 기회가 생길 것으로 짐작됩니다. 그런 의미에서 우리나라에 희망의 세상, 새로운 세상의 시작 가능성이 보입니다.

여기서 내가 첨가하고 싶은 이야기가 하나 더 있습니다. 미국·일본·러시아 그리고 중국과의 관계 설정에 있어서 우리가 고려해야 할 역사적 배경에 관한 이야기입니다. 특별히 고조선 역사와 관련된 사항입니다. 우리의 주변국인 일본과 중국, 그리고 조금 떨어져 있기는 하지만 여전히 지정학적으로 우리에게 상당한 영향을 미치는 러시아와의 관계에서 생각해 보는 역사라고 말할 수 있습니다.

이런 측면에서 고조선 역사를 보면 일견 억울한 면이 있습니다. 일본은 우리 역사에서 고조선의 역사적인 실체를 지워버렸습니다. 그런데 이 과정에서 일본만이 아니라 중국도 고조선 역사 삭제를 돕기도 하고 방관하기도 했습니다. 일본과 중국과의 관계가 경쟁적인 관계임에도 불구하고 고조선 역사 삭제 건에 대해서는 협력했다는 사실을 지적하지 않을 수 없습니다. 우리 고대사에서 단군이라고 하는 인물이 나옵니다. 이 단군의 실존적 역사성을 지워버린 것이 중국의 북방 공정이었습니다. 중국 공산당의 교육부 같은 기관에서 고조선과 단군의 역사적인 현실성을 삭제하려는 계획을 세우고 실행합니다. 마찬가지로 일본 제국주의 또한 중국의 고조선과 단군 역사 삭제 시도와 발맞춰서 단군의 역사적 실존에 대해서 부인하는 시도를 실행에 옮깁니다.

일본의 경우도 마찬가지입니다. 일본 제국주의가 경성제국대학교(현 서울대학교의 전신)를 만들고 조선사편수회를 만들어서 조선, 한반도의 역사를 왜곡하는 시도를 벌입니다. 일제는 자국의 학자를 대거 조선으로 데려왔고, 1920년대에 그들을 중심으로 조선사편수회를 조직합니다. 조선사편수회를 내세워 일본은 '조선 역사는 중국과 일본의 식민지에서 시작되었다'는 이론을 더욱 공고히 하면서 한반도의 북쪽은 '한사군'이라는 중국의 식민지였고, 남쪽은 '임나일본부'라는 일본의 식민지였다고 주장합니다. 그런데 이들이 조선 역사를 왜곡하는 이야기들이 조선사편수회 기록에 모두 다 기록되어 있습니다.

조선 역사를 왜곡하는 과정에서 고조선의 역사적인 실재를 부인하려고 합니다. 왜 이들은 단군과 고조선의 실재를 부인하려고 했습니까? 그걸 부인하게 되면 조선반도의 통치가 훨씬 수월해집니다. 실재로 고조선과 단군의 부인은 오늘의 상황에서도 매우 심각한 문제를 발생하게 만듭니다. 특히 한반도의 평화적 통일에 있어서 그렇습니다. 우리들이 힘을 키워서 한반도를 통일하려고 시도할 때 남북한 국민들은 고조선과 고구려 역사를 통하여 하나로 묶일 수 있습니다.

특히 고조선과 고구려 유민들이 현재 여기저기서 많이 흩어져 있습니다. 중국에도, 라오스에도 그리고 중앙아시아 여러 곳에도 고구려 유민들이 흩어져 있습니다. 그들 삶의 양식을 살펴보면 제사 지내는 방식을 비롯하여 서로 유사한 양식들이 보입니다. 제사상에 올라가는 음식도 마찬가지입니다. 이런 면에서 고조선 역사에 대한 성찰은 한반도의 역사 진행에 있어서 핵심적인 요소임을 보게 됩니다.

이런 면에서 일본과 중국 정부는 비록 서로 경쟁관계에 있으면서 누가 아시아 패권 국가 위치를 차지할 수 있는가를 다투는 상황에서도 한반도 고조선의 역사적 실재성을 부인하는데 이견을 보이지 않았습니다. 그래서 일본과 중국은 고조선이라는 역사적 실재와 존재를 완전히 말살해 버렸습니다. 그리고 그 역사를 신화로 돌려버립니다. 단군과 고조선 역사를 신화라고 말하면서 그야말로 유야무야로 만들어 버립니다. 그 결과 우리도 단군을 신화적인 존재로만 보고 있지 않습니까? 이런 면에서 고조선의 역사적 실재성을 삭제해 버린 중국의 북방공정의 역사와 이에 대한 중국의 공작적인 교육 정책의 실행과 더불어 우리에게 강요되었던 일본의 식민사관 등을 생각할 때마다 안타깝기 그지없습니다.

그리고 이와 더불어 미국 패권주의를 중심으로 하는 WASP 지배구조가 세계 패권 권력으로 아시아에 존재하는 한, 그런 역사적 왜곡과 조작을 비롯한 패권·제국주의적 모습들이 꿈틀거릴 가능성은 다분히 큽니다. 그런 의미로 내가 당시 이재명 지사에게 "영세 중립국을 선언할 용기가 있느냐?"라고 물었던 것입니다. 언젠가는 우리 역사에서 이런 대통령이 나와야 하는데 진짜 대통령 말입니다. 아마 이재명 대통령 이후에는 나오지 않겠습니까.

—

5

—

처음처럼, 더 예수답게:
반성과 새 결단을 위하여

이제 내 고백도 마지막 단계에 접어듭니다. 한국교회를 향하여 남기는 마지막 고언이라고 할 수 있는 것을 한국교회를 향한 나의 간절한 마음을 담아 남기려고 합니다. 내 삶의 여정의 고백도 함께 나누면서 사랑하는 한국교회가 위기를 극복하고 새로운 창조의 세계를 열어갈 수 있기를 간절히 기도합니다.

나의 마지막 고백

1960년 군사반란 이후 한국에 드리운 권위주의 정권의 폭력과 또 다른 한편으로 급성장을 이루게 된 한국의 경제상황은 결국 한국교회의 타락과 복음 상실의 결과로 이어지게 되었습니다. 군부독재가 추진했던 성장제일주의와 힘에 의한 승리제일주의 문화가 한국 기독교의 번영 신앙에 접목되었습니다. 이른바 반민주적 산업화 세력이 교회로 깊게, 넓게 침투했습니다. 그 결과, 세계에서 제일 큰 교회, 세계에서 가장 큰 장로교회와 감리교회가 모두 한국에서 '자랑스럽게'(?) 나타납니다.

이와 같은 교회의 물량적 성장을 가능케 해 준 번영신학과 신앙은 한 마디로 한국 기독교 안에서 한강의 기적을 일으켰습니다. 그것이 과연 예수님의 하나님 나라 비전에서 나왔을까요? 이 질문 앞에서 몹시 불편해하고, 부끄러워하고, 의로운 분노를 느꼈던 기독교인도 적지 않았습니다. 그들은 소수자에 불과했으나, 예수 복음을 우리의 어두운 역사 상황에서, 부끄러운 한국교회 현실에서 새롭게 깨닫고 이 복음에 충실한 실천적 삶을 살고자 했습니다.

나는 이때 이렇게 생각했습니다. 한국의 거대 교회 지도자들은 공생애를 시작하기 전, 갈릴리 예수님께서 광야에서 친히 겪었던 사탄의 시험에 모두 모범적으로 낙방했던 목회자들이 그렇게 '자랑스럽게 큰 교회'를 세울 수 있겠냐고 말입니다.

그래서 사탄의 메가급 유혹을 용기 있게 물리친 분들이 목회하는 교회를 나는 끊임없이 목마른 사슴처럼 찾고 있었습니다. 그런 교회를 찾기 힘들다고 판단한 나는 1987년 초에 새로운 신앙, 신학 공동체를 시작해 보려고 결심했습니다. 이 같은 결심의 배경에는 그럴만한 역사적 사연이 있었습니다. 그 이야기를 잠시 하겠습니다.

나는 여러모로 부족한 사람이라 재직했던 서울대학교에서 두 번씩이나 쫓겨난 아픔이 있었습니다. 첫 번째 아픔은 1976년 2월 말, 유신체제 권력이 유신체제를 비판하고 저항했던 양심적 교수들을 해직시켰을 때입니다. 이때는 주로 기독교교수협의회라는 반정부 지식인 모임으로 인식된 공동체의 구성원들이 희생제물이 되었습니다. 그 후 4년이 흘러 1980년 3월, 저희는 쫓겨난 학생들과 함께 복직되었습니다.

그것은 1979년 10월 26일 유신체제의 창시자가 부하의 총을 맞아 돌아가셨기에 가능했습니다. 그런데 1980년 5월, 박정희 군사정권을 이어받은 신군부는 또 다른 교묘한 형태의 군사정변(쿠데타)을 통해 더 잔인하게 국민의 주권을 강탈해 갔습니다. 광주민주항쟁이 이때 터져 나왔는데, 이 항쟁이 일어나기 직전 김대중 씨를 위시한 민주인사들이 신군부에 의해 일망타진당했습니다.

이 당시에, 나는 4년 만에 복직하고 두 달 반이 된 시점이라, 다시 학생을 가르치는 일에 신혼의 단꿈을 매일 꾸는 것 같은 보람을 느끼고 있을 때였습니다. 5월 17일 밤 10시 40분, 중앙정보부 요원들에 의해 연행되어 남산 지하 2층에서 두 달간 지옥 심문을 받았습니다. 그 이유는 허망한 것이었습니다. 김대중 씨를 대통령으로 옹립하기 위해 저희(주로 대학교수, 성직자, 문인, 언론인들)가 국가변란을 도모했다는 죄였습니다.

마침, 권사님이셨던 어머님이 5월 12일에 소천하셨는데, 모친 상가에서 내란음모를 했다는 참으로 허망한 조작을 통해 신군부 검찰이 저희를 불법으로 연행하고 심문하고 군사법정에 세웠습니다. 2년 6월의 징역형을 받고 그해 11월 나와 민중신학자 서남동 교수는 형 집행 정지로 일단 석방되었습니다. 이때, 나는 미국에 있던 여러분들로부터 신앙적 격려를 받았습니다. 특히 두 분의 헌신적 노력으로 나는 1981년 기적같이 미국의 에모리 대학교(모교)의 초빙교수로 갈 수 있었습니다. 한 분은 그 당시 에모리 대학교의 총장이었던 레이니(James T. Laney) 박사입니다. 이분은 해방직후 미군으로 한국에 와서 한국 정치 지도자들의 저격 사건을 조사했던 미군 수사팀에서 일한 분입니다.

이때, 그가 한국 사회와 한국교회에 대해 느낀 바가 매우 컸다고 합니다. 귀국하여 예일 대학교 신학부에서 기독교윤리로 박사학위를 취득한 뒤, 밴더빌트 대학교의 신학부 교수로 있다가 곧 에모리 대학교 신학대학 학장으로 부임하였으며, 그 후에 에모리 대학교 총장으로 봉직했습니다. 남달리 한국 민주화 운동을 직간접적으로 도와주신 분입니다. 훗날, 그는 클린턴 행정부에서 주한미대사로 부임했고 나와는 형제같이 가깝게 지냈습니다.

또 한 분은 당시 미국연합장로교본부에서 중동담당 총무로 일하셨고, 미국교회협의회에서 사회정의 분야에서 주요한 직책을 갖고 있었던 이승만 목사였습니다. 그는 1960년대 초, 마틴 루터 킹 목사와 함께 흑인인권 운동에 적극 참여하신 분입니다. 후일 그는 동양인으로서 최초 미국연합장로교의 총회장이 되셨고, 미국의 NCC 회장도 역임했습니다.

이승만 목사께서 1981년 1월, 한국에 출장을 와서 내 초라한 모습을 보시고 말없이 나를 껴안고 우셨습니다. 이때 그는 미국으로 돌아가면, 레이니 총장과 의논하여 어떻게든 나를 에모리 대학교로 초청하겠다고 했습니다. 그러나 김대중 사건의 공동피고였던 나를 미국에 가게 하는 일은 전혀 가능하지 않다고 생각했기에, 속으로는 기대하지 않았습니다.

그런데, 이승만 목사와 레이니 총장의 공동 노력으로 정말 기적같이 나는 1981년 10월 초에 29년 만에 모교에 갈 수 있었습니다. 1년이 지나자, 뉴욕의 신앙동지들이 내게 미국에 계속 체류하면서 조국의 민주화와 평화통일을 위해 함께 일하자고 권고했습니다. 나는 여권과 비자가 모두 만기가 되었지만, 불법체류자의 신분으로 뉴욕으로 갔습니다. 미국연합장로교가 직영하는 수양관(Stony Point Center)에서 사회정의 자문위원 자격으로 체류할 수 있었습니다. 그때, 미국 각지를 돌아다니며 민주화·평화·통일·사회정의와 같은 주제로 강연·강의·설교·간증을 하면서 바쁘게 살았습니다.

1983년 초에 이승만 목사께서 나에게 심각한 제의를 해왔습니다. 얼마 동안 미국에서 망명객처럼 지내게 될지 모르지만, 뉴욕에 있는 유니온 신학교에서 M.Div 학위과정을 이수하는 것이 어떻겠느냐고 제의하셨습니다. Ph.D 학위는 오래전에 취득했으니, 이제 목회자 신학과정을 밟으며 신학을 공부해 보라고 권고했습니다.

이때 나는 망설이다가 그 제의를 받기로 결심했습니다. 1954년, 전쟁의 상흔으로 우리 민족이 앓고 있던 때, 대학 입학을 앞둔 나에게 신학교에 들어가 훌륭한 목회자가 되기를 원하셨던 어머님의 소망을 떠올렸습니다. 정말 뜻밖의 시간에, 뜻밖의 장소에서, 뜻밖의 신학교에서 50세를 바라보는 나이에 신학 공부를 시작하면서 여러 번 감사의 눈물을 흘렸습니다.

예수 복음으로 사회와 역사를 변혁시키려는 신학적 동력이 충만했던 유니온 신학교에서 공부할 수 있다는 것이 내게는 새로운 도전이었고, 은총이었습니다. 그런데, 한 학기만 하면 목회자 과정이 끝날 즈음, 나는 더 놀라운 소식을 듣게 되었습니다.

1984년 8월 14일, 뉴욕 총영사였던 김세진 박사가 전화로 내일 날짜(8월 15일)로 내가 복권·복직된다는 소식을 알려주었습니다. 그때, 나는 하나님께서 목회자가 될 자격은 나에겐 없지만, 해방신학의 동력은 배울 필요가 있다고 판단하셨다고 생각했습니다. 그래서 귀국을 서둘렀습니다.

그해 9월 초에 나는 정말 3년의 망명생활을 접고 그리운 조국에 돌아왔고, 정말 그리웠던 모교의 연구실로 돌아올 수 있었습니다. 나에게는 조그마한 해방이요, 광복이요, 희년의 기쁨이었습니다. 그런데, 아직도 조국 강토에는 참된 해방과 광복의 기쁨이 오지 않았기에 귀국의 기쁨은 잠시뿐이었습니다.

마침, 바로 우리 아파트 앞에는 현대교회가 있었습니다. 귀국하자마자, 그 교회 평신도 지도자들이 내게 말씀 증거를 해 달라고 부탁했습니다. 이화여대로부터 해직된 서광선 박사가 그 교회에서 정식 목회자로 몇 년간 일하셨는데, 이대로 복직되셔서 교회를 사임했다고 했습니다. 듣자니, 내가 뉴욕에서 신학교 공부도 했다고 하기에 서울대에서 새 일로 바쁘시겠지만, 매주 설교만 해 달라고 부탁했습니다.

이때, 나는 속으로 '옳거니, 하나님께서 이런 일을 위해 망명 중에 신학 공부를 시키셨구나…' 하는 생각을 하게 되었습니다. 2년 남짓 현대교회에서 정말 신나게 말씀 증거를 했습니다. 내 일생에 참으로 뜻깊고 행복한 경험이었습니다.

2년이 지나는 동안, 나는 서울대학교 사회학과 과장도 해야 했고, 사회학회 일에도 참여해야 했고, 무엇보다 당시 선명 야당을 세우려고 애썼던 정치지도자들을 여러 모양으로 돕는 일에도 참여해야 해서 눈코 뜰 새 없이 바빴으나, 주일 설교만은 신나게 힘써 준비했습니다. 2년쯤 지난 어느 날, 나는 교회가 속한 노회에서 평신도가 계속 설교하는 문제를 놓고 불편해한다는 이야기를 듣고 즉각 현대교회의 설교를 그만두기로 결심했습니다. 이때, 나는 심각한 실존적 선택의 아픔에 직면했습니다. 어느 교회에 나가야 하는가 하는 문제였습니다. 딱히 나가고 싶은 교회가 없었습니다. 그전에 다니던 교회는 이미 분란 조짐이 있었습니다. 며칠간 고심하다가, 정말 새로운 대안 신앙 공동체를 시작해 보기로 결단했습니다. 그런데, 당시 주중에 할 일이 워낙 많았기에, 나는 이 모험에 함께 뛰어들 신앙동지를 찾지 않을 수 없었습니다.

현대교회에 다닐 때, 내가 요청하여 이틀간 역사적 예수 특강을 해주신 한신대학교 김창락 교수가 제일 먼저 머리에 떠올랐습니다. 그때, 독일의 성서 신학자 게르트 타이센(Gerd Theissen)의 역사적 예수 탐구를 들었는데, 나에게는 퍽 감동적이었습니다. 그리고 서울대학교 종교학과 연구실에서 길희성 교수를 만났습니다. 마침, 서울대학교를 떠나 서강대학교로 옮긴 때였습니다. 그도 제도교회에 소망을 갖고 있지 않을 듯했습니다. 그는 한 달에 한 번 정도로, 가끔 현대교회에 출석하곤 했습니다. 또 한 분이 생각났습니다. 독일에서 사회철학으로 박사학위를 받고 숭실대학교 교수로 부임한 이삼열 박사였습니다. 그는 강원용 박사의 크리스천아카데미 간사로 일했고, 사회변혁과 정치 변화에 큰 관심을 쏟고 있는 대학 후배였습니다.

이러한 분들에게 전화로 "내가 새로운 교회공동체를 시작할 텐데, 도와 달라"고 하니 모두 흔쾌히 동조해 주셨습니다. 그래서 나의 구상을 그분들에게 대충 이야기했습니다. 먼저 신앙고백문과 창립취지문을 우리 식으로 만들어 보자고 했습니다. 그리고 말씀 증거는 돌아가면서 맡자고 했지요. 모두 찬성했습니다. 이때, 나는 하기 힘든 말인데, 설교에 강사비가 없음을 분명히 했습니다. 모두 재능기부, 은혜기부로 설교를 맡아하기로 했습니다. 또, 성가대는 창립주일 전에 고(故) 이남수 교수께서 조직해 주셨고, 장윤성 형제를 지휘자로 보내주셨습니다.

이 과정에서 무엇보다 중요한 것은 제도교회의 직제를 답습하지 않기로 한 것입니다. 장로·권사·집사 등의 직분을 아예 없는 것으로 하고, 모두 서로 자매형제로 부르자고 했습니다. 모두 좋다고 했습니다. '예수 따르미'라는 칭호는 새길이 출범한 뒤 5~6년이 지난 뒤에 제가 그렇게 부르자고 해서 자연스럽게 우리는 '예수 따르미'로 서로 인식하게 되었습니다.

처음에는 참신한 모습이 있었습니다. 창립취지문에서 엄숙하게 선언했듯이, 선명한 대안적 신앙 공동체의 특징을 다음과 같이 정리했습니다. 이것은 제도교회에 대한 창조적 대안의 모습을 선명히 부각시킨 것입니다.

> "… 우리는 섬김 받는 교회에서 섬기는 교회로, 교역자 중심의 교회에서 평신도 중심의 교회로, 제도와 율법주의에 매인 교회에서 은총과 자유의 교회로, 닫힌 교회에서 열린 교회로, 받는 교회에서 주는 교회로, 쌓아 올리는 교회에서 나누어주는 교회로 발돋움하고자 합니다."

이렇게 창립된 새길교회는 열린 교회를 지향하는데, 이 열림의 핵심은 공동체의 힘을 나누어 갖는 empowerment입니다. 교회의 가장 큰 권력은 어디서나 말씀 증거, 강대상의 독점에서 잘 나타납니다. 제도교회 교역자들은 강대상을 부목사나 장로들에게 열어놓지 않습니다. 평신도들에게는 강대상의 접근이 철저히 차단되어 있습니다.

특히, 여성이나 젊은이들에게는 주일 낮 말씀 증거할 기회를 전혀 주지 않습니다. 다른 교회 교역자들에게나, 특히 교단, 교파가 다른 목회자에게 강대상은 더 닫혀 있습니다. 무엇보다 강대상에 서서 말씀 증거를 할 기회와 기쁨을 평신도에게 활짝 열어야 진정 열린 교회가 될 수 있습니다.

새길공동체에서 첫 6~7년은 네 사람의 말씀 증거자들이 거의 독점적으로 설교권을 행사했습니다만, 지금은 상당히 더 열려 있게 되었습니다. 정말 제대로 된 평신도 공동체가 되려면, 모든 평신도가 말씀 증거를 할 수 있어야 합니다. 그만큼 열린 교회에서는 평신도가 제비 새끼처럼 어미가 물어오는 음식을 수동적으로 받아먹기만 해서는 안 됩니다. 자기가 자신의 삶에서 끊임없이 예수를 따르는 실천적 삶을 살면서 말씀 증거의 소재를 스스로 찾고, 만나고, 만들어내야 합니다. 하기야, 예수님이야말로 참으로 훌륭한 평신도 말씀 증거자요, 말씀 실천자였습니다.

지금은 강대상이 상당히 열려있지만, 그 열림의 수준이 계속 높아질 수 있게 하려면, 평신도의 신앙적, 신학적 삶도 그만큼 풍부해져야 합니다. 우리들의 신학과 신앙의 성찰에서 예수의 복음적 급진성과 전복성이 더욱 빛나야 합니다. 공동체 구성원들이 갈릴리 예수의 하나님 나라가 갖는 공공성·감동성, 그리고 변혁성을 자신들의 삶 속에서 육화시키면서 거기에서 말씀 증거의 동력을 찾아낼 수 있어야 합니다.

새길이 열린 지 몇 년이 되지 않아 몇 가지 문제가 심각하게 드러나기 시작했습니다. 어린이 교육 문제와 다음 세대를 길러내는 문제를 평신도 교회에서 제대로 다루기 힘들었습니다. 그래서 최소한의 대우를 하면서 전문 교역자를 모시기도 했지만, 교육 문제는 제대로 해결되지 않았습니다. 이보다 더 심각한 문제는 공동체 구성원들이 겪게 되는 심각한 실존적 문제를 교회가 목회 차원에서 제대로 다루고 해결하기가 힘들었습니다. 병들어 아프고, 실패하고 괴로울 때, 공동체가 그들을 제대로 돌봐주어야 하는데, 그렇게 하는 데는 한계를 느끼지 않을 수 없었습니다.

단순히 곁에 있는 것이 아니라, 곁에서 함께 동고(同苦)하면서, 함께 문제 해결을 위해 함께 아파하며 뛸 수 있어야 하는데, 즉 동고주(同

苦走) 할 수 있어야 하는데, 이 일을 집중적으로 맡을 일꾼을 공동체 안에서 찾기가 힘들었습니다. 전담자가 있어야 되는데, 이것이 지금도 힘들다고 생각합니다. 처음 몇 년간은 누가 아파서 입원하면, 평신도 여러분들이 자발적으로 병원 심방을 했습니다. 교우 중에 죽음 앞에서 온몸으로 외로워하고 괴로워할 때마다 나는 평신도 공동체의 한계를 뼈저리게 느꼈습니다. 교회 밖에서 할 일들이 날로 많아지고 심각해질 때는 평신도 교회를 시작했던 나로서는 더 큰 부담감으로 고뇌하지 않을 수 없었습니다.

공동체 돌봄의 문제가 지적 소통의 차원에서 쉽게 다룰 수 있다면, 그렇게 고민할 필요가 없었습니다. 그런데, 공동체에서는 때때로 전인격적 소통과 공감을 해야 풀릴 수 있는 실존적 아픔과 역사적 아픔이 계속 생기게 마련입니다. 특히 새길처럼 복음의 공공성과 감동성으로 구조와 역사를 변혁시켜 하나님의 평화와 샬롬의 기운을 교회 안팎으로 확산시키려면 더욱더 감동적인 돌봄의 목회가 필요하다고 절감했습니다.

예수께서도 바리새인들을 비판하셨으나, 제자들에게 바리새인의 열성을 뛰어넘는 더 큰 열성을 보이라고 촉구하셨음을 잊지 말아야 합니다. 우리가 제도교회에 대한 복음적 대안 공동체임을 감동적으로 증거하려면, 제도교회의 제도화된 열성을 뛰어넘는 제도 내외적 성실성과 열성이 더욱더 필요합니다. 우리는 열린 평신도 교회에 다니면서 너무 안일한, 너무 나태해진, 너무 무책임한 신자들이 되어버리지 아니했나를 진지하게 자기 성찰해야 합니다.

그러나 무엇보다 우리에게 중요한 것은 대안 공동체를 통하여 교인들이 과연 '예수다움을 실천적으로 살아왔느냐?' 입니다. 교회는 매일 더 예수다운 복음 공동체로 성숙해져야 합니다.

예수다움은 무엇인가?

예수 복음과 예수 운동의 본질은 예수의 하나님 나라 선포와 그 실천에서 찾아야 합니다. 기독교가 로마 황제 지배체제에 흡수되고 제도화되면서 보편 교회의 신조가 기독교 지배 이념으로 작동하게 되었습니다. 이 과정에서 갈릴리 예수, 곧 역사의 예수는 실종되고 말았습니다. 이와 같은 사실은 오늘까지 내려온 사도신경에서 극명하게 나타납니다. 이 신조는 역사의 예수가 너무나 뚜렷하게 보이지 않습니다.

동정녀 마리아에게서 태어나신 예수는 바로 빌라도에게 고난당하시고 십자가 처형당한 것으로 부각됩니다. 그러니까 성육신 사건(incarnation)과 십자가 죽으심의 사건 사이에는 완전한 빈자리가 남아 있습니다. 성육신 신학과 속죄(atonement) 간의 빈자리에는 마땅히 네 복음서가 증언한 예수의 말씀, 예수의 삶, 특히 그의 급진적 실천의 삶 속에서 고난과 죽음의 감동적 사건의 증언으로 채워져야 하는데 말입니다. 한 마디로, 예수의 하나님 나라 운동이 몽땅 무시된 셈입니다.

하나의 거대한 제국(로마 교황 지배)과 하나의 거대한 보편 교회(Catholic Church)의 유지를 위해서는 탈역사화된 초월적 그리스도로 충분하다고 지배세력이 믿었기 때문입니다. 그들에게 역사적 예수의 전복적인 급진성의 하나님 나라 메시지는 매우 불편하기에 필요 없었다고 여겼습니다. 그래서 성육신 신학과 신앙, 그리고 십자가의 속죄 신학과 신앙만으로 가톨릭교회와 개신교회의 지배가 충분하다고 본 듯합니다.

여기에는 20세기 초, 세계적 성서 신학자 불트만(Rudolf Karl Bultmann)의 영향도 크게 한몫했습니다. 그에 의하면, 복음서에 나오는 예수의 말씀은 예수의 입에서 직접 나온 말씀이 아니며, 그의 행적도 객관적 역사 서술이 아닙니다. 불트만 학파에 따르면, 예수의 부활 신앙에 불탔던 초대교회 공동체 삶의 자리에서 새롭게 재구성한 신앙고백입니다. 이것을 케리그마(Kerygma)라고 합니다.

초대교회가 당면했던 위기 상황에서 교회 공동체가 실존적으로 대응한 고백이기에, 역사적 예수를 실증주의적으로 탐구한다는 것은 의미 없는 일이며, 불가능하다고 했습니다. 그런데 당시 초대교회 공동체가 해석한 예수의 말씀과 행적의 해석은 신화적인 옷을 입고 있기에, 이것을 실존적 관점에서 비신화화시켜 해석해야 한다고 했습니다. 이와 같은 불트만 학파의 영향이 한동안 압도적이었기에, 20세기 전반부 약 50년간 역사적 예수 탐구는 중단되고 말았습니다.

비슷한 시기에 또 한 사람의 세계적 성서 신학자였던 슈바이처(Albert Schweitzer)는 그의 유명한 역사적 탐구를 통해 역설적으로 예수의 말씀과 행적에 대한 역사적 관심과 연구의 의욕을 떨어지게 했습니다. 슈바이처는 역사의 예수를 철저한 유대 종말 신앙의 관점에서 접근했습니다. 그에 의하면, 갈릴리 예수는 곧 종말이 다가온다고 확신했습니다.

그의 생전에 그와 제자들은 하나님 나라가 도래할 것을 확신했습니다. 그런데 현실은 그런 기대와 달랐습니다. 예수는 초조해졌습니다. 그래서 하나님의 개입을 촉진시키기 위해 그 자신이 예루살렘으로 들어가 악의 세력과 대결하여 죽기로 결심했습니다. 그러면 하나님의 지배가 임하게 될 것으로 믿었다는 것입니다. 이러한 종말론 신앙에 불탔던 역사의 예수는 현대인에게는 참으로 생소한 이방인처럼 여겨진다고 그는 생각했습니다.

그는 그래서 예수에 대한 역사적 탐구를 접었습니다. 대신, 그의 위대한 종말론적 사랑 실천을 위해 신학교 교수직을 버리고 의사가 되기로 결심했지요. 의사가 되어 서구 제국주의의 앞잡이 노릇했던 구미 교회의 잘못을 바로잡기 위해서라도 아프리카 현지에 몸소 가서 제국주의적 수탈과 억압 대신 예수의 사랑 실천으로 예수 복음을 증거하기로 결단했습니다. 그러나 역사적 예수 탐구 의욕은 꺾어졌습니다.

그런데 역사적 예수 탐구가 중단된 그 기간에 히틀러와 같은 괴수가 나타났을 때, 서구 교회는 그 괴수의 악행 앞에서 참으로 무력했습니다. 특히, 불트만 학파의 영향 아래 있었던 학문적으로 진보적인 신학자들도 히틀러의 잔인한 야수의 횡포에 대체로 침묵했습니다. 제도교회도 대체로 그러했습니다.

1950년대 와서야 불트만의 제자인 케제만(Ernst Käsemann)은 자기의 스승인 불트만이 결과적으로 가현설적 예수 이해(Docetism)에 함몰되어 역사의 예수가 추구했던 하나님 나라 운동이 갖고 있던 복음의 실천적 동력을 살려내지 못했다고 비판했습니다. 히틀러의 극우 전체주의 앞에 맥을 추지 못했던 진보적 성서 신학은 실존주의적 성서 해석에 머물고 말았습니다.

예수의 전복적 대안질서 세우기 운동에 공헌하지 못했기에, 본회퍼(Dietrich Bonhoeffer)같이 악의 세력에 맞서는 예수 따르미들을 길러내지 못했습니다. 1950년에 와서야 역사 예수 탐구가 불트만의 제자들에 의해 다시 시작되었습니다. 그러기에, 역사 예수 탐구는 추상적이고 초월적인 신학적 탐구로 끝나지 않습니다. 악의 지배를 극복해 내려는 실천적 예수를 새삼 주목하게 합니다. 그래서 새길공동체 첫 설교도 '하나님 나라 사건' 이었습니다.

우리가 '예수답게' 와 '더 예수답게' 를 새삼 강조하는 까닭은, 역사적 예수의 하나님 나라 구현이 오늘 여기서 우리를 부당하게 옥죄는 악의 지배를 예수의 대응 방식으로 극복하기 위함입니다.

비록 그것이 불완전한 것이라 하더라도 이 땅에서, 이 역사 현실 속에서 하나님의 샬롬과 공의의 새 질서를 세우려는 것입니다. 그래서 예수 복음이 갖는 공공성과 감동성을 오늘 우리는 되살려 잘못된 기존의 구조와 역사를 변혁시키고자 합니다. 그렇다면, 악의 기존세력에 예수님은 어떻게 대응하셨는지 표피적으로나마 살펴 볼 필요가 있습니다.

악의 권세에 대한 예수의 복음적 대응

우선 예수께서 악의 세력에 어떻게 대응하셨는지를 복음서에서 확인할 필요가 있습니다. 예수의 탄생 이야기부터 악과의 대결 이야기로 시작합니다. 그의 성육신 사건은 바로 역사적 악의 지배와의 대결이라는 상황에서 더 선명하게 이해됩니다. 마태복음은 아기 예수를 죽이려는 헤롯왕의 악마적 권력욕을 부각시킵니다.

누가복음은 로마의 효율적 식민지 수탈, 곧 세금 징수의 배경에서 아기 예수 탄생을 풀어갑니다. 당시 로마 제국과 그 제국의 하수인 노릇을 한 헤롯의 권력이 비정한 상황에서 아기 예수가 탄생했습니다. 그 권력의 한낱 이데올로기에 불과했던 거짓 평화와 거짓 안정에 대한 진정한 대안으로 아기 예수를 평화의 왕으로 부각시켰습니다. 팍스 로마나(Pax Romana)의 거짓 평화와 예수의 진정한 평화 간의 긴장은 탄생 사건에서부터 십자가 사건까지 줄곧 계속됩니다.

그런데 두 평화 간의 긴장은 탄생과 처형 사이에서 펼쳐진 다양한 예수의 하나님 나라 운동에서 때로는 긴박하게, 때로는 흥미진진하게 펼쳐집니다. 특히, 예수의 하나님 나라 운동이 기존의 권력구조에 대한 참신하고 감동적인 대안 제시와 변혁적인 대안 실천에서 두드러지게 나타납니다. 네 복음서는 모두 이 같은 예수 대안 실천을 증언하고 있습니다. 산 위의 말씀을 이 각도에서 다시 읽어 보시기 바랍니다.

예수 운동은 무엇보다 예수의 무상 치료행위에서 그 특징이 뚜렷해집니다. 단순한 육체의 아픔을 제거해 주는 것으로 끝나지 않습니다. 질병을 종교적·사회적으로 저주했던 유대 지배문화 자체를 거부하고 변혁시키는 효과를 냈습니다.

예수께서 죄로 인해 중한 질병에 걸렸다고 믿었던 환자를 치유하시면서, 죄로부터의 해방을 선포하였습니다. 육체의 아픔뿐만 아니라, 육체의 아픔을 근원적으로 유발시키고 지속시킨 종교 이데올로기의 횡포로부터 환자를 해방시켜 주셨습니다. 그러니까 곧, 총체적·도전적 치유였습니다.

또 하나의 예수 운동의 본보기는 그의 열린 밥상 공동체 실천입니다. 계급과 성, 인종과 종파의 장벽을 뛰어넘는 식탁 공동체를 펼쳤습니다. 예나 지금이나 식탁은 대체로 계급적, 인종적 장벽의 기능을 담당했습니다. 특히 고대사회나 전통사회에서는 식탁 둘레가 바로 계급 분리선의 구실을 했습니다. 예수님 당시는 더욱 그러했습니다. 그런데 놀랍게도 역사의 예수는 이 벽을 허무셨습니다.

유대인이나 이방인이나, 남성이나 여성이나, 귀족이나 천민이나,

심지어 민족 반역행위를 했던 세리도 참여하게 하는 식탁 공동체를 펼쳤습니다. 이 식탁에 둘러앉게 되면, 모두가 평등한 존재로, 자유로운 존재로 거듭나게 됨을 깨닫게 했습니다. 바로 이 식탁에서 기존의 억압적 지배구조와 차별적 권력구조에서 해방되는 기쁨을 함께 나눌 수 있었습니다. 이미 하나님 나라가 이 식탁에 둘러앉은 자매형제들 속에서 조용히, 그러나 뜨겁게 작동하고 있었습니다. 멋진 새로운 대안 공동체였습니다.

교회, 믿음의 공동체

우선 오늘의 한국 기독교가 세상 비웃음의 대상이 되어 개독교로 욕먹게 된 까닭을 우리는 모두 최근 한국의 역사 현실에서 찾아보며, 그것을 거울삼아 우리의 잘못을 철저하게 회개해야 합니다.

지난 80년간의 분단 상황에서 남북 사이의 증오와 갈등을 불러일으켜 그것으로 한반도의 평화를 더욱 어렵게 하고, 냉전 대결을 부추기면서, 정치·경제 민주화를 훼손시키는 주도 세력이 친일 냉전 세력임을 분명히 알아야 합니다. 그리고 무엇보다 이 세력의 중심에 기독교 근본주의자들이 단단히 자리 잡고 있음을 알아야 합니다.

세속적 냉전 이데올로기가 기독교 근본주의 신앙과 교합하게 되면 무서운 독선적 권력 횡포가 터져 나온다는 것을 잊지 말아야 합니다. 이런 냉전 근본주의 기독교 문화가 분단된 우리 민족의 현실에서 갈릴리 예수의 하나님 나라를 심각하게 훼손시켜 왔습니다. 그것도 예수 그리스도의 이름으로 예수의 복음을 왜곡시켜 왔음을 매 주일 우리들은 부끄러워해야 합니다. 이들은 복음의 공공성보다는 사사로운 개인의 출세와 육체의 건강에 더 관심이 있고, 예수 복음의 변혁적 동력보다 교회의 양적 성장과 세속적 번영에 더 관심을 쏟습니다. 참으로 회개해야 합니다.

그리고 이들은 세속적 권력과 번영에 그토록 탐닉하면서도 신앙은 지극히 초월적이고 이원론적 개인 영성을 강조합니다. 세속적 권력 앞에서 짐짓 초탈한 신앙 입장을 취합니다. 이들은 성육신 신앙을 개인의 속죄 신앙으로 직결시키면서 역사적 예수의 하나님 나라 세우기에는 무관심합니다. 값싼 이신칭의 신앙으로 족하다고 생각합니다. 세상에서 부패한 삶을 살아도 주일에 교회 와서 십자가의 속량으로 은혜받아 주기적으로 세탁하듯 한번 씻어내면, 또 가뿐한 느낌으로 한 주일 더 죄지으며 살아갈 수 있다고 생각합니다.

이런 한국교회의 반(反)예수적 삶이 우리 공동체에도 영향을 미치고 있음을 매 주일 우리는 자성해야 합니다. 예수답지 못한 우리의 부족한 모습, 못난 모습을 항상 공동체적으로 인정하고 회개해야 합니다. 이웃을 위한 기도에 앞서, 아니 그런 기도와 함께 우리 자신의 나태와 교만을 항상 성찰해야 합니다.

이제 '더 예수답게 되기' 위해 몇 가지 대안적 프로그램을 말해 보겠습니다.

첫 번째로, 예수님의 전복적 발상을 오늘 우리 상황에서 어떻게 번역하여 실천할 수 있는 우리의 프로그램으로 만들어 낼 수 있는가를 공동체적으로 고민해야 합니다.

예수님은 산 위의 말씀에서 "옛사람들은 이렇게 말했으나, 나는 너희에게 이렇게 말한다"라고 하시면서 대안적 삶의 지침을 구체적으로 예시해 주셨습니다. 이를테면 이는 이, 눈은 눈으로 갚으라 하는 말을 들었으나, 너희는 네 오른빰을 치거든 왼쪽 빰을 돌려대라고 새로운 지침을 주셨는데, 이 대안적 대응이 오늘 우리의 현실에서 갖는 급진성을 놓치지 말아야 합니다.

이 권고는 폭력에 무저항하라는 뜻이 결코 아닙니다. 폭력에 대해 철저히 비폭력으로 대응하되, 보다 당당하고 여유 있게, 그리고 용기 있게 적극적으로 대응하라는 뜻입니다. 폭력자들은 약자를 능멸하면서 교묘하게 폭력을 행사하여 약자를 굴종시키는데, 여기에 비폭력적 방법으로 맞서려면, 용기 있게 왼빰을 들이대며 당당히 맞으라는 뜻입니다. 여기서 우리가 잊지 말아야 하는 예수의 깊은 뜻은 악행자에게 맞대응하면서 가해자의 악한 방법을 활용하여 보복하지 말라는 데 있음을 깊이 깨달아야 합니다.

갈릴리 예수의 첫 설교를 신학자들은 나사렛 선언(Nazareth manifesto)이라고 명명하기도 하는데, 이 선언의 감추어진 주요 메시지는 신의 보복행위를 예수께서 짐짓 텍스트에서 빠뜨렸다는 점입니다. 하나님 나라는 앙갚음의 신의 보복적 지배가 아닙니다.

이 점은 크로산(John Dominic Crossan)이 잘 부각시키며 설명해주고 있습니다. 하나님의 정의에는 보복적인 것(retributive justice)도 있지만, 분배적 정의(distributive justice)도 있음을 크로산은 지적하면서 역사적 예수의 하나님 나라 운동에서는 나눔의 정의, 곧 비움과 지움의 정의 실천이 규범이 된다고 강조했습니다.

그는 『성경을 어떻게 읽어야 참 그리스도인이 되는가』(*How to Read the Bible and Still Be a Christian: Struggling with Divine Violence from Genesis Through Revelation*, 2015)라는 최근의 책에서 장엄하고 분명한 기준을 제시했습니다. 특히 예수의 말씀과 삶, 그리고 그의 죽음과 부활에 관련된 모

든 메시지에는 상호모순적 요소들이 있지만, 중요한 것은 모든 성서 해석의 규범은 역사의 예수라고 하면서 이렇게 정리했습니다.

"크리스천 경전의 규범과 기준은 성서의 그리스도이다. 그러나 성서의 그리스도의 규범과 기준은 역사적 예수이다."

이 점을 간과하고서 예수다운 공동체, 나아가 더 예수다운 공동체를 일구어 나갈 수 없습니다. 그래서 역사 예수의 전복적 발상법을 더 깊이 공부하고 따르려는 노력이 필요합니다.

사도 바울은 역사 예수를 만나본 적이 없었습니다. 비록 예수와 동시대에 살았으나 예수와 면대면 소통을 하지 못했다는 점에서 2천여 년 후를 살고 있는 우리와 별로 다를 것이 없습니다. 그런데 바울이 흔히 역사 예수에 무관심했고, 알려고 하지 않았다고 단정하는 분들이 많습니다만, 로마서 12장 20절을 보면 예수의 원수 사랑을 더 구체적으로, 더 설득력 있게 촉구합니다.

그의 편지 글귀에서 갈릴리 예수의 목소리를 더 실감나게 듣게 됩니다. 원수가 주리면 먹을 것을 주고, 목이 마르면 마실 것을 주라는 권고로, 바울은 원수들 간의 발악적 악순환을 발선(發善)의 선순환으로 대체할 것을 강력하게 권고합니다. 그래야만 악을 이겨낼 수 있다고 선언했습니다(롬 12:21). 이것은 한국교회 안팎에서 벌어지는 온갖 발악적 갈등을 원천적으로 잠재우는 동력을 제공해 주는 예수의 당부이기도 합니다. 이 당부에 따라 한반도의 평화 프로세스도 작동시킬 수 있겠습니다.

마지막으로 한국교회를 향하여 권하고 싶은 것은 예수다운 실천과 예전은 예수님의 발 씻어주기의 깊은 뜻을 되새기며 실현하는 일이라는 사실입니다. 십자가에 못 박히기 직전, 예수님은 열두 제자의 발을 친히 씻겨주시면서, 참다운 지도력의 모범을 보여주셨습니다.

교회에서도 성찬예식과 더불어 예수님의 섬기며 고난당하는 메시아 체험을 시도해 볼 필요가 있겠습니다. 공동체 안에서 힘 있고 영향력 있는 분이 힘없고 약한 분, 특히 부당하게 아파하는 자매형제를 골라 공동체와 함께 약자의 발을 씻어주는 의식이 필요할 듯합니다. 힘의 관계를 떠나서, 자매형제를 아프게 했다고 여기는 분이 솔선하여 아파하는 분의 발을 씻어주는 일을 끈기 있게 주기적으로 또는 자발적으로 예배 속에서 행한다면 얼마나 좋겠습니까!

더 예수다움을 향하여

나는 역사적 예수의 하나님 나라를 분단의 조국 현실에서 세워보기 위해 예수의 대안적 비전으로 대안 공동체를 세우려 했으나, 그 대안적 모습이 오늘에 와서 뚜렷하게 나타나지 않는다는 우리의 현실에 주목하면서 회개합니다.

갈릴리 예수의 운동을 한국의 분단현실과 한국의 타락된 자본주의 시장 상황에서, 그리고 무엇보다 소금의 맛을 이미 잃어버려 어둠의 부끄러운 스캔들로 비난받는 한국교회 상황에서 예수의 공공적·감동적·변혁적 복음을 이해하기 위해 공동체 안에서 끈질기게 함께 노력하지 못했던 나의 잘못을 고백합니다.

이런 회한을 가슴에 안고 몇 가지 우리 한국교회가 더 알차게 예수다워지기 위해 명심해야 할 점을 두 가지만 지적하고 싶습니다.

첫째는, 한국 제도교회의 온갖 비리와 부정에 식상하고 절망한 신자들이 가나안 신자로 변하고 있는 교회의 현실에서 나는 예수의 비움을 통한 채움의 선교, 지움을 통한 세움의 운동, 고난과 죽음을 통한 부활의 동력 체험이 더욱 절박하게 요청된다고 생각합니다. 그런데 예수의 십자가지기 실천, 선제적 원수 사랑으로 발선을 실천하는 일이 너무 힘들기에, 두 가지 가짜 대안이 앞으로 한국교회에서 더욱 극성을 떨 것으로 염려합니다.

하나는 더욱더 천박하고 값싼 은혜와 축복을 바라는 교회가 늘어날 것 같습니다. 다른 하나는 기독교를 버리고 떠나면서 역사의 예수도 함께 버리고 떠나는 경향을 염려합니다. 대체로 지식수준이 높은 이들에게는 가현설적 예수(인간 예수를 무시하는 신앙)나 신플라톤적 신앙과 영지주의적 신학이 매력적으로 보일 수 있습니다.

이 길로 가면 히틀러나 스탈린과 같은 괴수가 지배하는 전체주의가 도래하는 경우 아무런 저항을 할 수 없고 무력화되기 쉽습니다. 역사의 고난 과정에서 육화된 비움과 지움의 용단, 악을 근원적으로 무력화시킬 수 있는 십자가 결단이 나오기 어렵습니다. 이런 길은 지적으로 매력적일지 모르나, 예수의 새길이 아니라, 안일한 샛길이 되기 쉽습니다.

둘째로, 우리의 처절한 민족현실과 국가현실, 헬조선이라고 인식되고 갑질하는 이 땅의 국가 엘리트, 시장 엘리트, 문화사회 엘리트가 사나운 이리떼처럼 날뛰며 약자를 더 약하게 하고 을들을 더욱 괴롭히는 현실에서, 십자가 고난을 통한 사랑 나라를 세운다는 것은 참으로 힘들고 벅찬 일입니다. 이런 때에, 예수 복음을 요청하는 공공적이고 변혁적 헌신을 처음부터 아예 피하고 싶어질 가능성이 있습니다.

예수의 비폭력 적극적 저항은 실제로 투쟁적 폭력 저항보다 더 어렵습니다. 그래서 세속적인 폭력적 대응으로 빠져나갈 가능성을 배제할 수 없습니다. 이 경우, 기독교를 아편이라 힐난하며, 세속적 급진주의로 나아갈 수 있겠습니다.

그런데 이런 폭력적 대응보다 더 무서운 것은 예수의 십자가 비움을 아예 기억에서 지워버리고 싶은 유혹입니다. 나는 이것을 예수 복음에 대한 치매증이라고 부르고 싶습니다. 예수의 사즉생(死卽生) 선택을 아예 배제하는 것입니다. 예수님 자신도 자기가 십자가 처형당하는 것에 대한 두려움이 있었던 것 같습니다. 겟세마네 동산의 기도를 보면, 고난과 죽음의 잔을 마시지 않게 해달라고 기도하시지 않았습니까? 그도 인간이기에, 십자가지기를 주저했습니다. 예수의 인간적 측면을 보면, 십자가에 비참하게 달려 온갖 수모와 고통을 겪으면서 메시아가 되고 싶진 않았을 것입니다.

바로 이런 때, 막달라 마리아는 그녀가 평생 모았던 비싼 향유를 예수에게 부어 그의 메시아됨을 확인시켰습니다. 이 메시아됨은 치욕스럽게 죽어야 된다는 것을 이 여인은 남성 제자들과 달리 이미 깨닫고 있었던 것 같습니다. 그래서 주저했을 예수께 새로운 용기를 불어넣기 위해 소중한 옥합을 깬 것 같습니다. 주저하는 예수에게 죽음의 장례식이 참 영광의 대관식임을 상기시켜 주었습니다. 그것을 잊고 싶었던 예수에게 아프게 상기시켰습니다.

그런데 이때, 예수님은 다시금 그의 십자가지기를 결심하고, 이 여인의 십자가 신앙을 높이 칭찬하시며 이 여인의 높은 실천적 신앙행위를 기억하라고 당부하셨습니다. 십자가상의 대관식은 결단코 망각되어야 할 비참한 사건이 아닙니다. 부활의 문을 활짝 열어주는 열쇠로 작용하는 사건입니다. 비움과 지움을 통한 사랑의 승리를 보장하는 영광의 사건입니다.

이 여인의 일을 기억하라는 예수의 명령은 나에게는 우리가 십자가 사랑을 망각하는 치매에 걸리지 말아야 한다는 명령으로 들립니다. 교회는 그래서 변혁적 기억공동체입니다. 예수의 그 공공적·감동적·변혁적 십자가 복음을 항상 기억해야 합니다. 그래서 예수 이름으로 우리는 어둠의 역사 현실에서 더욱 그것을 기억하며, 분단 80년을 지나고 있는 이 비극의 땅에서 하나님의 평화와 공의의 새 질서를 세워가야 합니다. 이것이 진정 한국교회가 나갈 '새길'이 아니겠습니까!

대담을 마치면서

'예수 따르미' 한완상

홍인식

첫 만남, 『저 낮은 곳을 향하여』

1975년 나는 가족과 함께 한국을 떠나 남미 파라과이로 이민을 갔습니다. 2025년은 저의 이민 50주년을 기념하는 해이기도 합니다. 파라과이에서 고등학교와 대학교를 마치고 1985년 장로회신학대학원 입학을 위해 귀국했습니다. 신학대학원 수업이 본격적으로 시작되기 전 1986년 2월 어느 추운 날 종로 2가에 있던 종로서적(2002년 폐업)을 찾았습니다. 여러 종류의 책을 뒤적이다가 내 눈에 이상한(?) 제목의 책이 한눈에 들어왔습니다. 곧바로 구입하고 단숨에 읽었습니다. 그 책이 한완상 선생님이 지으신 『저 낮은 곳을 향하여』(전망사, 1978)였습니다.

이것이 한완상 박사와의 첫 인연이었습니다. 이 책은 이민을 간 지 10여 년 만에 한국으로 돌아와서 신학공부를 하고 목사가 되려고 하는 나를 충격으로 몰아가기에 충분했습니다. 이 책을 통하여 나는 당시까지 갖고 있던 나의 전통적이고 어쩌면 근본주의적인 신앙과 생각이 전복되는 경험을 하게 되었습니다. 내 일생에서 적어도 두 권의 책이 나의 전통적인 사고를 전환시켜 놓았습니다. 한 권은 1982년 파라과이 아순시온의 한 서점에서 만난 구스타보 구띠에레스(Gustavo

Gutierrez) 신부의 『해방신학』이었고, 두 번째가 서울에서 만난 한완상의 『저 낮은 곳을 향하여』입니다. 이렇게 한완상 선생님과 첫 인연이 시작되었습니다.

계속된 만남

그 후 한국에서 수학하면서 나는 한완상 박사의 책이 출간되는 대로 구입해서 탐독하기 시작했습니다. 그중에서도 『지식인과 허위의식, 현대 한국사회 비판』(현대사상사, 1977, 1989), 『민중과 지식인』(정우사, 1987)과 『민중 사회학』(종로서적, 1984)은 저에게 강력한 영향을 주었던 책입니다. 아마 제가 처음으로 민중이라는 표현과 개념에 접근하게 된 것은 한 박사님의 저서들을 통해서 가능했습니다. 그 후 신학수업을 받으면서 민중신학을 신학적으로 심화시켜 나갔습니다.

이처럼 한완상 박사는 내 신학여정과 신앙생활의 변화에 지대한 영향을 끼쳤던 분이십니다. 오랜 남미 선교사 생활을 마치고 2008년 귀국해서 현대교회를 담임하고 있을 때도, 당시 청담동 청소년회관에서 모이고 있던 새길교회의 예배에 가끔 참석하기도 하고 오후에 개최된 신학강연 등에도 참여하곤 하였습니다. 그 후 나는 현대교회를 사임하고 멕시코 장로교신학대학 교수로 활동했고 2016년 순천중앙교회 담임목사로 초빙받아 귀국하였습니다.

2018년 9월 NCCK 주최로 '전환기 한국기독교협의회 교회 일치주의 운동의 길을 묻다'라는 주제로 정책협의회가 개최되었습니다. 한완상 박사가 주제 발제를 하셨고 나는 패널토론자로 나섰습니다. 그때가 처음으로 한완상 박사를 직접 만나 대화를 나눴고 또 한 박사님도 나를 기억하게 되는 계기가 되었습니다. 그날 협의회를 마치고 나는 즉석에서 한완상 박사를 당시 담임하고 있던 순천중앙교회 2019년 신년 사경회 강사로 초청하였고 이를 흔쾌히 수락한 그를 순천으로 모실 수 있었습니다. 1986년부터 책을 통하여 시작된 그와의 인연이 33년 만에 직접 '얼굴과 얼굴을 맞대는 만남'으로 이어졌습니다. 그 후 나는 순천중앙교회를 사임하고 서울로 올라왔는데 얼마 후 새길기독사회문화원 원장으로 일하게 되면서 다시 한완상 박사와의 밀접한 관계가 계속되었습니다.

한완상을 말하다

새길교회에서 일하는 동안 한완상 박사의 글을 수없이 대했습니다. 그리고 그의 '깊은 기독교 신앙과 넓은 신학'에 대하여 나의 이해 폭을 넓힐 수 있었습니다. 새길교회와의 3년 계약이 끝나가는 시점에서 그리고 한 박사님이 90세를 넘기는 시기를 맞이하면서 내 마음 한가운데 한 박사님의 신앙과 신학을 총정리해서 한국교회에 소개하고 싶은 마음이 강하게 일어나기 시작했습니다. 그래서 그가 발간한 단행본들을 수집하기 시작했습니다. (지금까지 파악한 것만으로도 50권에 달합니다.) 그리고 그가 새길교회에서 행한 설교를 수집하기 시작했는데, 여러 경로를 통하여 설교 원고를 모을 수 있었습니다. (거의 250편 정도에 달합니다) 그리고 정독하면서 나름 그분의 사상을 정리하기 시작하였습니다. 약 1년 정도의 시간이 걸렸습니다. 그 결과가 오늘 이 책으로 발전되었습니다. 이 책에 실린 글은 모두 한완상 박사의 글입니다. 나는 다만 그의 여러 저서에 흩어져 있는 생각과 신학을 수집하고 정리해서 주제별로 종합해서 편집하고 분류한 것뿐입니다. 이 작업을 한완상 박사의 사상에 대한 '신학화' 작업이라고 부를 수 있을지 모르겠습니다. 또한 부족하고 미비한 부분들은 그와 직접 만나 면담하고 대담을 통하여 명확하게 정리하기도 하였습니다. 이런 과정을 거쳐 본 책이 발간되었습니다. 나는 이 작업을 하는 동안 한완상 박사의 삶과 그분의 믿음 행위, 그리고 신학을 보다 더 가까이 접할 수 있었습니다.

한 박사님은 90세를 넘어서고 계십니다. 언제 하나님의 부르심을 받을지 아무도 모르는 상황입니다. 이런 의미에서 그분이 남기는 오늘의 말들은 한국교회의 미래를 향한 발걸음과 방향제시에 있어서 훌륭한 기반이 될 것이라고 믿습니다. 몇 년 동안 한 박사님을 가까이서 모시면서 그분이 남기신 저서와 설교문을 통하여 나는 한완상 박사의 삶과 신앙을 몇 가지 단어로 요약할 수 있다고 감히 말합니다.

첫째 그는 무엇보다도 예수의 사람입니다. 한 박사님의 저서나 설교문에서 핵심적으로 흐르고 있는 사상의 줄기에는 어김없이 예수가 있습니다. 그에게 역사적 예수와 부활의 그리스도는 분리되지 않습니다. 그리고 역사적 예수, 부활의 그리스도는 결국 역사의 바울로 연결됩니다. 한 박사님의 삶은 예수를 중심으로 이루어져 있습니다. 그에게 기독교 신앙에서 가장 중요한 핵심적 요소는 예수 그리스도입니다. 그래서 그는 기독교인을 '예수 따르미'라고 부릅니다. 그의 깊은 신앙의 중심에는 예수가 있습니다. 그의 넓은 신학의 중심에도 예수가 있습니다. 그런 연유로 그의 '예수 중심'은 결코 폐쇄적이거나 독단적이지 않습니다. 그의 예수는 다른 종교와 대화하고 함께 삶을 나눕니다. 그의 예수는 교회 안에만 머물지 않고 역사와 대화하면서 역사의 현장에서 민중들과 동고하는 예수입니다. 그런 의미에서 한 박사님은 평생 예수의 사람으로 사셨습니다.

둘째로 그는 성서의 사람입니다. 한완상 박사에게 성서는 영원한 텍스트입니다. 성서는 그의 신앙과 신학 전개에 있어서 주변의 도구가 아니라 중심 텍스트입니다. 그는 성서 텍스트에서부터 출발하여 신앙과 신학을 이해하고 설명하고자 합니다. 그는 철학이나 기타 인문학적 관점에서 성서를 해석하기도 하지만 무엇보다도 민중사회학적인 측면에서 성서에 접근하고 있습니다. 그뿐 아니라 그의 성서 읽기는 타 종교와의 대화에 있어서도 거침이 없습니다. 성서를 텍스트 삼아 다른 종교의 경전들과 소통합니다. 그에게 있어서 성서 읽기는 주석에만 그쳐서는 안 됩니다. 성서 읽기는 반드시 해석학으로 나아가야 합니다. 이렇게 주석과 해석이 만날 때 성서는 기독교 신앙과 신학을 올바른 방향으로 이끌어 가는데 핵심적인 기능을 할 뿐만 아니라 오늘 삶의 현장에서 생생한 의미로 사람들에게 전달되어 살아 있는 말씀이 됩니다. 한 박사님의 설교문을 꼼꼼하게 살펴보면 이러한 성서중심의 신앙이 당당하게 흐르고 있음을 쉽게 발견할 수 있습니다.

셋째로 그는 교회의 사람입니다. 한완상 박사의 설교문과 저서 그리고 그와의 대화를 통해서 나는 그가 분명하게 교회의 사람인 것을 확인하고 확신할 수 있었습니다. 그는 결코 교회주의자는 아닙니다. 교회가 영원불변한 진리를 가지고 있는 그리고 오류가 없는 절대적 존재라고 생각하지도 않습니다. 그러나 그에게 있어서 교회는 그의 삶을 지탱해 준 공동체입니다. 그의 삶이 위기에 처해 있었을 때 무엇보다도 교회의 공동체원들이 그의 곁을 지켜주었고 돌봐주었습니다. 이에 힘입어 그는 어려운 시기를 이겨내고 믿음을 지켰고 '예수 따르미'의 삶을 지속해 갈 수 있었습니다. 그는 교회를 사랑하는 교회의 사람입니다. 그가 1987년 새길교회를 창립하게 된 것은 무엇보다도 한국교회를 향한 사랑이 너무나도 컸기 때문입니다. 교회를 사랑하기에 그는 교회가 신뢰를 잃고 한국 사회에서 무너져 내리는 것을 더 이상 두고 볼 수가 없었습니다. 그래서 그는 교회의 '새 길'을 찾고자 새길교회를 설립하기에 이릅니다. 그에게 있어서 교회는 일반적 사회단체가 아닙니다. 교회는 단체를 넘어서 '예수 따르미'들이 서로 돌봄을 실천하는 신앙공동체입니다.

넷째로 그는 민중 역사의 사람입니다. 한 박사님은 저와의 대화에서 그가 1960년대 미국 애틀랜타 에모리 대학 유학 시절에 발생한 슬픈 사건을 들려주었습니다. 그가 애틀랜타에서 남쪽으로 89마일 정도의 거리에 메이컨(Macon)이라는 조그만 도시에 있는 큰 침례교회를 방문하였습니다. 아프리카 유학생들을 초청해서 장학금을 주고 미국에서 대학 공부를 시키는 좋은 장학사업을 하는 교회였습니다. 그가 마침 주일예배 시 교회를 방문하였는데 흑인들이 예배에 들어가지 않고 교회 밖에서 서성거리고 있는 모습을 보았습니다. 비록 교회가 장학금을 주어서 미국 대학에 유학은 왔어도 예배는 흑인이라서 참석을 허락하지 않는 상황을 마주하게 되었습니다. 이런 당혹스러운 경험을 통하여 한 박사님은 '복음은 교회 예배 안에 갇혀 있는 것이 아니라 인간해방 차원으로 나가야 한다는 것'을 절감하였다고 합니다. 그는 기독교 신앙과 기독교 신학은 역사의 현장과 민중의 삶을 떠나서는 결코 진정한 의미의 예수 복음이 될 수 없음을 확신하게 되었습니다.

그는 자기 생애의 전 과정을 통하여 역사와 민중의 삶 현장과 유리되지 않는 신앙과 신학을 전개하고자 했습니다. 그가 창립한 새길교회의 신앙고백문에도 이 같은 생각은 철저하게 드러나고 있습니다. 그에게 있어서 신학은 민중적이어야 하며 해방적이어야 합니다. 역사와 민중의 삶과 점차 유리됨으로써 아니 이들을 억압함으로써 신뢰를 상실하고 무너져 가는 한국교회가 한완상 박사의 철저한 민중 해방적 신앙과 신학에 귀를 기울여야만 하는 중대한 이유가 여기에 있습니다. 한 박사님은 진정한 의미의 역사와 민중의 해방을 위한 '예수 따르미'로 사신 분입니다. 나는 감히 그의 삶 안에서 기독교신앙과 신학이 육화되었음(incarnated of christian faith and theology)을 목격하였다고 말하고 싶습니다.

한완상이 말하다

이 책을 통하여 한 박사님의 한국교회를 향한 사랑의 고백을 표현하려고 했습니다. 부족한 부분도 있겠지만 한완상 박사의 사상을 나름대로 정리할 수 있게 허락해 주신 한 박사님과 이 일을 가능하게 해 주신 하나님께 감사와 영광을 올려드립니다. 그리고 무엇보다도 '신앙과지성사' 대표 최병천 장로님께 감사를 드립니다. 최 장로님 역시 청년시절 한완상 박사의 여러 저서를 통하여 영향을 받았고, 그를 기독청년 운동의 리더로 이끌었습니다. 이런 까닭에 1년 전부터 나와 최 장로님은 의기투합하여 한완상 박사의 사상을 정리할 계획을 세우고 이 일을 추진했습니다. 또한 이것으로 그치지 않고 한 박사님이 우리에게 남기신 여러 저서를 선정하여 특별기획 형태로 선집을 발간함으로써 한국교회를 향한 한완상 박사의 고언의 산물로 남기려고 합니다. 이 모든 일이 오직 하나님께 영광 돌리고 한국교회 회복을 위한 새 출발이 되기를 간절히 기도합니다.

참고 문헌

한완상의 저서

『사자가 소처럼 여물을 먹고』. 한완상 회고록. 후마니타스, 2017.

『바보 예수』. 삼인, 2012.

『예수 없는 예수 교회』. 김영사, 2008.

『한반도는 아프다, 적대적 공생의 비극』. 한울, 2013.

『대학생이 된 당신을 위하여』. 한완상 외. 학이시습, 2010.

『한국교회여, 낮은 곳에 서라: 길을 잃고 표류하는 우리 사회의 유일한 희망』. 포이에마, 2009.

『예수, 숯불에 생선을 굽다』. 한완상 시대 증언집. 동연, 2021.

『돌 쥔 주먹을 풀게 하는 힘』. 한완상 에세이. 동연, 2021.

『터닝포인트: 종교개혁 500주년, 한국교회가 돌아설 길을 묻다』. 배덕만·권연경·김근주·박득훈·한완상·강도현 공저. 뉴스앤조이, 2017.

『우아한 패배』. 김영사, 2009.

『저 낮은 곳을 향하여』. 뉴스앤조이, 2004. 전망사, 1978 .

『깊은 신앙 넓은 신학』. 새길, 2002.

『한국교회 이대로 좋은가?』. 대한기독교서회, 1981.

『어떻게 살 것인가』. 자유문고, 1987. 개정판, 1994.

『돌물목에 서서』. 철학과현실사, 1990.

『민족통일과 한국 기독교』.기독교학문연구회 편. IVP, 1994.

『하느님은 누구의 편인가』. 동광출판사, 1980.

『새벽을 만드는 사람들』. 동광출판사, 1984.

『전환기 한국의 사회문제』. 권태환·한완상 공편. 민음사, 1996.

『한국사회학 한국 사회에 대한 이해와 전망』. 민음사, 1996 .

『통일대담: 역사 문학 예술 전문가에게 듣는 평화와 통일』. 이재봉·박맹수·한완상·이만열·한홍구·정창현·황석영·임헌영·신학철·백자·권병길·김재용 공저. 사람과사회, 2020.

『밖에서 본 자화상』. 범우사, 2007.

『새로운 세계를 향하여』. 교육신서 71. 배영사, 1978·1990.

『현대젊은이의 좌절과 열망』. 교육신서. 배영사, 1988.

『지식인과 허위의식 현대 한국사회 비판』. 현대사상사, 1977·1989.
『미개사회의 성과 억압 문화의 과학적 이론』 말리노프스키·한완상 역. 삼성출판사, 1990.
『민중과 지식인』. 정우사, 1994.
『민중시대의 문제의식: 한완상 사회평론집』. 일월서각, 1983.
『증인없는 사회』. 민음사. 1976.
『한국사회학 1, 2』. 총 2권 한완상 회갑 논문집. 민음사, 1996.
『다시 한국의 지식인에게』. 당대, 2000.
『한국 대학 교육의 희생』. 문음사, 1990.
『그때 그 사랑』. 청아출판사, 1986.
『민중 사회학』. 종로서적, 1989.
『인간과 사회구조』. 경문사, 1990.
『청산이냐 답습이냐: 냉전 문화의 극복을 위하여』. 정우사, 1988.
『명교수 명강의 1』. 배재서관, 1987.
『역사의 벼랑 끝에 서서』. 동아일보사, 1986.
『지성의 도전』. 문예춘추사, 1985.
『역사에 부치는 편지』. 삼민사, 1985.
『뿌리뽑힌 몸으로: 한국과 미국을 다시 생각한다』. 일월서각, 1985.
『한국민중교육론: 그 이념과 시런전략』. 학민사, 1989.
『현대사회와 청년문화』. 법문사, 1974.
『현대사회학의 위기』. 경문사, 1977.
『새로운 세계를 향하여, 새로운 국제경제질서의 수립』. 배영사, 1978.
『한국교회 이대로 좋은가』. 대한기독교서회, 1981.
『4.19 혁명론 1, 2』. 일월서각, 1990.

한완상 새길교회 설교

1987년부터 2024년까지

1부: 교회론

▪ 새길교회

공동체를 위한 예수의 첫 표적(요 2:1~11)	1987.03.29.
와서 보라(요 1:43~51)	1991.03.10.
유혹에 실패한 한국교회(눅 4:1~13)	1992.03.08.
평신도 열린 교회의 선택, 그 신앙고백을 중심으로(새길교회 창립 10주년 기념강연)	1997.03.02.
철든 교회: 증언과 전도(고전 9:19~23)	1998.03.01.
새길과 새 천년: 신학은 넓게, 신앙은 깊게(욥 42:4~5; 고후 3:18)	2000.01.02.
온전한 사람되기: 예수 따르미 공동체(요 5:1~9)	2000.03.05.
하나님 체험: 돌을 맞는 새길공동체를 위하여(시편 137:1~4; 눅 4:16~30)	2002.03.05.
새길은 관용의 길(빌 4:4~5; 갈 6:1~2)	2006.01.01.
희망, 그 놀라운 힘(벧전 1:3~6; 롬 12:12)	2007.03.04.
아바(ABBA) 체험: 브로커 없는 사랑나라(눅 11:2~4)	2009.03.08.
처음처럼, 더 예수답게: 반성과 새 결단을 위하여(눅 23:46~47)	2015.12.06.
해방자 예수, 바보 그리스도(창립 29주년)(마 6:9~13; 요 21:15~18)	2016.03.05.

▪ 교회가 나갈 길

환희, 기도, 감사의 공동체(살전 5:16~18)	1988.10.09.
겨자씨 교회(마 13:31~32)	1992.07.19.
성전의 안과 밖(행 3:1~10)	1993.01.31.
예수 없는 교회와 신앙고백(마 11:1~6)	1997.08.31.
열린 예수, 열린 교회(빌 2:5~11)	1997.10.12.
예수의 열린 밥상 공동체(눅 14:15~24)	1999.08.01.
예수와 가족: 피보다 진한 것(막 3:31~35)	2000.05.07.
여성 없는 교회가 예수의 몸인가?(막 15:41; 딤전 2:11~12, 3:2)	2001.02.04.
왜 한국교회는 버림받고 있나?(마 16:21~24)	2003.05.25.

문 두드리는 소리: "몸된 교회를 위하여" (빌 2:5~11) 2006.12.17.

2부: 예수는 누구인가?

■ 예수가 보여준 길

누가 우리를 그리스도의 사랑에서 끊으리오(롬 8:33~45) 1987.06.28.
예수의 고난과 예수의 선교(눅 7:18~23, 9:21~22) 1988.03.27.
정의 사람 예수, 정의 신 예수(막 8:1~3; 마 9:35~38) 1988.07.10.
예수의 파격성(요 4:3~10) 1988.08.14.
십자가에서 무엇을 보는 가?(고전 1:18~25) 1989.03.12.
예수님의 고독한 고통(막 3:13~15) 1990.04.08.
예수님의 경제관(눅 12:13~21) 1990.09.16.
예수님의 초청장: 무거운 짐과 가벼운 멍에(마 11:28~30) 1991.01.13.
예수님의 놀라운 융통성(마 15:12~28) 1991.09.15.
무식한 예수의 권위있는 가르침(요 7:14~18; 눅 10:15~25) 1992.02.23.
예수님, 땅에 무엇을 쓰셨나?(요 8:1~11) 1992.10.11.
예수님의 개혁비전(마 5:1~12) 1993.02.21.
우리 친구 예수님(마 11:18~19; 요 15:12~15) 1993.06.20.
예수님 생명에 이르는 진리의 길(요 14:1~6) 1993.12.26.
평화의 다리, 예수님(엡 2:13~17) 1994.09.11.
예수님의 진노, 오늘 누구에게 향할까?(마 23:29~36) 1997.06.22.
육신 되신 말씀의 아픔(마 25:31~46) 1997.12.06.
예수님과 여성간의 파격적인 관계(눅 8:1~3) 1999.06.13.
현주소 없는 나그네 예수의 운동(막 1:29~39) 1999.07.04.
멋지게 사신 예수님(막 7:24~30) 1999.11.07.
예수는 나에게 누구였던가?(빌 2:6~11) 1999.12.05.
위대한 대화자, 예수(요 4:7, 5:6; 눅 10:26, 36) 2000.02.06.
예수의 수난과 그리스도의 아픔(수난절에 쓰는 편지)(막 14:32~42) 2000.04.02.
예수, 그 이름의 능력(행 3:1~10) 2000.09.03.
인간적인, 너무나 인간적인 하나님(눅 15:11~24) 2002.10.13.
웃기시는 예수, 해학과 저항정신(마 5:38~42) 2003.02.23.
예수 없는 기독교: 동정녀와 빌라도 사이의 공백(마 6:25~32; 눅 7:18~22) 2003.03.07.

3부: 하나님

발을 씻기시는 하나님(요 13:1~17) 1990.05.13.
하나되게 하시고 온전케 하시는 성령(사 61:1~3; 롬 8:13~17) 1990.06.10.
하나님으로부터 도피(시 139:1~14) 1991.08.11.
하나님은 우리의 보초: 그 은혜를 헤아리자(빌 4:4~7) 1992.12.27.
하나되게 하시는 하나님의 능력(갈 3:28; 행 2:4~8) 1993.09.19.
사랑이란 하나님은 사람 되시고 사람은 하나님 된다는 뜻
(요일 4:7~12; 눅 15:11~24) 1996.01.07.
온전케 하시는 하나님의 영(창 1:31; 눅 4:18~19) 1996.05.26.
팔이 밖으로 굽으시는 우리 하나님(눅 4:22~30) 1999.02.14.
하나님 닮기: 거룩하신 하나님, 자궁의 하나님(눅 6:36; 마 5:48) 1999.04.25.
빙그레 미소짓는 하나님: 기도, 기쁨과 감사(살전 5:16~18; 마 6:6~8) 2002.09.08.
암탉 같은 하나님: 전폭적 포용과 인고의 신(마 5:43~48) 2003.11.30.
스스로를 지우시는 하나님(마 16:23~25; 요 14:1~6) 2005.12.04.
아빠 자궁의 힘(눅 6:36) 2007.05.13.
아빠가 우리 하나님이라니(마 6:5~13) 2011.01.02.
어찌하여 역사를 이렇게 주관하십니까, 하나님(욘 4:1~11; 눅 11:32) 2012.06.24.

4부: 기독교신앙과 사람, 사회 그리고 역사

앞만 바라보며(빌 3:12~14) 1987.12.27.
내가 나됨은 하나님의 은혜(고전 15:8~11) 1988.01.24.
쇠사슬 찬 바울의 증언(행 26:24~32) 1988.02.21.
베드로의 새로운 깨달음(행 10:1~23, 34~36, 44~48) 1988.04.17.
뒤를 잊고 푯대를 향하여(빌 3:4~16) 1989.01.08.
베드로와 바울(갈 2:11~16) 1989.07.09.
눈 속에 낀 비늘(행 9:15~18) 1991.05.19.
인종(忍從)의 성자 요셉: 크리스마스에 잊혀진 성자(마 1:18~25) 1994.12.25.
바울의 행복코드: 그의 역설적 행복(빌 1:21; 살전 5:16~18) 2007.01.07.

▪ 예수 따르미의 길

누가 나의 형제자매인가?(막 3:31~35) 1987.08.23.
기름을 준비하자(마 25:1~13) 1987.11.29.

돌아갈 때 갚으리라(눅 10:33~35) 1988.05.29.

예수 앞으로 달아 내리자(눅 5:17~26) 1988.11.20.

공중 나는 새와 백합화를 보라(마 6:25~30) 1989.07.30.

예수의 카리스마를 유출시키자(막 5:25~34) 1990.02.25.

믿음과 행함의 통일: 참된 기독인의 표(약 2:14~26) 1990.07.08.

하나님이 일하시니 나도 일한다(요 5:10~18) 1990.08.19.

선으로 악을 이기자(롬 12:17~21) 1991.02.10.

네 영혼이 잘됨 같이(요삼 2~4) 1991.06.16.

거울처럼 희미하나 성숙한 믿음(고전 13:9~13; 롬 8:35~39) 1997.04.27.

예수를 넘어지게 하는 한국교인들(마 6:24, 16:21~24) 1999.09.06.

그 중에 으뜸은 사랑이라(고전 13:8~13) 2002.11.10.

동고주(同苦走): 예수 따르미의 바람직한 삶(빌 3:12~14) 2003.01.05.

사랑은 오래 참고(고전 13:7; 욘 4:2) 2009.01.11.

가장 좋은 길: 사랑이 없으면 아무 것도 아닙니다(고전 12:31~13:3) 2010.01.03.

■ 제대로 아는 신앙의 길

육체의 고통과 하느님의 은혜(고후 12:1~10) 1989.05.28.

넘치는 은혜, 성경(롬 8:26~28) 1989.12.31.

에바다(귀가 열리고 혀가 풀리고)(막 7:31~37) 1991.10.20.

평화를 이루는 사람의 복(마 5:9; 약 3:18) 1994.05.29.

고독한 예수와 한심한 제자들(막 10:35~45) 1994.07.03.

참상은 죄 때문인가?(눅 13:1~5) 1994.10.09.

"하면 된다" 복음의 흉음(막 10:23~27, 38~39) 1994.11.27.

시간, 영원, 사랑(전 3:1~13; 눅 10:25~28) 1996.12.29.

하늘을 우러러 희망을 갖자(행 7:55~56) 1998.01.04.

어린이는 어른의 스승(막 10:13~16) 1998.05.03.

원수와 악을 어떻게 사랑하나?(마 5:38~39, 43~48; 롬 12:17~21) 1998.08.02.

우리의 원수는 항상 악한가?(마 5:9, 43~45) 2010.08.01.

사랑 안에서 삶과 죽음은 하나입니다(공동체추모주일)(빌 1:20~21; 고전 15:36~37) 2010.11.14.

신인(神人)장벽, 생사(生死)장벽 허물기: 복음의 진수(공동체추모주일) (롬 8:38~39; 빌 1:21, 3:10~11; 계 21:3~4) 2017.11.05.

■ 사회적 신앙의 길

권력의 유혹과 고독한 기도(요 6:1~15) 1987.09.20.
아, 딱한 빌라도여(요 18:33~40) 1989.09.24.
인간은 제도와 체제의 주인(마 12:1~8) 1990.11.11.
아, 삭막한 세대여(눅 7:29~35) 1991.04.21.
어둠이 빛을 이기지 못하나니(요 1:1~5) 1995.01.15.
아 기독교인임이 부끄럽구나(마 23:37~39) 2003.03.30.
이 원수가 나를 사랑하다니(눅 10:33~35) 2003.06.29.
이 선교를 어찌할꼬(행 1:6~8) 2007.08.12.
Pax Romana와 Pax Christus(롬 13:1~7) 2012.03.11.
그러면 내 이웃이 누구입니까?(눅 10:28~29) 2015.01.04.
코로나19와 총체적 회개: 앙드레 지드의 탕자 이야기(눅 15:31~32) 2021.01.03.

■ 평화 신앙의 길

소와 풀을 먹는 사자: 북한을 다녀와서(사 11:6~9) 2000.10.01.
자기 비움의 힘: 두 번째 북한을 다녀와서(빌 2:1~18) 2000.11.05.
사망의 음침한 골짜기에서 하나님을 체험하다(시 23) 2002.01.27.
황무지에 붉은 장미꽃 피고(마 23:23~28) 2002.07.14.
내 속에 수도원을, 참평화를 위하여(창 1:29~30; 마 2:51~52; 사 11:6~8) 2007.12.30.
샬롬으로 만물을 새롭게: 땅의 샬롬 없이 하늘의 영광은 없다(종교개혁 500주년)
(창 1:29~31; 요 20:26~28) 2017.10.30.
칼과 귀, 치유와 평화: 평화 신학과 신앙을 위하여(요 18:36; 마 26:39~41) 2019.05.26.

▮ 지은이 한완상

1936년 충청남도 당진 출생. 아버지 한영직(1908–1984)과 어머니 김석임(1911–1980) 사이에 6남 3녀 중 차남으로 태어났다. 아버지를 따라 경상북도 금릉군(현 김천시) 봉산면 광천리로 이주하여 성장하였다. 경북고등학교(36회)와 서울대학교 사회학과를 졸업하고 미국 에모리 대학교 대학원에서 정치사회학 석사 및 박사 과정을 졸업하였다. 귀국하여 모교인 서울대학교 사회학과 조교수, 부교수 등을 지냈다. 그러나 정권에 비판적이라는 이유로 1976년 해직 당했다. 1980년 복직되었으나 곧바로 이른바 김대중 내란음모 조작 사건에 연루되어 투옥되었고 또 다시 서울대 교수직에서 해직 당했다. 미국으로 망명하여 뉴욕의 유니온 신학대학에서 신학을 수학하였다. 1984년 복권조치가 이뤄져 서울대학교 교수로 다시 복직되었다. 1987년 한국교회의 새로운 대안을 모색하는 가운데 평신도 열린공동체로서 '새길교회'를 설립하였고 '말씀 증거자'로 활동하였다. 가족으로는 아내 김형(金馨, 전 서울YWCA 회장)과 3녀(장녀 평화운동가 한미미, 차녀 한리사, 삼녀 한주리)가 있다.

▮ 주요 경력

- 1970~1976년: 서울대학교 사회학과 교수
- 1993년 2월~1993년 12월: 제18대 부총리 겸 통일원 장관
- 1994년 2월 제2대 종합유선방송위원회 위원장
- 1994년 9월~1998년 9월: 한국방송통신대학교 총장
- 1999년: 제3대 상지대학교 총장
- 2001년 1월~2002년 1월: 제43대 부총리 겸 교육인적자원부 장관
- 2002년 10월: 제4대 한성대학교 총장
- 2002년 12월: 노무현 대통령 후보 사회담당 고문
- 2004년 12월~2007년 12월: 제24대 대한적십자사 총재
- 서울대학교 명예교수
- 2016년, 문재인의 싱크탱크 정책공간 국민성장의 상임고문
- 2018년 남북정상회담 원로자문단
- 3.1운동 및 대한민국 임시정부 수립 100주년 기념사업추진위원회 위원장

▮ 대담·정리 홍인식

파라과이 아순시온대학교 경영학과와 장로회신학대학교 신학대학원 졸업. 아르헨티나 연합신학대학원에서 세계적인 해방신학자 호세 미게스 보니노 박사의 지도로 박사 학위를 받았다. 대한예수교장로회(통합) 소속 목사로 중남미 선교사로 25년간 사역했으며, 아르헨티나 연합신학대학, 쿠바 개신교신학대학, 멕시코 장로교신학대학교에서 교수를 지냄. 본사에서 펴낸 『홍인식 목사가 쉽게 쓴 해방신학 이야기』가 2017년 세종도서 교양부분 우수도서에 선정되었고, 스페인 신학자인 호세 마리아 마르도네스의 책 『우리 안의 가짜 하나님 죽이기』를 번역. 순천중앙교회 담임목사와 한국교회 인권센터 이사장, 새길기독교문화원장을 역임. 인터넷신문 에큐메니안 대표로 활동 했고 현재는 스페인 산탄테르로 떠나 현지인들에게 복음을 전하며 청년들에게 신학을 가르치고 있다.

사)한국기독교민주화운동 기획 / 대담·정리 홍인식

한완상 마지막 고언
예수의 길을 가라

펴낸날 2026년 2월 5일(초판1쇄)

지은이 한완상
펴낸이 최병천

펴낸곳 신앙과지성사
출판등록 제9-136 (88.1.13)
주소 서울시 서대문구 연희로 177 옥산빌딩 2층
전화 02-335-6579 / 팩스 02-323-9866
E-mail miral87@hanmail.net
홈페이지 http://www.miral.co.kr

ISBN 978-89-6907-409-6 03230

값 25,000원